▲ 1200
▲ 1195
▼ 1190
▲ 1185
▲ 1170
▲ 1165
▼ 1150
▼ 1175

黄金坑战法

精准判断
牛股启涨信号

龙头黑马 ● 著

中国铁道出版社有限公司
CHINA RAILWAY PUBLISHING HOUSE CO., LTD.

内 容 简 介

　　黄金坑属于一种K线形态，是专门用来捕捉牛股快速启动时的一种方法，为了能够准确地利用黄金坑形态寻找到牛股，本书结合短线操盘技术，以及相关辅助判断指标，从选股、启涨信号、买点信号、持股信号、启跌信号、卖点信号等多个方面，对黄金坑形态进行了梳理，形成了一套行之有效的操作牛股的短线操盘方法和体系，让投资者能够通过学习，真正学会如何使用正确的技术方法与操盘技巧，寻找到快速启动的黄金坑牛股，通过短线操盘来实现获利。

图书在版编目（CIP）数据

黄金坑战法:精准判断牛股启涨信号/龙头黑马著.—北京：中国铁道出版社有限公司，2021.4（2023.6重印）
ISBN 978-7-113-27450-4

Ⅰ.①黄… Ⅱ.①龙… Ⅲ.①股票投资-基本知识 Ⅳ.①F830.91

中国版本图书馆CIP数据核字（2020）第234827号

书　　名：	黄金坑战法：精准判断牛股启涨信号
	HUANGJINKENG ZHANFA：JINGZHUN PANDUAN NIUGU QIZHANG XINHAO
作　　者：	龙头黑马

责任编辑：张亚慧	编辑部电话：(010) 51873035　电子邮箱：lampard@vip.163.com
编辑助理：张秀文	
封面设计：宿　萌	
责任校对：苗　丹	
责任印制：赵星辰	

出版发行：中国铁道出版社有限公司（100054，北京市西城区右安门西街8号）
印　　刷：三河市宏盛印务有限公司
版　　次：2021年4月第1版　2023年6月第4次印刷
开　　本：710 mm×1 000 mm 1/16　印张：16　字数：215千
书　　号：ISBN 978-7-113-27450-4
定　　价：59.00元

前　言

寻找牛股上涨前的最后一跌

每一位进入股市的投资者，都希望能够寻找到一只牛股来操作，因为牛股的短期上涨幅度往往是巨大的，但之所以大多数投资者都找不到牛股，或是在牛股走出一波上涨后才发现，主要是因为这些投资者不明白股票运行的规律。

一只股票，从来都不会毫无来由地出现上涨或下跌，其背后必然是资金主力在"作怪"，因为大多数主力来到股市，都是为了赚钱的。而从市场供需关系的角度看，资金隐藏地持续介入一只股票，只会造成股价的波动，但如果是主力持续向上拉升股价时，必然逃不过市场的眼睛，跟风资金持续涌入，又必然会造成供求关系严重向供不应求的情况演变，所以造成了股价的持续上涨，这也是股价持续上涨的根本原因。

回过头来再从一只股票上涨的最终因素出发，支撑股价持续上涨的动因，只有上市公司的业绩，尤其是在"微通"经济环境下，这种股价的持续上涨更为明显。结合市场供需关系对股价的影响，以及近年来证监会对市场违规操作的严厉打击，可以确定主力最终介入一只股票，必然是从这只股票的本身质地出发，只有那些未来具有较大的成长空间的股票，才是主力持续介入的最佳对象。

一只股票的成长空间大，首先应该是基本面良好，甚至是这只股票处于业绩周期的低谷期时只要基本面良好也可能会有较大的成长空间。但与此同时，这只股票前期必须出现较大幅度的下跌，或是较长时间的弱势整理，因为一只股票即使保持着再高的成长性，如果不出现明显的大幅下跌，或是长期的弱势整理，公司业绩是无法支撑股价持续大幅上涨的。

　　明白了这一道理，基本上也就明白了一只股票为什么会成为牛股，也就为寻找牛股打下了坚实的基础。

　　再回到股票本身的技术面会发现，一只股票在成为牛股前，90%以上或多或少都会出现一定幅度的下跌，因为即使主力筹码集中的股票，只要不是处于高度集中状态，都会通过上涨前看似凶猛、实则虚假的下跌，实现短期的快速洗盘，以清洗掉不坚决的低位持股者，然后发动快速启动和突破。

　　主力资金造成的股价的这一次看似凶猛、实则虚假的短期快速下跌，往往就成了这只股票成为牛股前的最后一跌，这也就为我们寻找牛股提供了可靠的依据。

　　股价上涨前的最后一跌，也就是黄金坑形态。对于普通投资者来说，如何有效识别出股价的最后一跌是否有效，如何把握住牛股启动前的时机，成为操作牛股的重中之重。

　　另外，牛股的上涨时期并不长，且不少牛股启动时都是极为迅速的。因此，在确保不错过牛股的前提下，要安全地把握好牛股持续快速上涨的阶段，也就是在增加股票投资安全性的前提下，实现较大获利。基于这些原因，可以这样说，对于普通投资者而言，寻找牛股不仅仅是买股这么简单，还涉及持股与卖股。

　　因此，笔者根据多年实战经历，将股票最后一跌的黄金坑形态，按照短线操盘的要求，整理出这一套黄金坑战法。其核心就是通过长期选股的方式来短线操作牛股。并根据短线操盘的要求，对寻找一只股票成为牛股前的最后一跌，以及如何有效操作牛股，进行了系统性地整理与归纳，以期通过寻找牛股和操作牛股，实现最终的短期较大获利。

龙头黑马

2020 年 12 月

目　录

第 1 章　黄金坑战法：短期获利的操盘技术

第2章 技术指标：黄金坑战法操盘的重要工具

第3章 选股：寻找黄金坑目标股的关键环节

第4章　启涨信号：牛股走出黄金坑的底部回升与突破形态

第 5 章 买点信号：黄金坑形态的买股征兆

第 6 章　持股信号：坚定持股的强势特征

第 7 章　启跌形态：牛股转弱的顶部征兆

第 8 章　卖点信号：顶部形态转弱的卖股征兆

第 9 章　实战：黄金坑战法交易攻略与技巧

第**1**章
黄金坑战法：短期获利的
操盘技术

由于黄金坑形态属于长期弱势整理后突然启动的牛股征兆，所以根据黄金坑战法操作股票时，是一种短期获利的操盘技术。但要想运用好这一战法，必须首先了解黄金坑战法的基础知识，如黄金坑形态与黄金坑战法，黄金坑战法的盈利模式，黄金坑与主力的关系，黄金坑操作时的 K 线图选择，以及黄金坑战法的应用原则等内容。

1.1 黄金坑

黄金坑是一种 K 线形态，是股价在上涨前的最后一跌，所以往往是主力大幅拉升一只股票前的空头陷阱。但如何准确利用黄金坑实现盈利，则必须按照黄金坑战法的要求来进行操作。

1.1.1 黄金坑形态

黄金坑是指股价在弱势震荡整理期间，突然表现为短线的快速下跌，而后先持续缓慢回升，再快速地回升到下跌前的平台位置，其后才会出现加速上涨。由于这种形态出现时，可以明显看到股价形成了一个下跌的"坑"，而其后股价又表现为持续快速上涨，所以被称为黄金坑形态，是弱势股在由弱势快速转强前的一次探底行为，所以黄金坑形态是一种选择牛股或黑马股时重要的 K 线形态。

形态要求：

黄金坑形态，是指反映股价的 K 线在长期弱势震荡状态，突然出现了跌破整理平台后，形成了 K 线形态的一个低于弱势整理平台的"坑"，也就是价格洼地，然后 K 线又持续回升到下跌前的整理平台。如图 1-1 所示，乾照光电（300102）在 A 区域的弱势震荡中，进入 B 区域，股价先是跌破了 A 区域整理平台的下沿，创出新低，而后，先缓慢地回升再快速回到 A 区域的震荡平台，形成了黄金坑形态。

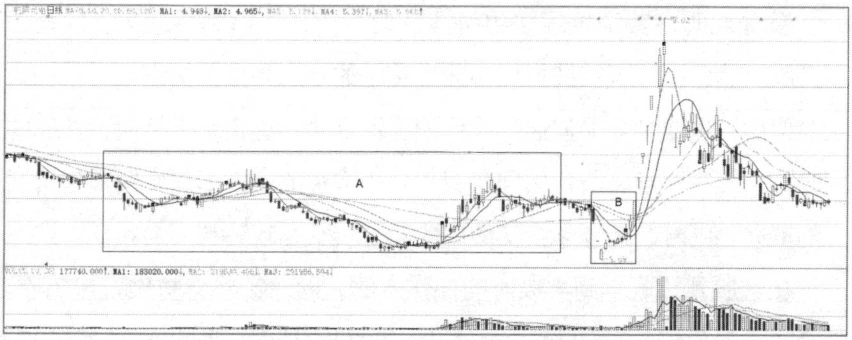

图 1-1　乾照光电 - 日线图

实战应用指南：

（1）黄金坑出现时，要想确认为黄金坑形态，必须确保股价在跌破整理平台后，能够在形成坑底后的缓慢回升之后，再快速地回升到下跌前的弱势整理平台，方可确认为黄金坑形态。

（2）黄金坑形态只是一种 K 线形态，根据黄金坑形态操作时，必须结合其他技术指标进行判断，因为只有在技术指标与量价支持股价的快速上涨时，才会形成突破黄金坑的牛股，真正启动快速上涨的时机。

（3）虽然投资者可以简单地根据 K 线上表现出来的黄金坑形态来判断黑马股启动的时机，但是在具体操作中，一定要根据黄金坑战法的要求来操作，以确保短线获利。

1.1.2　黄金坑战法

黄金坑战法，是在黄金坑形态的基础上，结合短线操盘的技术方法、操盘理念、交易原则、交易技巧、选股方式等，以及根据股价趋势运行的规律，总结出来的一个以黄金坑形态进行的买卖股票交易体系。所以在明白黄金坑形态的同时，必须深刻了解黄金坑战法的操盘理念和操盘手法、操盘方式与交易技巧，才能真正运行好黄金坑形态，把握好牛股快速上涨的这一波段，以实现短期快速获利。

黄金坑战法的具体要求如下：

　　首先要明白黄金坑战法中所涉及的各个技术指标及运用，以及如何选股；然后通过观察捕捉到牛股启涨时的形态和量价买点信号；在买入股票后，也要学会如何通过股价的强弱信号，决定是否持股；持股的同时，也一定要学会股价由强势突然转为弱势的启跌形态，明白量价卖点的征兆。同时，还要学会实战中的黄金坑交易攻略与交易技巧。这一系列从选股到持股再到卖股时的操作方法，以及实战交易攻略与技巧，结合在一起，才是真正的黄金坑战法。如图 1-2 所示，亚光科技（300123）从 A 区域利用 K 线、BOLL 或 MACD 的长期弱势震荡的选股，到 B 区域的黄金坑缓慢回升的轻仓建仓，以及其后至 C 区域的持股，和 C 区域突破黄金坑的重仓买股，D 区域的加仓，E 区域的减仓，以及 F 区域的先行卖出大部分股票，H 区域最后清仓出局。这期间的每一个环节的操作都属于黄金坑战法中的操作。

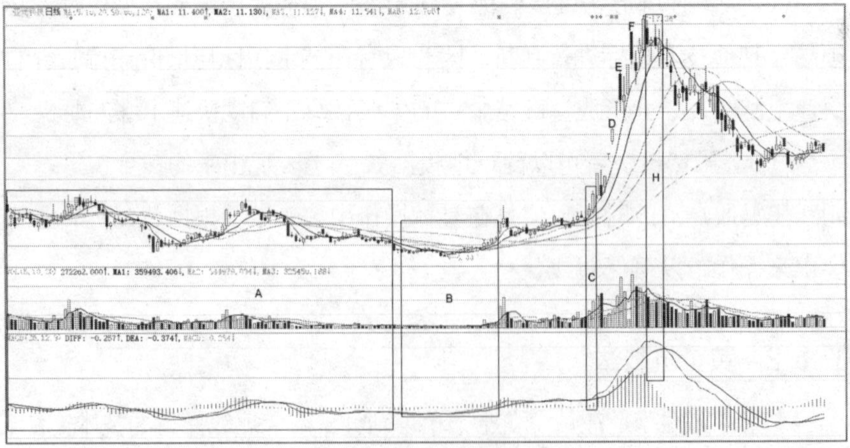

图 1-2　亚光科技－日线图

实战应用指南：

　　（1）在学习黄金坑战法时，一定要明白黄金坑战法不只是简单利用黄金坑形态买股这么简单，因为黄金坑战法包含短线操作牛股的一系列内容。

（2）在黄金坑战法中，主要包括选股、持股、买股形态和买点、卖股形态和卖点，以及实战交易攻略和交易技巧。因此，要想全面了解黄金坑战法，就要学会使用这一战法中所涉及的技术指标，如MACD、BOLL 以及量价等。

（3）投资者在全面掌握黄金坑战法中各个环节的具体要求，以及实战交易攻略与技巧后，方可按照黄金坑战法的要求，根据操盘的步骤进行具体操作。

1.2　黄金坑战法盈利模式

明白黄金坑战法的盈利模式，才能准确判断出黄金坑形态，识别出主力介入后股价是真跌还是假摔？

1.2.1　中长线选股＋短线操作的操盘方式

在运用黄金坑战法操盘前，一定要明白黄金坑战法的盈利模式，这样才能够严格按照黄金坑战法中的每一个操盘步骤及要求去执行和落实。从整个黄金坑战法的操盘方式看，其属于一种中长线选股＋短线操作的操盘方式。按照黄金坑战法操盘，短期操作的安全性高。因此，中长线选股＋短线操作，不只是出于未来盈利方面的考虑，也是基于资金安全的角度考虑的。

中长线选股＋短线操作的具体要求和目的：

（1）中长线选股。主要体现在日线图为主的选股策略上，也就是日线图上的一只股票必须呈现出长期弱势状态时，未来出现快速上涨的概率才更高。如图 1-3 所示，鸿合科技（002955）在日线图的 A 区域股价表现为宽幅震荡后，B 区域又出现振幅收窄的震荡时，将其列为目标股的行为，即是基于中长线选股的操作策略。

图 1-3　鸿合科技－日线图

（2）短线操作。主要体现在买股与卖股时，是以日线图股价的快速转向上为买入时机，股价快速反转向下为卖出时机，并以分时图的短期趋势快速变强与快速变弱作为具体的操盘依据。操作目标股的波段为弱势股持续快速上涨的一个小波段，时间不长，获利更高。如图 1-3 所示，在 C 区域股价形成了一个明显的创出新低的黄金坑，并出现持续快速回升时，表现为均线多头排列之初的 DIFF 线大角度金叉后 MACD 双线向上发散，量价形成了持续放量上涨的涨停阳线。这时在 C 区域右侧涨停阳线涨停前的买入操作，以及根据其后 D 区域低开快速低走的大阴线大阴量下跌卖出股票的操作，属于黄金坑战法中的长线选股基础上的短线操作策略。

实战应用指南：

（1）在中长线选股＋短线操作的操盘方式中，一定要明白中长线选股的目的，因为只有长期处于弱势整理的股票，其后短期发动上涨时才会表现为时间短、涨幅大，同时长期弱势状态的股票，其整理平台的支撑性较强，极难出现再次走弱，而基本面又对这种继续走弱的概率，在很大程度上进行了规避，所以中长线选股不仅确保其后短期能够较大获利，同时也降低了投资风险。

（2）在中长线选股＋短线操作的操盘方式中，短线操作主要体现在黄金坑战法中的具体买卖时机的把握，是根据日线图上股价快速转强与快速转弱时的变化来进行操作，也就是股价加速上涨中的小波段变化，所以选股时期的基本面要求也是极为重要的。

1.2.2　通过主力拉升股价的征兆寻找启涨牛股

在黄金坑战法中，操作的都是弱势中突然启涨和突破性上涨的股票，所以事实上属于寻找突然启动上涨的牛股或黑马股的操作。因此，根据黄金坑战法操作一只股票时，就是在通过各种方式，辨认和捕捉那些主力快速拉升一只股票的时机和技术征兆的过程，因为只有主力快速拉升一只股票时，买入后才能确保这只股票为启涨牛股，从而短期获得较大收益。

主力拉升股价的征兆：

当主力拉升一只股票时，必须经过前期的低位建仓，同时还要经过反复震仓洗盘，一旦拉升股价，多数时候都会在拉升前出现黄金坑的突然一跌，然后形成突破黄金坑时的趋势快速转强的技术特征和量价买点。所以，突破黄金坑时的技术启涨形态，以及量价齐升买点，就成为主力快速拉升股价时的征兆，也是黄金坑战法中买股时的根本要求。如图 1-4 所示，日丰股份（002953）在 A 区域明显为长期弱势震荡，为主力逢低建仓和震仓洗盘时期，所以只有观察到其后 B 区域出现黄金坑回升时，方可确认主力洗盘即将结束。这一时期只允许轻仓建仓，只有其后的 D 区域，MACD 中 DIFF 线突然向上翘起，双线快速向上发散，均线表现为多头排列初期，量价形成持续阳线跳空上涨，阳量呈阶梯式明显持续放量，说明主力已经开始快速拉升股价，应及时重仓买入股票，这样才能获得 D 段持续大幅上涨所带来的收益。

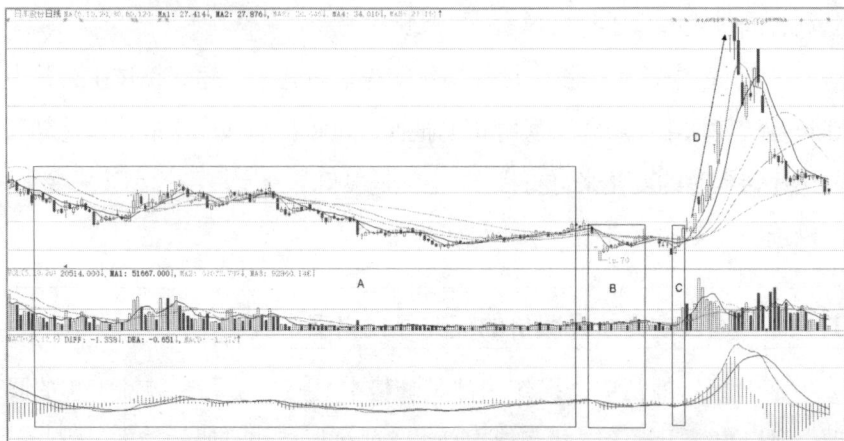

图 1-4　日丰股份－日线图

实战应用指南：

（1）只有明白了黄金坑战法是在寻找主力快速拉升股价的环节，才能够有效规避主力建仓和震仓洗盘时期，避开风险极高的阶段，把握好股价快速上涨的时机。

（2）在黄金坑战法中，寻找主力快速拉升股价时的征兆，事实上就是通过选股及其后的观察，在寻找到黄金坑形态后，辨认出突破黄金坑技术指标的启涨形态，以及形成的量价买点形态的一个过程，注意把握这一时机，准确买入强势牛股。

（3）投资者只有在了解了黄金坑战法是通过主力拉升股价的征兆寻找启涨牛股后，才会明白黄金坑战法是短期获利的操盘策略，才会在认真学习这一战法的基础上，运用这一战法进行股票投资。

1.3　黄金坑与主力

黄金坑的出现是主力资金深度参与的结果，了解了黄金坑成功或失败等情况出现的原因，才能更好地把握黄金坑行情。

1.3.1　黄金坑是股价上涨前主力快速洗盘的空头陷阱

黄金坑的形成，属于主力拉升股价前的最后一跌，所以从形态上看，就是主力以空头思维短期大举看空股价的一种操作方式，因此也是主力短期内快速洗盘的征兆。黄金坑的出现，事实上就是一个明显的空头陷阱。

黄金坑是空头陷阱的原因：

主力介入一只股票时，都是选择在低位区不露痕迹地大举买入，但收集到足够的筹码后，若不推升股价就无法获利，毕竟绝大多数主力进入股市都是来赚钱的。如果低位区的散户持有的筹码过多，不利于日后持续快速上涨，因为一上涨即容易遭遇获利筹码的大举抛售，难以吸引到更多的高位筹码介入。所以主力在拉升一只股票前，往往会营造出一种股价即将转弱的趋势，再进行一次洗盘，然后才能顺利地将股价推升到高位区。如图 1-5 所示，和顺电气（300141）在长期弱势震荡期间，A 区域出现了一个明显的跌破整理平台的黄金坑后的缓慢回升，说明主力借助 A 区域之前股价的震荡下跌，正在刻意卖出股票，以通过这种向下试盘的方式，观察下方的支撑，同时又借助股价的持续下跌，使得更多的低位散户恐慌而卖出筹码，完成上涨前的快速洗盘。在探明支撑和快速洗盘后，B 区域才开始对股价快速拉升。因此，A 区域是主力借助股价的震荡走低，刻意营造出的一个借机快速洗盘的空头陷阱。

图 1-5　和顺电气－日线图

实战注意事项：

（1）由于黄金坑是股价上涨前主力快速洗盘时出现的空头陷阱，所以在操作时，往往在股价短期跌破整理平台时，会表现为看似下跌趋势比较明显。但事实上，从坑底止跌回升时来计算，短期跌幅并不大，只是在 K 线形态上看似较大，经常以持续较长阴线出现，甚至伴随有短期阴量的明显放大。

（2）在实战中要想确认黄金坑是否成立，必须是股价走出黄金坑后，也就是突破黄金坑形态和买点信号成立时，方可确认黄金坑为主力洗盘的空头陷阱。因此，操作中的安全买点为强势突破黄金坑时，底部回升只可轻仓参与。

1.3.2　突破黄金坑是主力快速拉升股价的开始

突破黄金坑，就是黄金坑形成后，当股价正在缓慢回升中，出现了又回升到黄金坑出现前的弱势整理平台，一旦技术指标形成启涨形态，量价形成突破时的强势信号时，表明股价进入快速拉升的阶段，所以也是重仓积极参与时的表现。

突破黄金坑时的主力具体表现：

首先，要确认突破黄金坑的形态，也就是股价先回升到黄金坑出现前的弱势整理平台，然后出现持续快速上涨时的量价形态。因为一旦股价突破了黄金坑的左沿弱势整理平台，说明黄金坑已经可以确认是主力在快速洗盘，其后一旦开始快速拉升股价，则必然会出现明显的量价齐升，所以黄金坑的技术指标突破形态与量价突破形态，就成为主力快速拉升股价的征兆。如图 1-6 所示，奥飞数据（300738）在 A 区域形成黄金坑后，时间较短，股价的缓慢回升变为快速回升与突破，形成明显的量价齐升，其后的 B 区域开始短期持续快速上涨的行情。因此，股价突破黄金坑时的量价齐升，是主力快速拉升股价的开始，所以是买入股票的最佳时机。

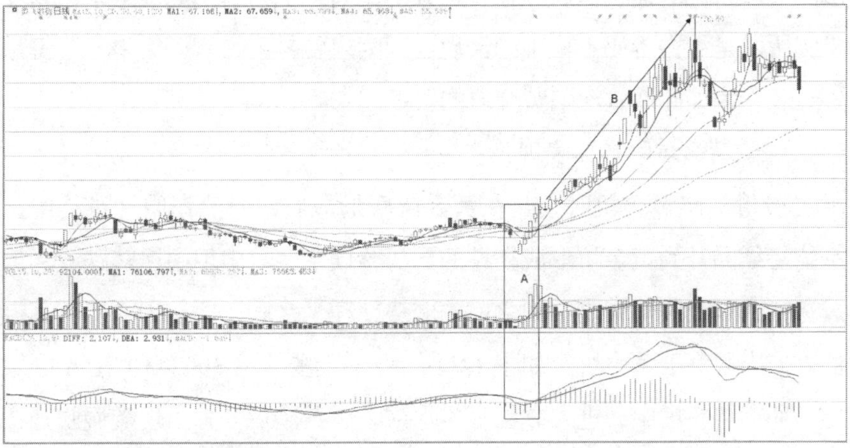

图 1-6　奥飞数据－日线图

实战应用指南：

（1）当股价突破黄金坑时，如果想确认是主力快速拉升股价的开始，必须确保技术指标的突破形态成立时，形成量价齐升，才是买入股票的最佳时机。

（2）在根据突破黄金坑技术形态的量价齐升买入一只股票时，一定要注意黄金坑底部回升途中的加速上涨情况，因为这种情况的出现，往往更能提早预知是主力开始快速拉升股价，所以在学习黄金坑战法时，可在黄金坑底部回升期间轻仓参与，并在快速强势突破黄金坑形态时提前买入。

（3）投资者只有更为全面地了解整个黄金坑战法的操盘技术和技巧，才能真正不错过任何一只股票，在突破黄金坑时，及时把握好买入时机，随主力一起加入享受股价快速上涨所带来的收益与喜悦的阵营。

1.3.3　深陷黄金坑是主力筹码不集中的表现

深陷黄金坑，就是黄金坑形态失败的情况，因为黄金坑的下跌是主力刻意制造出来的空头陷阱。如果当黄金坑出现后，股价未在回升中形成突破，说明盘中依然存在着较大的压力，主力前期的吸筹未达到要求，所以是主力筹码不集中的表现。因为只要是主力筹码集中，股价是不会表现为如此疲软深陷黄金坑的。

深陷黄金坑的具体表现：

股价深陷黄金坑时，是在黄金坑底形成后，股价在回升过程中，未能持续回升到黄金坑形成初期的弱势整理平台，出现中途转跌或弱势震荡；或是当股价刚刚回到之前的弱势整理平台后，即转为弱势震荡走低，未出现突破黄金坑。如图 1-7 所示，天地数码（300743）在 A 区域的长期弱势整理中，进入 B 区域，形成一个黄金坑，并出现缓慢回升，但在整个黄金坑底部回升的 D 段走势中，只是运行到 C 区域时，才回到黄金坑出现前的 A 区域整理平台，但未形成突破黄金坑，即出现了持续震荡走低。说明黄金坑形态失败，主力在 A 区域未收集到足够的筹码，是主力筹码的不集中造成了黄金坑的失败。所以，出现这种情况时，在 D 段走势中建仓的投资者应及时止损出局。

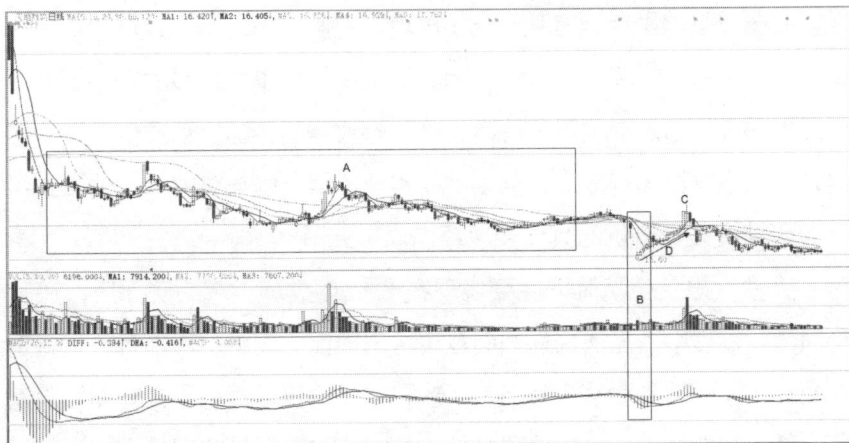

图 1-7 天地数码－日线图

实战应用指南：

（1）明白了黄金坑失败的原因是主力筹码不集中的表现后，在实战操作中就能够理性地对待黄金形态和明白黄金坑战法的意义了，也就不会在黄金坑底部回升形态中去重仓参与，因为无论是哪一种炒股技术，收益越大，风险也会越高。

（2）在黄金坑形态中，原则上虽然是黄金坑出现前的弱势整理时间越长，其后的上涨幅度越大，但事实上若是出现未突破黄金坑股价即转弱，则多数时候都为主力筹码不够集中的表现，但也不能排除主力由于各种原因突然离场，所以其后股价往往会再次进入一个更低的弱势平台继续整理。应等待新主力介入，或是之前主力的持筹达到足够多，股价出现启涨时，再来参与。

（3）当股价深陷黄金坑时，底部回升期间轻仓参与的投资者，一定要及时在黄金坑失败时，果断止损出局，不可坐等。

1.3.4 无法快速突破黄金坑是主力继续洗盘的征兆

无法快速突破黄金坑，就是在长期弱势整理中形成一个跌破整理平台的黄金坑时，股价在底部回升过程中，始终无法快速回到黄金坑出现前的弱势整理平台。这种情况的出现，说明主力的持筹数量并不多，无法发动快速上涨突破黄金坑，因为一上涨即会引发较多的筹码抛售，所以主力必须通过继续震荡洗盘，才能够收集到足够拉动股价上涨的筹码，因为不吃掉那些散筹，仍然难以实现持续上涨与突破。

无法突破黄金坑的具体表现：

无法突破黄金坑时，主要表现在 K 线形成黄金坑的底部后，在股价回升的过程中，无法快速回到黄金坑出现前的弱势整理平台，也就是在回升中途即转为震荡，甚至是下跌，或是一接近弱势平台时即转为震荡走低。如图 1-8 所示，乐歌股份（300729）在弱势整理状态中，A 区域出现一个明显的创新低的黄金坑，并出现缓慢回升，但在其后的回升过程中，只要 K 线向上一接近前期的弱势整理平台 B，即出现震荡回落，股价无法实现快速突破黄金坑，说明主力收集到的筹码尚不足以发动上涨，市场散筹依然较多，所以才造成了股价稍一上涨，即引来许多卖盘，迫使主力依然继续震荡洗盘。

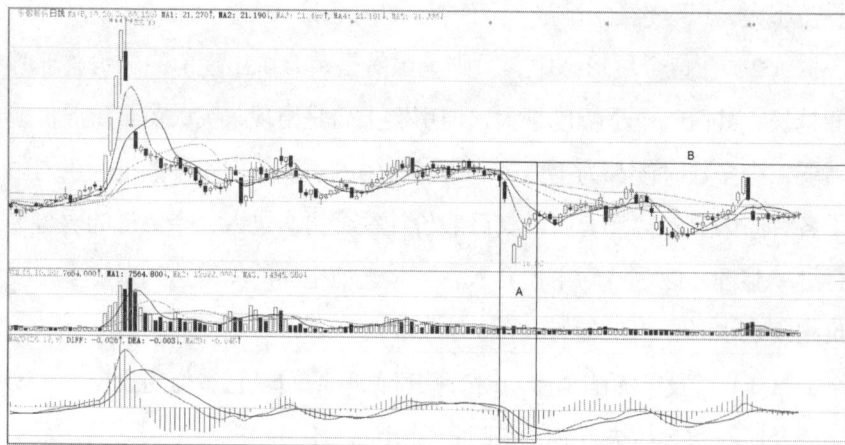

图 1-8　乐歌股份－日线图

实战应用指南：

（1）无法快速突破黄金坑，是股价在短期内出现黄金坑后，无法快速回升到弱势整理的平台，即黄金坑出现前的整理平台。所以在判断黄金坑是否成立时，应以黄金坑出现后，股价能否在短期内回升到之前的整理平台为准，因为一旦无法突破黄金坑，就意味着黄金坑的失败。

（2）在黄金坑战法的实战中，如果投资者是在黄金坑底部回升过程中轻仓买入股票，一旦发现股价无法突破黄金坑时，就应即刻止损出局，因其后主力会保持继续震仓洗盘，而有时主力为了达到洗净散筹的目的，甚至会以更为猛烈的方式进行，所以必须止损出局。

1.4　黄金坑与 K 线图

在根据黄金坑操盘时，一定要明白操作时的 K 线周期图，因为不只是有日线图的形态识别，还包括把握买卖时机的分时图。

1.4.1　日线图

在根据黄金坑战法操盘时，日线图是一个重要的 K 线周期图，因为无论选股、买股或是卖股，都是通过观察日线图来判断买卖股票的时机。所以，一定要习惯于日线图的使用，因为在不同的炒股软件上，日线图的显示是不同的。

大智慧日线图主要显示及使用方式：

在大智慧炒股软件上，打开日线图，和其他软件区别不大，上方为股价的 K 线显示区域，下方为成交量显示区域，再下方为技术指标显示区域。主要的不同在于调换技术指标的方式，如只要输入MACD，下方即会出现 MACD 指标。但是调用 BOLL 时，输入 BOLL后，BOLL 会自动替换 K 线周围的均线 MA，也就是 BOLL 会显示在 K线周围。如果需要，大智慧最大的优点是鼠标对准日线图单击右键，有一个多图组合的方式，可以选择同时显示更多的技术指标。如图 1-9 所示，科顺股份（300737）是正常状态的三图组合显示，上方为 K 线图，

K线周围为均线显示；下方为成交量显示区域；最下方为技术指标显示，显示的是MACD。而图1-10为科顺股份的4图组合方式，鼠标对准K线图单击右键，选择4图组合即可。A区域为K线显示区域，K线周围为BOLL指标；下方D区域为成交量显示区域，再下方B区域为MACD技术指标显示，最下方C区域为CCI指标显示。无论是A区域的选股和判断黄金坑形态，以及其后B区域的判断突破黄金坑，都是通过日线图来进行操作的。

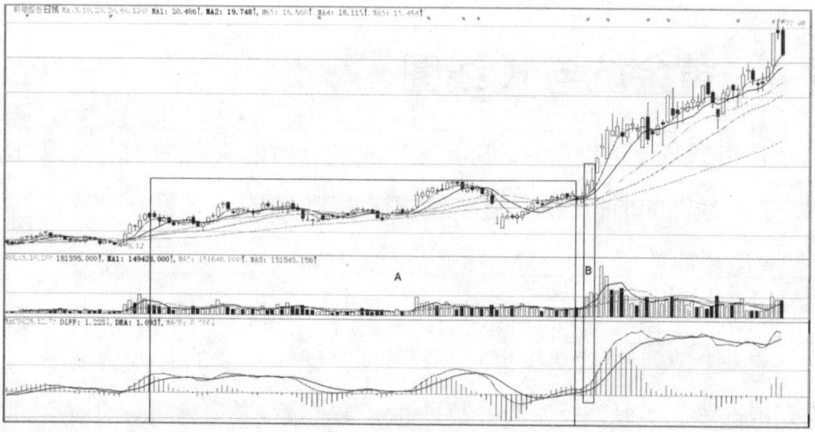

图1-9 科顺股份－日线图（3图组合）

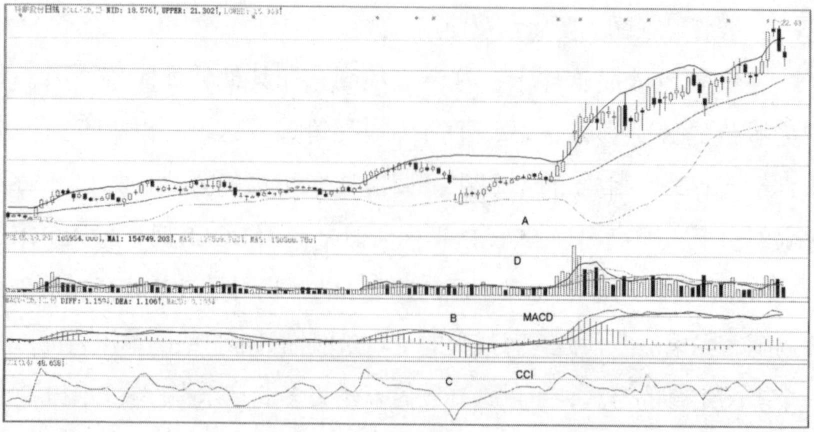

图1-10 科顺股份－日线图（4图组合）

实战应用指南：

（1）在使用黄金坑战法操盘时，不是必须选择以大智慧为代表的炒股软件，只是相对于同花顺炒股软件而言，使用 BOLL 这一指标时，在大智慧炒股软件中，BOLL 显示在 K 线周围，突破形态更明显，更容易准确判断出突破黄金坑时的形态征兆。

（2）大智慧与同花顺的另一个最大不同是，显示的指标数量会更多，如指标区域包括 3 图组合、4 图组合，甚至是更多的组合，这样就可以同时通过多个指标在同一时间内观察到趋势的变化。

（3）在大智慧的多图组合应用中，主要是在 MACD 表现为钝化期间，通过对 CCI 走向的观察，辅助判断背离是否结束。多数时候用不到，甚至可以忽略这一辅助判断，改用其他指标进行判断。但需要注意的是，大智慧中的均线可以显示在技术指标区域，只要鼠标对准技术指标区域，输入 MA 即可。

1.4.2　分时图

分时图又称即时图、分时走势图。在黄金坑战法中，分时图也是一个重要的周期图，因为在判断买股时机，尤其是提前买入时机时，或是卖出时机与提前卖出时机时，甚至是持股期间对趋势强弱的判断，都需要在分时图上进行观察，所以分时图是黄金坑战法实战中必不可少的周期图。

分时图主要构成：

分时图的主要构成包括三个部分：最上方为股价显示区域，包括股价线、均价线、开盘价、昨日收盘线、收盘价；中间为分时量显示区域；最下方为技术指标显示区域。如图 1-11 所示为科顺股份（300737）2020 年 3 月 4 日分时走势图，从中可以清楚地看到股价显示区域、分时量显示区域和技术指标显示区域。其中在股价显示区域，股价线在最左侧最早出现时，为开盘价；股价线最右侧的尽头为收盘价。昨日盘线为一根较粗的横线；股价线直接代表即时股价的走势；均价线为盘口当日之前的总成交量除以成交的股票数量，类似于日线图上的均线。

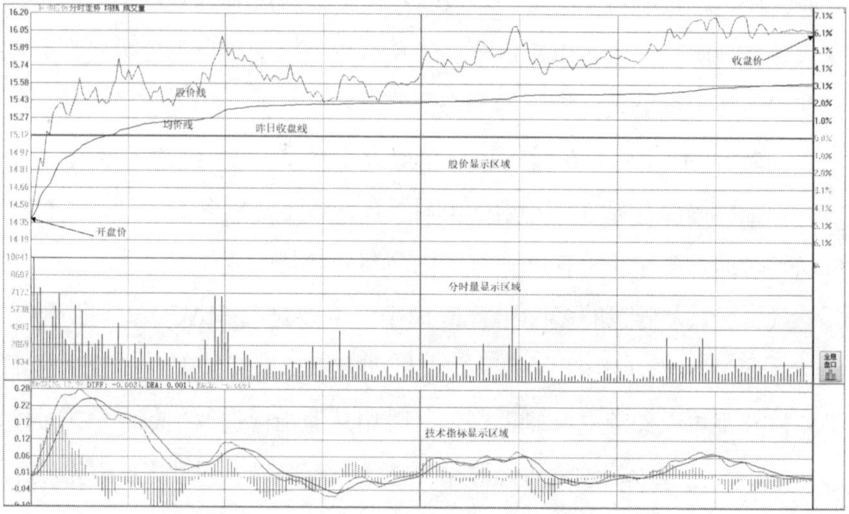

图 1-11　科顺股份－2020 年 3 月 4 日分时走势图

实战应用指南：

（1）在使用分时图实战前，一定要详细了解分时图的显示内容，因为只有明白了分时图上各线或指标的显示以及其代表的内容，才能通过分时图来进行判断。

（2）分时图的使用，在黄金坑战法中是一种重要的辅助判断，所以使用时主要是以开盘价、收盘价、昨日收盘线的位置来判断股价的强弱状态，并通过分时量柱的长短状态来判断区间放量或缩量的程度，以确认股价短期的强弱程度。

（3）分时图上的技术指标，一般运用较少，因其即时性太强，技术指标更容易出现钝化，但在判断分时图上的量价状态时，一定要结合股价线的方向和分时柱的长短来判断强弱，如区间放量上涨时，为股价线上行、成交量柱在某一时间明显较长，分时量柱极多。

1.5　黄金坑战法应用原则

在弱势震荡中，黄金坑战法是主力洗盘的征兆，但并不是股价快速上涨前均会出现明显的黄金坑洗盘，所以应用黄金坑战法时，既要学会及时把握黄金坑形态，同时不一定非要等待黄金坑，只要股价出现快速启动，就应果断出击。

1.5.1　把握黄金坑出现的绝佳时机

由于黄金坑是主力的最后一次洗盘，所以一旦突破黄金坑出现时，就意味着一轮明显的快速上涨行情即将到来，所以黄金坑的出现就成为捕捉短线牛股的最好时机。在操盘中，一定要抓住黄金坑形成的这一时机，以实现短期快速较大获利。

黄金坑时机把握要求：

在使用黄金坑战法操盘中，黄金坑的时机把握是买入时机的把握，所以在买入时，一定要选择在突破黄金坑形态时，量价形成突破买点时，方可重仓参与。由于存在黄金坑在底部回升中的强势加速回升，所以在底部回升时期，可少量建仓，以免错过强势启动的牛股。如图 1-12 所示，捷佳伟创（300724）在 A 区域形成一个明显的黄金坑底部回升时，可在回升过程中轻仓买入，由于其后股价表现为继续保持在之前强势平台的小幅震荡整理，所以也是轻仓买入的时机。进入 B 区域，形成均线多头、DIFF 线快速向上翘起的持续明显放量上涨的量价齐升，符合突破黄金坑形态和突破时的量价买点要求，这时方可重仓参与，这也是有力把握黄金坑出现时的最佳买入时机。

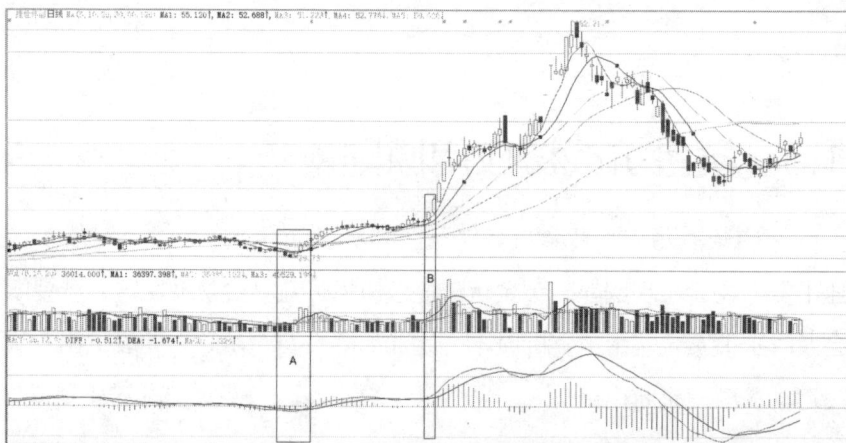

图 1-12　捷佳伟创－日线图

实战应用指南：

（1）在把握黄金坑买入时机时，一定要确保是在选股的基础上出现的黄金坑，然后方可根据黄金坑的买入形态和买点要求，具体判断买入时机。

（2）在黄金坑战法中，分为两类买入时机：一是黄金坑底部回升时机；二是突破黄金坑时机。在具体操作时，一定要遵守黄金坑底部回升时机的轻仓买入，突破黄金坑时机的重仓参与。

（3）根据黄金坑战法实战时，一旦在黄金坑底部回升时机买入股票，若是其后未出现突破黄金坑，股价表现为下跌，哪怕是仓位再轻，也应果断止损卖出。

1.5.2　不要刻意等待黄金坑出现后再操作

在黄金坑战法应用时，一定要掌握一个原则：把握黄金坑出现的绝佳时机。但这并不是说选股后，只有出现黄金坑后方可操作。因为牛股的启涨，尤其是黄金坑战法的选股形态形成后，其后即使不出现黄金坑，但只要是突然启动快速上涨，同样是一只黑马股或牛股。所以在选股后的观察中，一定不要刻意等待黄金坑形态的出现，只要是发现股价出现快速启动，同样应果断重仓买入股票。

快速上涨的启涨时机：

如果根据黄金坑战法选股后未出现黄金坑，而是直接快速启动上涨，主要是技术形态的突然启动，如出现开口形喇叭口、DIFF 线突然向上翘起、均线多头排列初期等形态，同时表现为量价齐升，一般是牛股突然启动上涨的最佳买入时机。如图 1-13 所示，秀强股份（300160）在 MACD 双线长期相距较近的水平弱势震荡和均线反复缠绕的震荡趋势中，A 区域表现为 DIFF 线突然向上翘起、5 日均线引领其他均线快速向上发散的多头排列初期，量价表现为持续放量上涨的量价齐升，形成启涨形态和突破弱势震荡高点的量价突破点，所以尽管未出现黄金坑，也应果断买入股票。

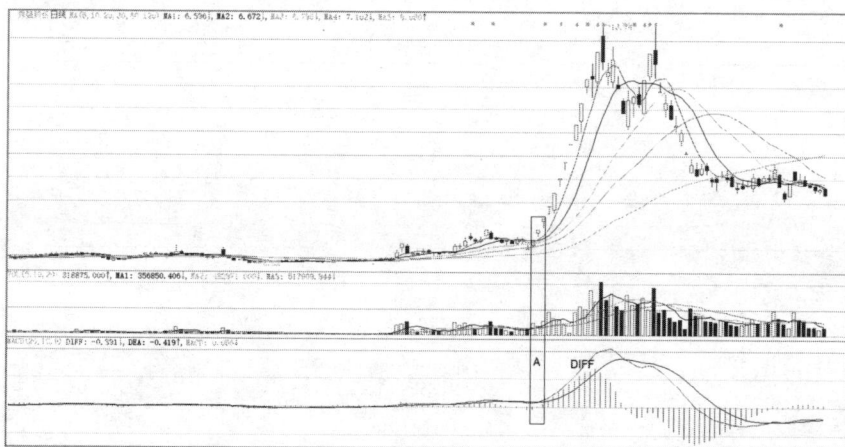

图 1-13　秀强股份－日线图

实战应用指南：

（1）根据黄金坑战法操盘时，买入股票时一定要做好选股这一环节，因为选股是确保股票在后期演变为牛股的基础。

（2）在选股的基础上，即使未出现黄金坑，启涨形态基本上也与突破黄金坑时的技术形态和量价突破点的要求相似。只不过在 MACD

这一指标中，未形成明显的黄金坑出现时的 DIFF 线震荡向下的坑，所以在启动时，DIFF 线只会表现为突然向上翘起的双线向上发散。均线排列的状态与突破黄金坑时的形态是一样的。

（3）当股价在长期弱势震荡中，没有出现黄金坑即启动时，量价买点必须符合黄金坑突破时的买点形态，同时也要确保未出现量价异动方可买入。所以在买股时，突破表现得越强势，买入越可靠。

第 *2* 章
技术指标：黄金坑战法操盘的重要工具

　　根据黄金坑战法实战前，必须充分了解黄金坑战法中使用的技术指标，这样才能通过技术指标的形态准确判断出黄金坑形成期间的两种买入形态和买卖点。这些指标包括 MACD、MA、BOLL 和量价等。

2.1　MACD：判断黄金坑的主要指标

MACD 是判断股价中长期趋势的重要指标，在黄金坑战法中，无论是在选股时，还是在判断黄金坑形态买股或是卖股时，都起着主要的作用。这种作用在判断黄金坑形态时仅次于 K 线判断黄金坑形态。

2.1.1　MACD 构成与趋势判断

MACD 为异动移动平均线，主要包括快线 DIFF、慢线 DEA，合称双线；量能柱，包括代表多方强弱的红柱和代表空方强弱的绿柱，以及代表盘整的小红柱或小绿柱；红柱与绿柱之间的水平线 0 轴，是一条多空分界线。

MACD 判断趋势的方法：

（1）多头趋势。MACD 双线向上突破 0 轴后，持续上行时为标准的 MACD 多头趋势，若双线震荡或小幅向下运行时，只要是在 0 轴附近止跌，依然为强势状态。图 2-1 所示为平安银行（000001）日线图，快线 DIFF、慢线 DEA、红柱、绿柱、小红绿柱均清晰可见。在整个 A 区域为 MACD 双线突破 0 轴后在上方运行的状态，整体为多头趋势，属于股价强势状态，其中 C 区域和 B 区域为标准的双线在 0 轴上的向上运行，为标准的多头上涨趋势。

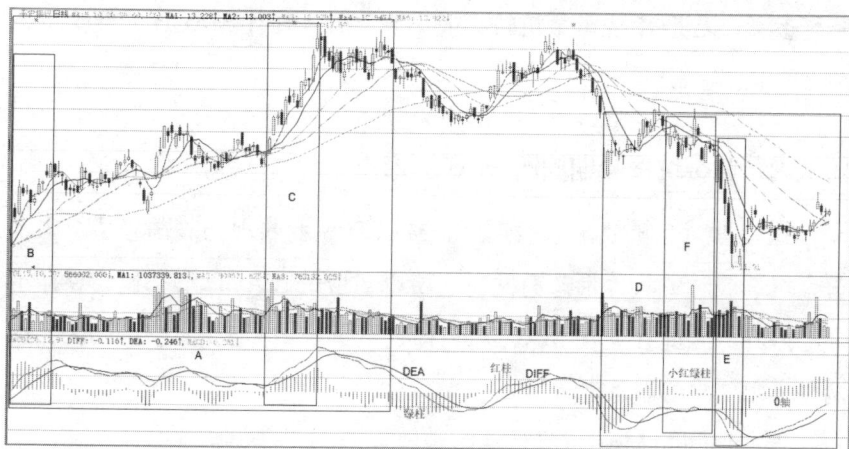

图 2-1　平安银行－日线图

（2）空头趋势。MACD 双线相继跌破 0 轴后，持续向下运行时为明显的下跌走势，转为上行或震荡时均为弱势，只要不持续突破 0 轴转为上行，就依然是空头趋势。例如，图 2-1 中 D 区域为双线跌破 0 轴的空头趋势，为股价弱势的表现，其中 E 区域为双线持续下行的加速下跌标准空头趋势。

（3）震荡趋势。双线在相距较近状态下，呈几近黏合状态的水平震荡或上下小幅震荡时，为震荡趋势。例如，图 2-1 中的 F 区域，双线呈相距较近、几近黏合的水平小幅震荡，表明当前为震荡趋势。

实战应用指南：

（1）根据 MACD 判断行情时，虽然 MACD 量能柱也能辅助双线进行判断，但在黄金坑战法中，由于 MACD 的判断目的是捕捉强势股的快速启动和突破，所以基本上可以忽略量能柱的细微变化。

（2）MACD 判断趋势时较为准确，但在黄金坑战法中，一般只是运用 MACD 震荡趋势来选股，利用多头趋势或多头趋势形成前的形态来判断买入形态。

（3）在黄金坑战法中，MACD 在判断黄金坑初成的形态时，只是一种参考，若是K线黄金坑较小或不明显时，往往MACD的震荡也不会太明显。

2.1.2 黄金坑选股期间的MACD形态

在根据黄金坑战法选股期间，MACD主要表现为震荡趋势，由于黄金坑选股时的具体形态有两种，所以对应的MACD形态也会存在小幅的差异。因此在使用MACD选择目标股时，一定要能够准确区分这两种小幅差异的震荡走势。

选股期间的MACD具体形态表现：

（1）MACD双线相距较近状态下的震荡，如果股价表现为箱体震荡或宽幅震荡整理时，双线会表现为相距较近状态的较大幅的上下波动震荡。如图2-2所示的万科A（000002）中A区域，当股价表现为箱体震荡的宽幅震荡时，下方MACD双线呈相距较近状态的上下波动震荡。这类MACD形态的股票，即为黄金坑战法中选股时的目标股形态。

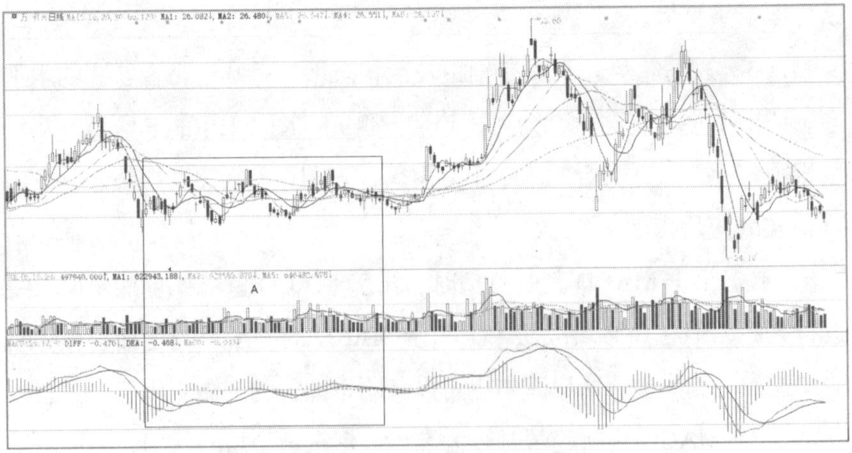

图2-2　万科A-日线图

（2）如果股价在长期弱势震荡整理期间表现为震荡幅度较小，MACD双线会表现为相距较近、几近黏合状态的水平小幅震荡。如

图 2-3 所示的国农科技（000004）中 A 区域，股价长期表现为窄幅震荡时，上下震荡幅度极小，基本呈一字横盘状态，MACD 双线也处于几近黏合状态的水平震荡。这种 MACD 形态的股票同样是黄金坑战法中的目标股形态。

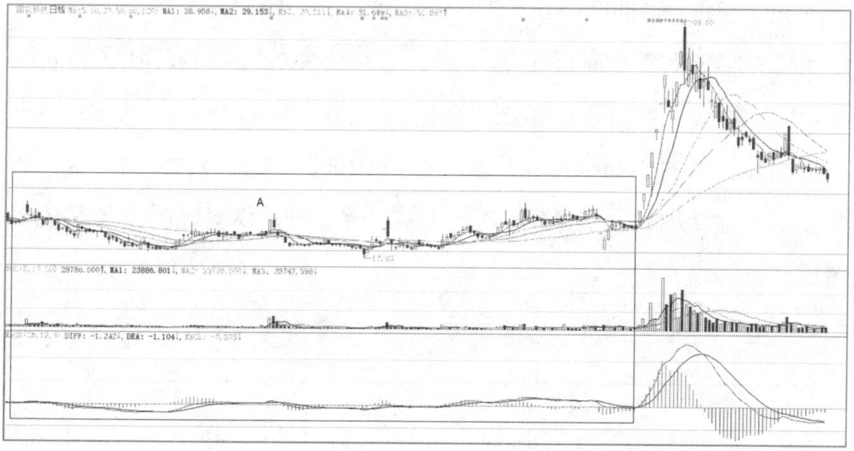

图 2-3　国农科技－日线图

实战应用指南：

（1）在根据 MACD 进行选股的技术判断时，一定要首先认清大多数情况下出现的小幅震荡趋势，是双线在相距较近状态下的水平小幅震荡，双线或出现不同程度的黏合。这种情况出现时，K 线震荡幅度越小越理想，尤其是呈一字横盘震荡时，其后不管黄金坑是否出现，只要启动快速上涨，就是一只超级黑马股。

（2）根据 MACD 选股时，最难确认的就是双线在相距较近状态下的上下波动震荡，因为在这种波动震荡中，双线始终会呈现相距较近的状态，向上远离或向下远离的状态不会十分明显。

（3）如果投资者最初难以判断出 MACD 双线的这种震荡走势时，可通过其他指标来确认，如 MA 或 BOLL 等。

2.1.3 黄金坑形成期间的 MACD 形态

在黄金坑形态期间，MACD 指标同样会发生明显的形态变化。但由于在震荡期间 DEA 线经常处于失真状态，所以 DIFF 线的表现有时也不会十分明显，因此必须认真观察，方可通过 MACD 来确认黄金坑。

黄金坑形成期间的 MACD 具体形态表现：

（1）在 K 线形成黄金坑期间，如果黄金坑较明显，MACD 也会出现一个明显下跌且跌破整理平台的坑，尤其是 DIFF 线下跌时形成的坑更明显。如图 2-4 所示的鸿达兴业（002002）A 区域，K 线形成一个明显的黄金坑时，下方 MACD 也形成一个 DIFF 线明显向下震荡的黄金坑。

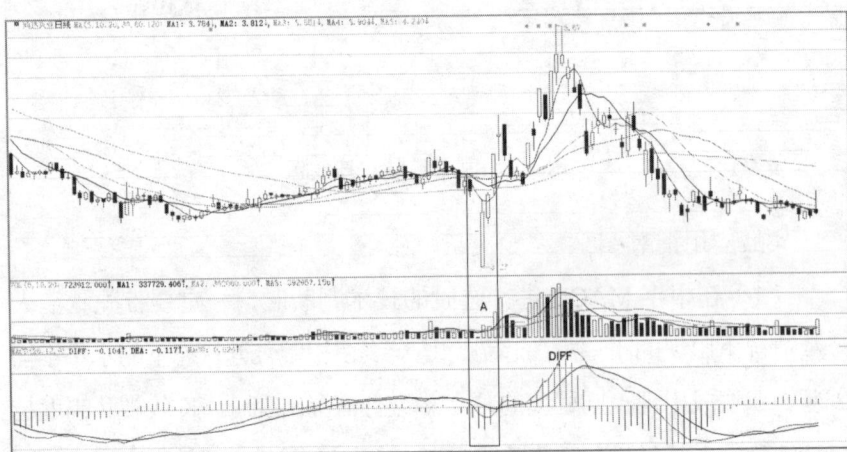

图 2-4 鸿达兴业－日线图

（2）如果在黄金坑期间，K 线下跌的黄金坑不明显，即时间短、下跌幅度较小时，MACD 双线的黄金坑同样不会十分明显，只会看到 DIFF 出现了略微向下的小幅震荡。如图 2-5 所示的协鑫能科（002015）A 区域，K 线形成一个略震荡下跌的不明显的黄金坑，下方 MACD 也只是表现为双线略震荡下行的小幅震荡走低走势。

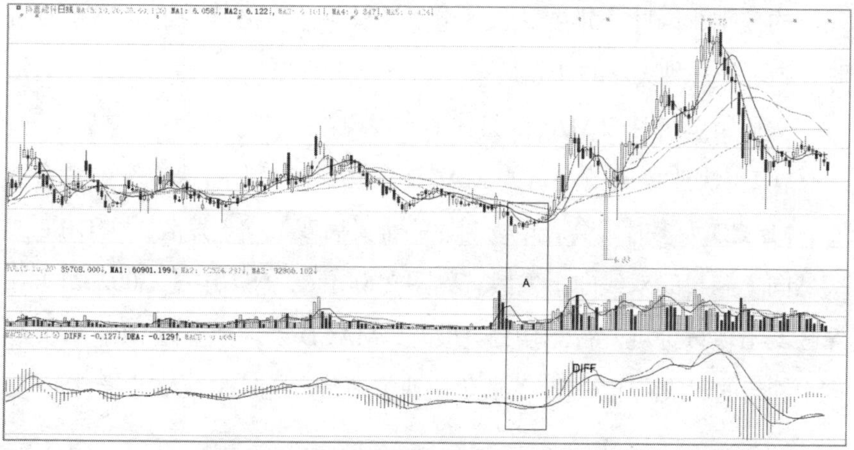

图 2-5　协鑫能科－日线图

（3）在黄金坑底部回升初期，MACD 的表现主要是 DIFF 线在震荡向下中结束下行，转为平行略向上运行，与 DEA 线之间出现聚合，甚至是金叉。在图 2-4 与图 2-5 中，无论黄金坑是否明显，右侧黄金坑底部回升时，均表现为双线向上聚合的状态，图 2-5 中 A 区域还出现了 DIFF 线向上与 DEA 线交叉的金叉。

实战应用指南：

（1）在判断黄金坑形态时，主要应以 K 线表现出来的黄金坑形态为主，MACD 的判断只是一种辅助形式的判断，所以主要应依据 K 线形态确认黄金坑。

（2）在黄金坑形成后的底部回升期间，MACD 的表现主要是一种由弱势缓慢转强的状态，若是黄金坑下跌幅度不大，双线聚合期间，或许会形成向上交叉，但这种双线相距较近的金叉为无效金叉，所以只能确认为黄金坑底部回升的形态成立。

2.1.4　突破黄金坑时的 MACD 形态

当股价突破黄金坑时，MACD 通常也会表现为较强的状态，因为股价突破时的状态有强有弱，所以 MACD 在此期间的表现，也会出现一定的差别，因此一定要认真区分。整体而言，MACD 在突破黄金坑时会表现为一种突然的转强状态。

突破黄金坑时的 MACD 具体形态表现：

（1）快速突破黄金坑的 MACD 启涨形态。股价快速突破黄金坑时，MACD 大多时候会表现为明显的金叉后双线向上发散，或 DIFF 线突然向上翘起的双线向上发散。如图 2-6 所示，*ST 中捷（002021）在 A 区域出现黄金坑，右侧强势突破时，MACD 表现为上方 DIFF 线突然向上翘起的双线向上发散，为股价快速突破黄金坑时的 MACD 启涨形态。

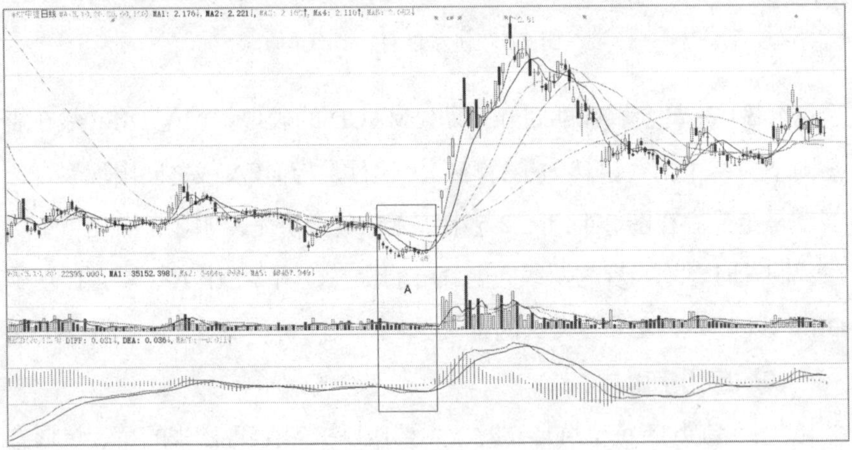

图 2-6　*ST 中捷－日线图

（2）缓慢突破黄金坑的 MACD 启涨形态。股价突破黄金坑时，若表现不够强势，或是之前黄金坑底部回升较为缓慢时，MACD 突破黄金坑时就会表现为双线较近状态下的在 0 轴之上的 DIFF 线突然加速向上翘起和远离，或是双线突破 0 轴的向上发散。如图 2-7 所示，*ST 德豪（002005）A 区域形成黄金坑的缓慢回升；进入 B 段走势，股价依然保持震荡上行的缓慢回升；在 C 区域突破黄金坑时，表现为 DIFF 线快速向上翘起的双线向上发散，且双线是位于 0 轴之上，为缓慢突破黄金坑时的 MACD 启涨形态。

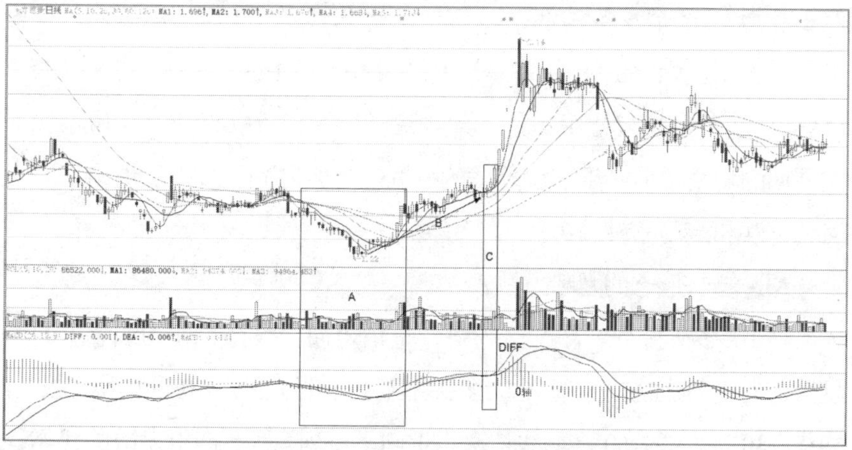

图 2-7　*ST 德豪－日线图

实战应用指南：

（1）在根据 MACD 判断突破黄金坑形态时，一定要区分出是快速突破，还是缓慢突破，尤其是在黄金坑下跌不明显的突破形态期间，往往只是 DIFF 线的快速向上翘起状态的双线向上发散，MACD 快速启涨的形态比较明显。

（2）当黄金坑形态较明显时，若是其后的底部回升缓慢，突破黄金坑时，MACD 会表现为突破 0 轴，此时判断，只要 DIFF 线突破 0 轴，双线表现为持续向上运行状态即可确认，但必须符合黄金坑突破形态和突破买点的要求时方可买入股票。

2.2　MA：判断黄金坑的辅助指标

MA 就是均线的英文简称，在黄金坑战法中，MA 在选股、判断买入形态和卖出形态等方面起着十分重要的辅助判断作用。

2.2.1　MA 构成与趋势判断

MA 是移动平均成本线的英文简称，也就是俗称的均线。炒股软件上会默认显示 5 条均线，日线图为 5 日均线、10 日均线、20 日均线、30 日均线、60 日均线，简称为 MA5、MA10、MA20、MA30、MA60。在黄金坑战法中，这 5 条均线已足够，所以无须更改与添加其他周期的均线，但必须了解均线的排列形态，以确认股价表现出来的上涨、下跌和震荡三种趋势。

MA 趋势形态的判断方法：

（1）多头排列。即上涨趋势，是指短期均线在长期均线之上向上发散运行的排列方式，标准的多头排列是 5 日均线、10 日均线、20 日均线、30 日均线、60 日均线依次由上向下排列，线头向上发散的状态。如图 2-8 所示的海特高新（002023）B 区域，MA 表现为 5 日均线、10 日均线、20 日均线、30 日均线、60 日均线依次由上向下排列，线头向上发散的状态，即均线多头排列的上涨趋势，应保持持股到顶部启跌时再卖出股票。

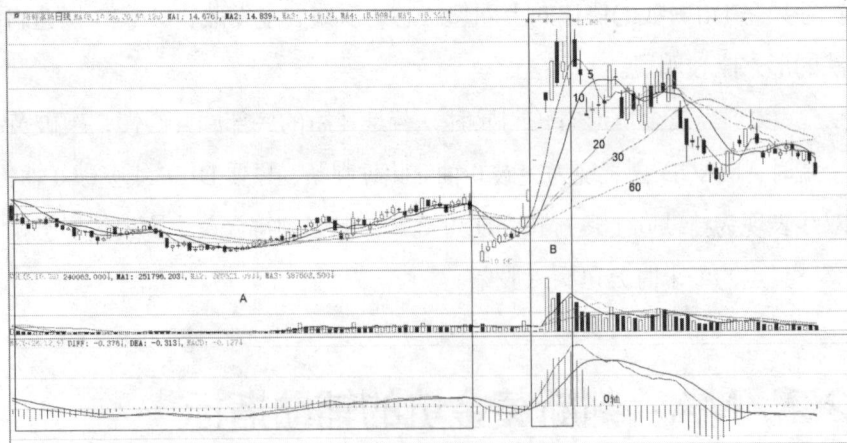

图 2-8　海特高新－日线图

（2）空头排列。即下跌趋势，是指短期均线在长期均线之下向下发散运行的排列方式，标准的空头排列是 5 日均线、10 日均线、20 日均线、30 日均线、60 日均线依次由下向上排列，线头向下发散的状态。如图 2-9 所示的分众传媒（002027）中的 A 区域，出现了 5 日均线、10 日均线、20 日均线、30 日均线、60 日均线依次由下向上排列，线头向下发散的状态，为均线空头排列，应保持观望。

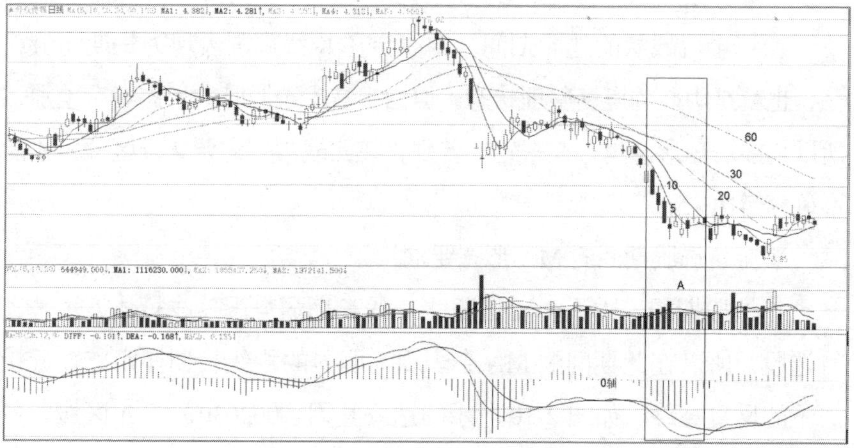

图 2-9　分众传媒－日线图

（3）均线缠绕。即震荡趋势时的均线排列，是指各均线处于相距较近状态的反复缠绕状态。例如，图 2-8 中的 A 区域，各均线在相距较近状态下出现了反复缠绕状态，为均线缠绕的震荡趋势，可将其作为目标股列入自选股中。

实战应用指南：

（1）利用均线判断趋势时，主要是对大趋势的判断，所以只有标准形态下的均线排列，才能更准确地判断出当前的大趋势。若是期间短期均线出现相反或迟钝的表现时，往往也是短期趋势的细微变化，如均线空头下的短期均线向上时，多为反弹行情。

（2）对于均线的使用，一定要注意观察 K 线图周期，即使是类似的均线，代表的统计周期也是有所差别的，如 5 日均线在周线图上为 5 周均线，即周线图上的 5 周 K 线收盘价的平均值。

（3）在黄金坑战法中，均线的使用是一种辅助判断，主要运行在选股时期，或是买股时期对突破黄金坑时的形态判断，具体买入与否，必须结合 K 线表现出来的黄金坑形态和量价突破点要求来具体操作。

2.2.2 黄金坑选股期间的 MA 形态

在黄金坑战法的选股期间，均线会在 K 线周围表现为长期弱势震荡，也就是明显的震荡整理状态，但由于技术选股时的形态略有差别，所以均线震荡形态也存在一定的差别，在实战中一定要认真区分，才能准确分辨出来。

黄金坑选股期间的 MA 形态要求：

在选股期间，由于主要是通过 K 线长期弱势震荡或箱体震荡来进行选股，所以在此期间的 MA 会表现为明显的均线长期在距离较近状态下的反复缠绕。如图 2-10 所示的达安基因（002030）的 A 区域，各均线在相距较近状态下，形成长期的反复缠绕，符合黄金坑技术选股时的 MA 形态，可作为目标股放入自选股，再观察其基本面的情况，然后持续观察是否形成了黄金坑或突破形态及突破点，再来决定是否进行操作。

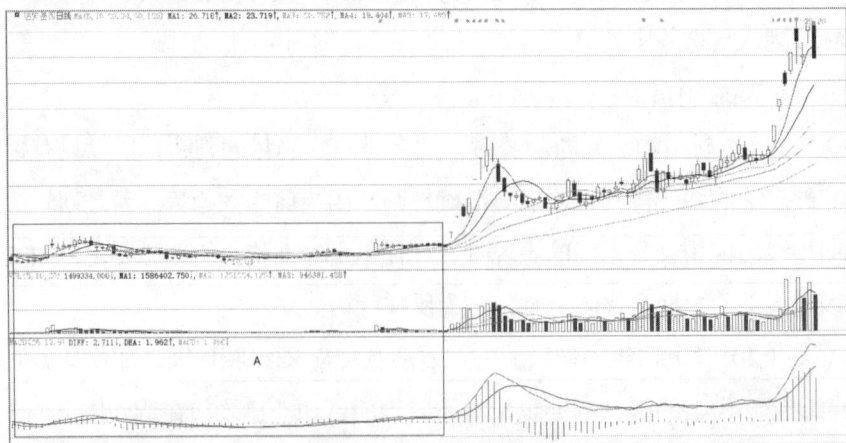

图 2-10　达安基因–日线图

实战应用指南：

（1）根据均线缠绕辅助选股时，通常发生在股价大幅下跌后的弱势震荡行情中，此时必须确保系统显示的 5 条均线均处于相距较近状态的反复缠绕。

（2）黄金坑选股期间的均线缠绕状态，原则上是持续时间越久越可信。因为趋势由弱转强时，通常不会一蹴而就，由于是牛股启涨前，整理的时间越充分，后市涨幅越可观。但至少能保持一个月左右的缠绕状态时才可信。判断时，时间是次要的，应考虑到股票会有停牌的情况，所以日线图上均线缠绕期间的 K 线至少保持在 30 根左右时才为宜。

（3）如果股价是经过一定上涨后出现长期均线缠绕，则是以时间换取上涨空间的整理，所以只要均线缠绕的时间较长，同样可以列为黄金坑目标股。

2.2.3　黄金坑形成期间的 MA 形态

在黄金坑形态形成期间，MA 同样会形成一种明显的排列形态，但在 K 线不明显的黄金坑形成期间，往往 MA 的表现也不会明显，但同样是有迹可循的。所以在黄金坑选股期间，一定要学会准确通过 MA 判断出黄金坑是否形成，以便为其后的买入操作打下基础。

黄金坑形成期间的 MA 形态要求：

（1）黄金坑形成时，若是 K 线短期下跌相对明显，MA 在黄金坑形态期间会表现为相距较近的看似空头排列，只不过在此期间的中长期均线，往往是平行或略向下状态的，只有短期均线会表现为快速下行。在黄金坑成立时，短期均线又会持续快速上行，相继与多条均线形成交叉，也就是带动中长期均线缓慢转上行的多头排列前的形态。如图 2-11 所示，登海种业（002041）在 A 区域形成较明显的黄金坑时，MA 先是表现为中长期均线在短期均线上方相距不远的状态下略微下行，但黄金坑回升期间的 5 日均线和 10 日均线等短期均线，在持续下行中转为止跌并缓慢回升，所以可以确认为是黄金坑的形成状态。

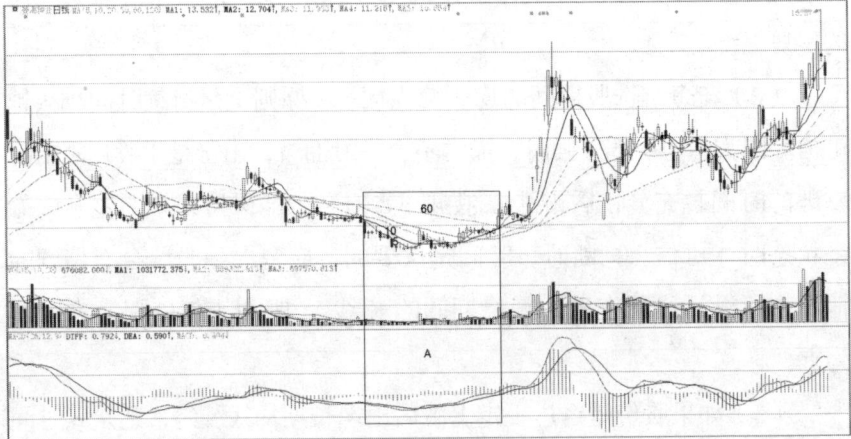

图 2-11　登海种业－日线图

（2）若是黄金坑下跌不明显时，MA 的变化也不明显，黄金坑形成期间会表现为各均线相距较近状态的中长期均线平行状态，只有 5 日均线单独或是与 10 日均线一起出现明显震荡下行，一旦黄金坑底部回升，短期均线会即刻快速上行，与各均线形成看似缠绕状态的向上交叉，中长期均线也在慢慢转为上行。如图 2-12 所示，TCL 科技（000100）在 A 区域出现缓慢下跌过程中创出新低的一个不太明显的黄金坑，明显看到此期间中长期均线相距极近，位于短期均线上方，呈平行小幅震荡状态，5 日均线和 10 日均线等短期均线在黄金坑形成时的下跌也极为缓慢，走出底部时的回升同样极为缓慢，所以符合黄金坑形成时的MA 形态。

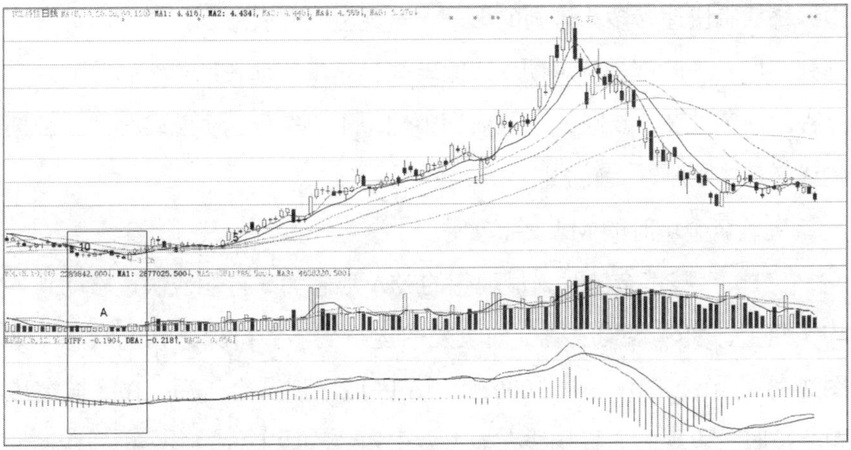

图 2-12　TCL 科技 - 日线图

实战应用指南：

（1）在黄金坑形成期间，无论 K 线和 MACD 的黄金坑表现明显与否，在即时行情中，均会表现为短期均线快速或明显震荡向下的看似空头排列。尤其是在黄金坑明显时，往往这种空头排列为各均线平行或略下行的状态。一旦日后出现突破黄金坑时，MA 必然会快速转为多头排列，所以黄金坑形成期间的 MA 空头为容易快速转多头排列的形态。

（2）根据 MA 判断黄金坑形成的形态时，一个明显的特征是 MA5 由下行转为上行，或缓慢上行、或震荡上行、或快速上行，均可，也就是必须确保 MA5 的上行是带动 K 线走出黄金坑底的低点，出现 K 线的持续向上远离低点。

（3）在判断黄金坑形成时，MA 这种由缠绕状态的弱势转强的特征只是一种参考，在此期间应结合其他指标来判断，如趋势转强时的 MACD 或 BOLL 特征，只有在突破黄金坑时，MA 的判断才是最重要的。

2.2.4　突破黄金坑时的 MA 形态

当黄金坑形成后，一旦出现股价突破黄金坑时，MA 必然会形成明显的多头排列，但由于前期弱势震荡的时间长短不一，所以这种 MA

由缠绕状态快速转多头排列的形态，呈现上会略有差别。这是因为多头排列的形成一般都是从短期均线的转强，逐步带动长期均线转强的一个过程。而突破黄金坑时，一旦前期整理得不够充分，突然转强时，长期均线必然才刚刚开始转强。

突破黄金坑时的 MA 形态要求：

（1）突破黄金坑时，最理想的 MA 形态为 5 日均线快速移动到各均线之上，引领各均线线头向上发散运行到多头排列之初的状态。如图 2-13 所示，常山北明（000158）A 区域出现黄金坑后，B 区域突破黄金坑时，表现为 5 日均线在最上方引领各均线上行的多头排列初期形态，可确认突破黄金坑形态成立，同时符合量价齐升的买点，可买入股票。

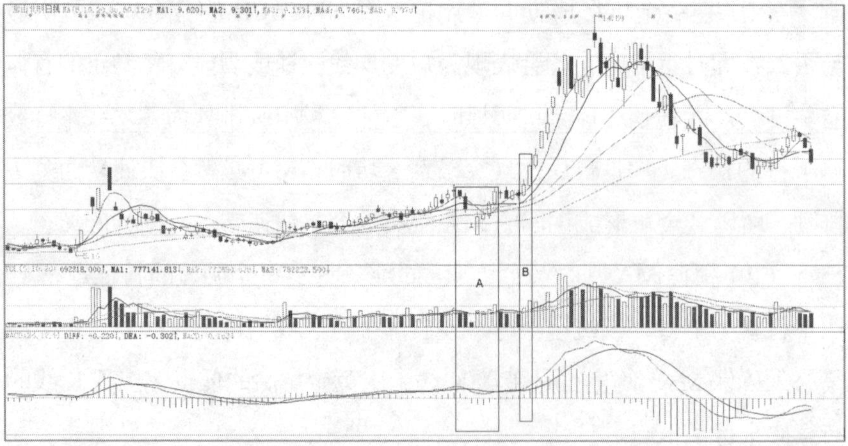

图 2-13　常山北明－日线图

（2）若是突破黄金坑时，前期的弱势整理不充分，往往在多头排列初期，60 日均线依然保持小幅向下运行的状态，其余各均线呈明显的多头排列，甚至是 5 日均线快速与多条均线形成金叉后引领其余各均线向上发散。如图 2-14 所示，川能动力（000155）在 A 区域形成黄金坑后的缓慢回升，进入 B 区域突破黄金坑时，虽然形成均线多头排列，但 60 日均线依然保持略微下行的状态, 为前期整理不充分的多头排列初期。这一点从下方的 MACD 即可判断出来, 双线在 B 区域明显已突破 0 轴, DIFF 线快速上行, 为双线向上逐渐发散运行的多头趋势, 所以可以确认黄金坑突破形态成立。同时符合量价齐升的买点, 可以买入股票。

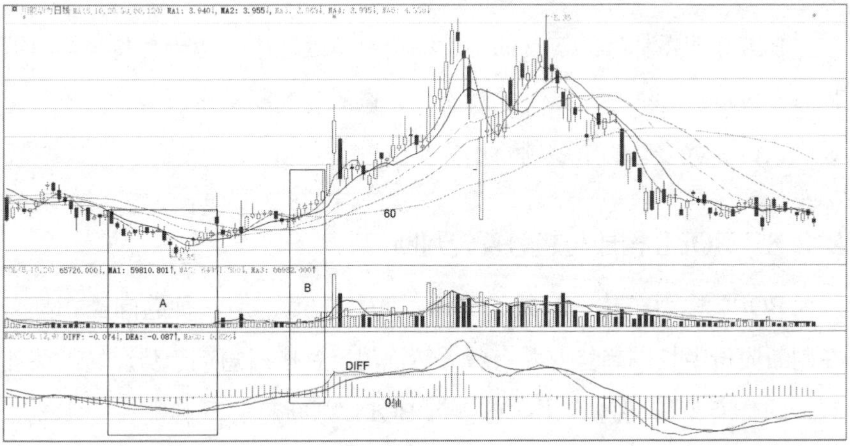

图 2-14　川能动力 – 日线图

实战应用指南:

(1) 当突破黄金坑时, 5 条均线向上发散的 MA 多头排列形态越标准, 后市突破后的涨幅越可观, 因为 5 条均线向上发散的标准多头排列, 是所有股票快速上涨的保障, 尤其是中小盘股。若是中盘绩优股时, 只要其后保持这种长期均线始终上行的状态, 往往也会是一只长牛股。

(2) 突破黄金坑时, 如果 60 日均线保持略下行或明显下行时, 并不是说这种其余均线的多头排列期间的上涨就会持续较短, 只能说明长期均线仍需逐步改善, 如果其后无法彻底改变 60 日均线转为上行, 往往就是一轮短期快速上涨的表现。短期涨幅持续较短, 一旦转跌时往往也是十分迅速的。

（3）MA 突破黄金坑时的形态只是一种重要的参考，具体操作时，最好结合其他指标，如 BOLL 或 MACD 来综合判断，但必须确保已形成量价齐升的突破点，方可买入股票。

2.3　BOLL：判断黄金坑形态的重要指标

BOLL 即布林线的英文简称，在黄金坑战法中，由于其特殊的整理状态和股价在上涨与下跌时的形态，在选股与判断黄金坑买卖时机时，是确认黄金坑形态的重要判断指标。

2.3.1　BOLL 构成与趋势反转判断

BOLL 称为布林线，或布林带、布林通道，是一种趋向类指标，在判断股价中长期趋势方面有着天然优势，在应对短期趋势反转的突变时，同样有着其特殊作用。在根据 BOLL 判断趋势反转前，一定要了解 BOLL 的构成。BOLL 主要是由上轨、中轨、下轨三条线组成，但三条轨道永远不会相交。在根据 BOLL 判断行情或趋势时，主要通过三轨的形态变化，以及整个布林线的状态来确认。

BOLL 判断趋势反转的方法：

（1）趋势快速反转向上时的 BOLL 形态为开口形喇叭口，是指布林波带在较窄状态下，上轨快速向上、下轨快速向下、中轨平行或略上行，甚至是上行。如图 2-15 所示，许继电气（000400）在 A 区域股价突破黄金坑形成趋势快速反转向上期间，下方 MACD 表现为双线在 0 轴上的向上远离，BOLL 表现为波带较窄状态下的突然上轨快速向上、中轨平行或略上行、下轨快速下行的开口形喇叭口，所以可确认趋势出现快速反转向上。

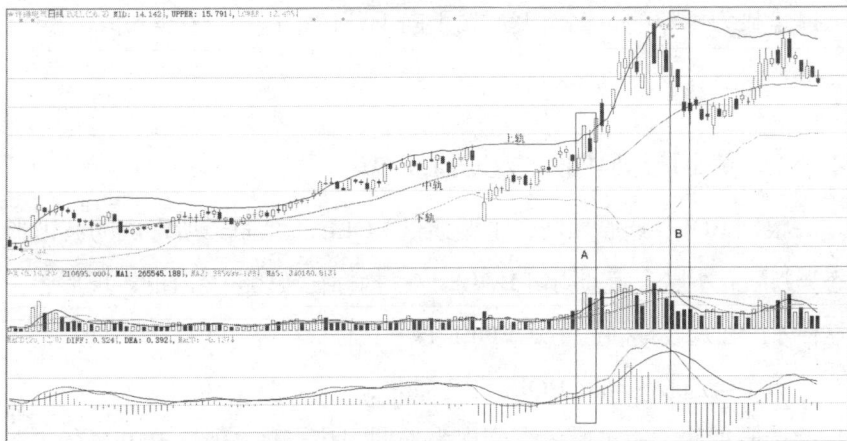

图 2-15　许继电气－日线图

（2）趋势快速反转向下时的 BOLL 形态，为收口形喇叭口，是指当 BOLL 上轨与下轨无法再继续向外扩张时，突然出现上轨快速向内收缩、下轨加速向内收缩。例如，在图 2-15 中持续上涨的 B 区域，当 MACD 形成高位死叉向下发散期间，BOLL 表现为上轨与下轨无法再继续向外扩张时，突然出现上轨快速向内收缩、下轨加速向内收缩，形成收口形喇叭口，所以可以确认股价已开启快速反转下跌走势。

实战应用指南:

（1）通过 BOLL 判断趋势反转时，主要是在买股期间对弱势突然转强的判断; 在判断趋势突然转弱时，BOLL 的判断同样可以作为依据。只不过在黄金坑战法中，由于 BOLL 在趋势快速转弱时反应较慢，所以不适合根据 BOLL 的趋势转弱来判断卖出形态。

（2）BOLL 在判断趋势反转向上时，必须确保此前的波带处于较窄状态的水平或略向下运行，这样才能确保在开口形喇叭口形成时，趋势转强后的强势走势能够持续较长时间。

（3）在通过 BOLL 判断趋势反转时，中轨的方向是关键，若是中轨向下时上轨快速向上、下轨快速向下，从形态上来看，与开口形喇叭口是极为相似的，实质上却属于向下开口，这一点在实战中一定要注意。

2.3.2　黄金坑选股期间的 BOLL 形态

根据 BOLL 选股期间，主要通过 BOLL 三条轨道所形成的波带形态来判断，所以一定要明白 BOLL 这一指标在震荡趋势时的表现形态，这样才能在选股期间运用好 BOLL 这一指标。

黄金坑选股期间的 BOLL 形态要求：

选股期间，由于股价会表现为长期弱势震荡，所以 BOLL 在此期间会表现为波带较窄状态的水平小幅震荡，或是略微上行、略微下行的小幅震荡。如图 2-16 所示，在汇顶科技（603160）的 A 区域，股价表现为弱势震荡期间，BOLL 波带明显处于较窄状态的水平小幅震荡，同时下方 MACD 双线也明显表现为震荡趋势，所以可确认作为目标股，将其放入自选股中留待继续观察。

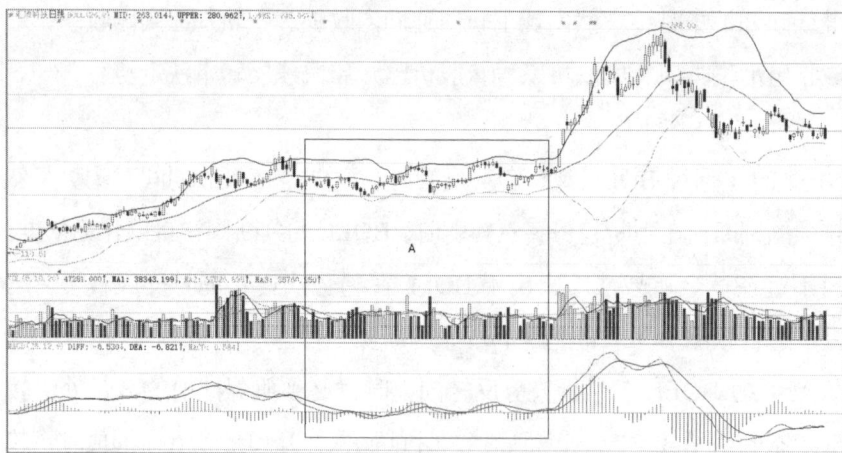

图 2-16　汇顶科技－日线图

实战应用指南：

（1）根据 BOLL 选股时，一定要明白 BOLL 震荡弱势时的表现是不同于其他技术指标的，是从上轨与下轨的波带来判断的。波带越是在极窄状态下长期水平震荡，越能表明股价在幅度极小的状态下震荡整理，后市一旦启涨，涨幅更为可观。

（2）在常态下，BOLL 上轨会对股价的上涨形成压力，下轨会对股价的下跌构成支撑，所以在波带相对较宽的情况下，如果股价形成箱体震荡，震荡幅度较大的话，也可以根据股价突破上轨的回跌和跌破下轨的回升，进行高抛低吸。但在黄金坑战法中，不允许这种操作。

2.3.3　突破黄金坑时的 BOLL 形态

当股价突破黄金坑时，BOLL 几乎无一例外都会表现为一种强势形态，尤其是在黄金坑战法操作中，必须确保突破黄金坑时 BOLL 形成明显的上涨时的强势形态，方可确保其后的持续上涨。因此，BOLL 在突破黄金坑时为一个重要的辅助判断依据。

突破黄金坑时的 BOLL 形态要求：

突破黄金坑时，必须确保是在技术形态选股的基础上，当形成黄金坑后，在底部回升期间出现突破黄金坑时，BOLL 表现为上轨快速向上、下轨快速向下的极度扩张，中轨平行或略上行甚至是上行的开口形喇叭口形态。如图 2-17 所示，一汽解放（000800）在 A 区域符合选股标准，B 区域形成黄金坑的缓慢回升，进入 C 区域突破黄金坑时，BOLL 表现为明显的紧口后的上轨与下轨快速向外扩张、中轨略上行的开口形喇叭口，MACD 双线也出现突破 0 轴转多头趋势，符合黄金坑突破形态的要求。同时表现为量价齐升，应果断买入股票。

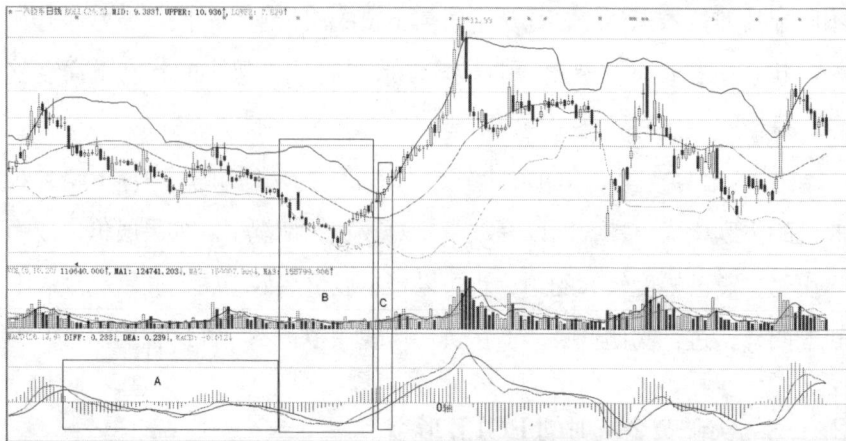

图 2-17　一汽解放－日线图

实战应用指南：

（1）根据 BOLL 判断突破黄金坑形态时，必须确保是在前期选股的基础上，并在黄金坑形态底部回升期间出现开口形喇叭口形态时，方可确认 BOLL 突破黄金坑形态。

（2）开口形喇叭口形态越明显，也就是上轨向上、下轨向下的扩张越大时，越能证明突破黄金坑的强势。BOLL 强势突破黄金坑时，若是底部回升中途强势突破，K 线不会突破弱势平台，而股价多是以涨停的方式出现，也应确认为 BOLL 强势突破黄金坑形态。

（3）如果根据选股要求选择好目标股后，未出现黄金坑，却形成开口形喇叭口，也可作为牛股突然启涨时的征兆。但在买入股票时，应与突破黄金坑时的 BOLL 形态一样，要结合量价突破点的要求来执行买入操作。

2.4　量价：判断黄金坑成立的重要依据

量价又称量价关系或量价形态，因为所有的股价突然上涨或下跌的异动，都必须有量的配合。在黄金坑战法中，量价是确认买卖形态、形成买卖点的最终依据。

2.4.1 量价构成与趋势反转判断

量价在黄金坑战法的操盘过程中起着十分重要的作用，所以必须明白量价的构成，这样才能根据不同的量价形态来判断趋势反转的强弱征兆。

在量价中，量是指成交量，分为红色阳量柱与绿色阴量柱；价即是股价，是 K 线图上的一根根 K 线，分为红色的阳线和绿色的阴线。不同的是，存在无实体或实体极短的十字星，以及实体上方的上影线或实体下方的下影线。

量价判断趋势反转时的形态要求：

（1）趋势反转向上时的量价形态。当趋势快速转强时，量价表现为阳量柱较长的明显放量上涨或阳量柱持续较长的放量上涨的量价齐升，K 线明显或持续上行，成交阳量明显或持续放大。如图 2-18 所示，在国光电器（002045）的 A 区域，当趋势明显反转向上时，成交阳量柱明显持续较长为持续放量，K 线为涨停阳线后的十字星突破震荡，为明显的上涨状态，所以为持续放量上涨的量价齐升，符合趋势反转向上时的量价标准，应及时买入股票。

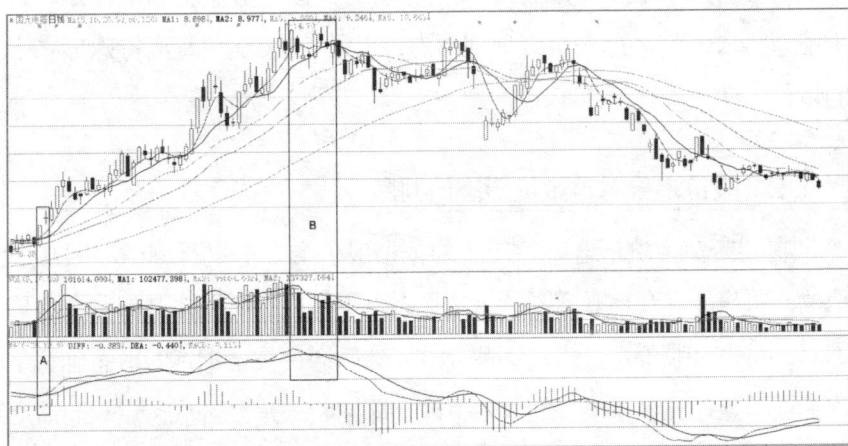

图 2-18 国光电器－日线图

（2）趋势反转向下的量价形态。当趋势快速转弱时，量价表现为阴量柱较长的明显放量下跌、持续较高阴量的持续放量下跌的量价齐跌。趋势转弱初期不明显时，表现为 MACD 顶背离的阴量下跌、高位放量滞涨等形态。如图 2-18 所示，在 A 区域后股价的持续上涨中进入 B 区域，成交量保持较大状态期间，K 线表现为高位震荡滞涨，所以符合趋势反转向下时不明显的顶部形态中的高位放量滞涨，MACD 双线也形成了高位的持续震荡转弱，应及时卖出股票。

实战应用指南：

（1）通过量价判断趋势反转向上时，主要表现为成交量为阳量状态的 K 线上涨状态的量价齐升，允许期间表现为偶尔的阴线。构成趋势明显反转向上时，必须确保阳量放大明显，方可作为买入股票的依据。

（2）通过量价判断趋势反转向下时，主要表现为成交阴量、阴线下跌的量价齐跌，且必须满足是大量状态时才能构成对原有上涨趋势的反转。

（3）当趋势反转较缓慢时，也就是底部回升初期，往往量价齐升中的 K 线上行缓慢，成交阳量放大不明显；但趋势反转向下初期时，不能忽略放量滞涨这一量价顶部形态，以及 MACD 顶背离特殊形态下的量价齐跌。

2.4.2 股价走势对黄金坑形态的判断

在判断黄金坑形态时，应主要依据股价的走势进行判断，因从股价的走势最能直观地观察到黄金坑形态是否形成。所以在判断黄金坑形态时，首先以股价走势来确认黄金坑，然后通过技术指标的形态确认是否为弱势整理充分下出现的股价下跌，即判断未来股价快速启动的前期准备是否充分。

股价走势对黄金坑形态的具体要求：

必须是 K 线在长期弱势震荡整理期间出现了突然跌破整理平台的一个短期趋势走坏的价格低位区，最好是创出新低或阶段性新低，然后 K 线再形成触底回升时，方可确认黄金坑形态的形成。如图 2-19 所示，黑芝麻（000716）在 A 区域股价长期小幅弱势震荡期间，进入 B 区域，明显发现 2 区域低点跌破了 1 区域的低点，为阶段性低点，2 区域后的 B 区域，股价开始缓慢震荡回升，因此可以确认 B 区域为弱势震荡中的黄金坑形态。

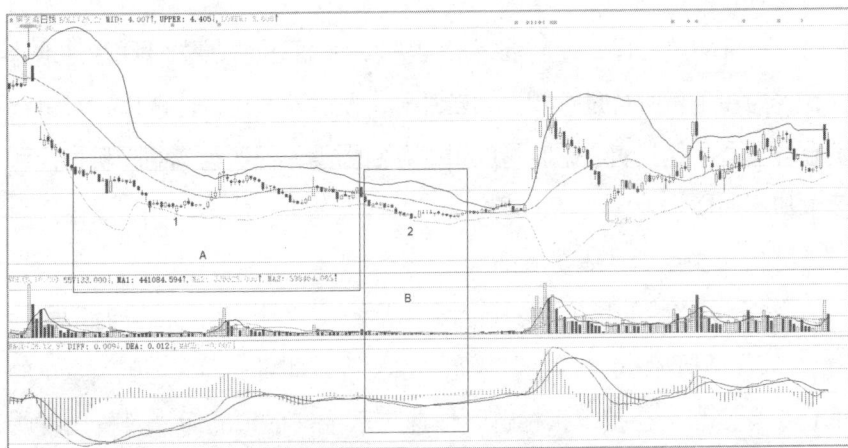

图 2-19　黑芝麻－日线图

实战应用指南：

（1）黄金坑形态最直观的表现就是 K 线形态上形成了明显的一个下跌的坑，所以在判断黄金坑形态时，一定要依据量价中的价，也就是反映股价走势的 K 线走势来判断黄金坑形成是否成立。

（2）通过股价走势的 K 线判断黄金坑时，一定确保 K 线在弱势整理中跌破了整理平台，创出新低或阶段性新低，这样才能确保为黄金坑，否则可能只是维持之前的弱势震荡，尤其是在箱体震荡中，不出现新低的点难以判断是否为股价上涨前的最后一跌。

（3）通过股价走势判断黄金坑时，只有当 K 线走出黄金坑的新低或阶段性低点时，方可确认为黄金坑，如果股价不持续走出低点区域，一般无法确认前期黄金坑的底。

2.4.3　量价对黄金坑买卖点的判断

量价在黄金坑战法中是极为重要的判断买卖股票时机的买卖点形态，因为股价在弱势转强时，除了技术形态符合底部回升和突破形态要求，必须达到以量破价的标准，才能快速扭转之前的弱势。而在股价快速转弱时，即使技术形态未出现转弱，但只要量价表现为大量状态的弱势时，就证明趋势已快速转弱，成为卖点。因股价在转弱时往往是迅速的，主力在出货时总是希望快刀斩乱麻，及时获利出局。所以，量价在黄金坑操盘中是买卖股票时机的重要判断依据，但买与卖的时机把握和要求却不一样。

量价买卖点的具体要求：

（1）买点时的量价要求。当买入形态成立时，底部回升时期即为建仓买点，只要保持持续小量状态的量价齐升即可。但在突破黄金坑的重仓买点，必须在技术指标达到快速启涨或突破形态时，量价出现明显变化的量价齐升，即明显放量上涨或持续放量上涨时，方可买入股票。如图 2-20 所示，新朋股份（002328）A 区域出现黄金底，在其后的缓慢回升中，表现为阳量上涨，可轻仓买入股票。其后的 B 区域，MACD 双线在 0 轴之上的上行发散，BOLL 形成快速向外扩张的开口形喇叭口的突破黄金坑时，持续放量上涨，应重仓买入。

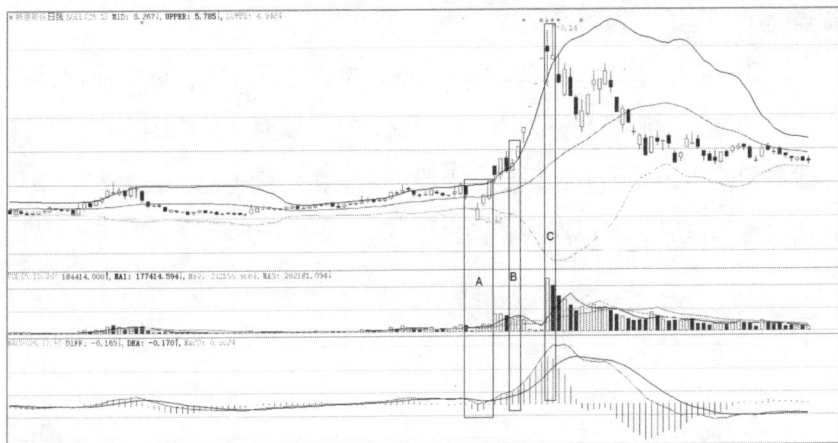

图 2-20　新朋股份－日线图

（2）卖点时的量价要求。卖出股票时，往往是股价在高位区。在不背离的情况下，技术指标到达高位区，无论是否转跌，只要量价表现为明显放量下跌，包括缩量状态的大阴量大阴线下跌、持续放量下跌的大量状态的量价齐跌，也包括高位放量滞涨，以及顶背离状态中技术指标与 K 线同步向下的阴量下跌，就应卖出。所以归根结底，股价在大幅上涨中出现较大量的量价齐跌，即可卖出股票。例如，图 2-20 在持续上涨中进入 C 区域，明显出现短期持续大幅上涨，为高位区，且下方 DIFF 线也运行到了高位区，成交量持续放量的 K 线滞涨格外明显，符合高位放量滞涨的量价卖点要求，应果断卖出股票。

实战注意事项：

（1）在通过量价判断黄金坑的买卖点时，之所以买点与卖点存在很大的差异，主要是根据趋势演变规律中趋势由强转弱和由弱转强期间所表现出来的量价对趋势变化强弱程度的要求制定的。因为达不到买卖点的量价要求，就难以对趋势造成短期的快速反转。

（2）当趋势快速转强形成买点时，必须满足技术指标的启涨或突破形态，通常弱势期间明显量价齐升，才能形成趋势反转向上的量价买点。

（3）当趋势快速由强转弱时，不管是否出现技术指标的顶背离状态，只要是形成明显或持续的放量下跌，甚至是略小量的阴量下跌，就形成量价卖点。原则上，只要发现股价无法再继续上涨，表现为量价齐跌或放量滞涨时，即可作为卖点。

第 *3* 章

选股：寻找黄金坑目标股的关键环节

　　选股，在黄金坑战法中是一个重要的环节，也是很多投资者最容易忽略的一项。为了确保通过黄金坑战法获得更大的收益，必须先对目标股选择，然后层层观察，细心筛选，才能真正寻找到那些具有未来短期突然爆发潜力的牛股。

3.1 选股策略

在黄金坑战法中，选股是最重要的一个环节，所以选股时的策略就成为选股是否准确的重中之重。

3.1.1 日线图为主的选股策略

在根据黄金坑战法操盘时，在选股期间，首先应确定一个周期图，这样才可以根据这一周期图上表现出来的技术形态进行选股。因为在不同的周期图上，K线表现出来的趋势虽然都逃不出上涨、下跌和震荡三种趋势的演变，但时间性不一样，同时趋势转变的周期也存在很大的差别。

日线图选股的原因：

因从时间周期上看，日线图不过长也不过短。虽然看似时间周期较长，但黄金坑战法有着严格的选股要求。必须将选股周期拉长才能确保其后突破和启动时股价的短期加速上涨，因此黄金坑战法的操作，实际上属于中长线选股短线操作的一种牛股操盘方式，一定要在选股前明白。无论是选股还是其后的买卖股票，均应以日线图为主来操作。如图 3-1 所示，倍加洁（603059）日线图中的每根 K 线，代表一个交易日，通过 A 区域长期弱势震荡选股，更能确保股价弱势整理周期长，以利于其后买入时是短线快速启涨的加速上涨行情，因此一定要通过日线图上表现出来的技术形态弱势来选股。

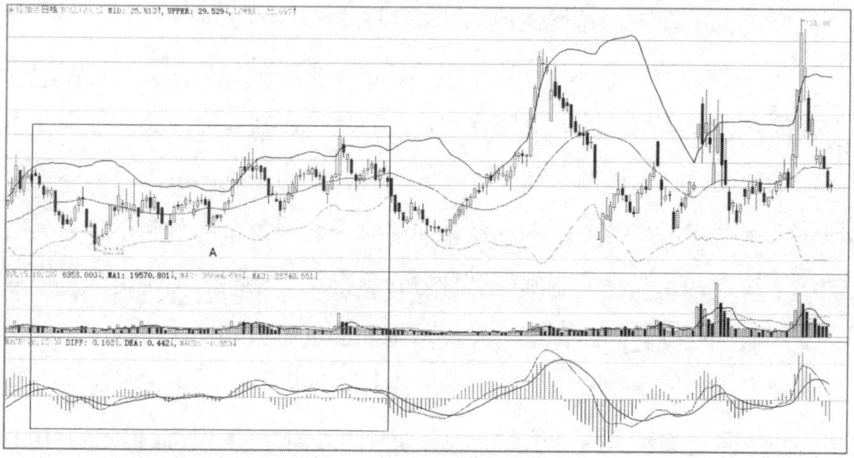

图 3-1　倍加洁－日线图

实战应用指南：

（1）选股前的 K 线周期图的选择，在黄金坑战法中是极为重要的。被很多投资者忽略的日线图选股环节，事实上是操作牛股的重要基础，只有选择好观察的周期图，才能根据这一周期图选择到未来可能出现突然启涨的牛股，因此必须在选股前确认好日线图。同时，日线图上前期整理充分的股票，才更具有未来突然爆发的潜力。

（2）以日线图为主的选股策略，主要是基于中长线选股的策略制定的，但这并不意味着其后的操作也属于中长线操作。因为在日线图选股策略下，只是要求一只股票的技术面形态，真正判断时还要通过基本面来观察，从而将启涨牛股圈定在短线持续快速上涨的短线操盘行列。

3.1.2　技术面＋基本面的选股策略

在明白了日线图的选股策略后，就会明白日线图选股只是基于日线图的技术面进行选股，只是黄金坑战法中的一个方面，要真正符合日线图选股的技术形态要求，还必须结合基本面的情况，以完善黄金坑战法中长线选股短线操作的"技术面＋基本面"的选股策略。

技术面＋基本面选股的原因：

在选股阶段，技术面的日线图选股是基于中长线选股策略中的技术面要求，股票基本面的选择，才是其后股价启涨或突破时能够确保出现短线快速上涨的依据。如绩优股的选股，是为了确保上市公司业绩对股价未来上涨形成助力；中小盘又能够确保流通盘小，有利于主力其后的快速拉升；龙头股又能确保这种拉升会在第一时间出现，也就是快速上涨的概率更高。因此，技术面＋基本面的选股策略，就是基于短期牛股快速启涨的要求制定出来的，只有满足了技术面＋基本面的要求，未来股价才可能有持续快速大幅上涨。如图 3-2 所示的川仪股份（603100）日线图上，A 区域的技术面上表现为长期箱体震荡。如图 3-3 所示的基本资料中，2019 年年报未公布，2016 年、2017 年、2018 年的净利润增长率为 7.02%、8.22%、18.17%，明显持续增长，无限接近绩优股的 10% 的标准，同时又是一只 3.95 亿股的小盘股，所以可以确认符合选股时的基本面选择标准，可将其列入目标股。这种选股方式就是在技术面＋基本面的选股策略下的选股操作。

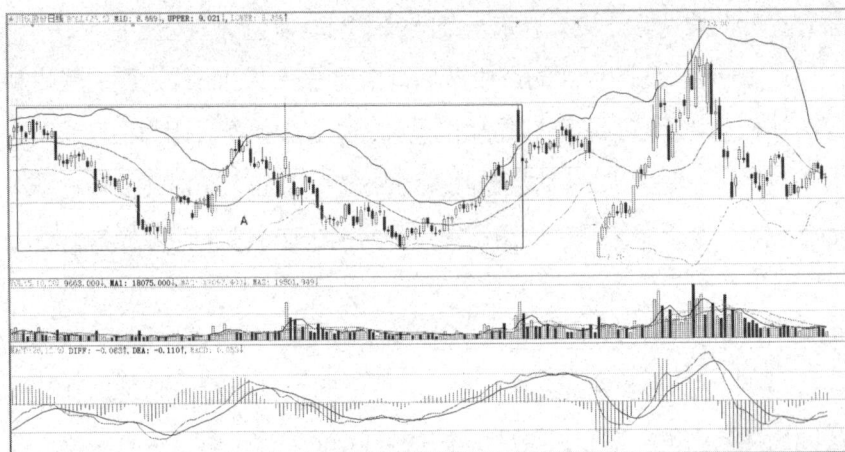

图 3-2　川仪股份－日线图

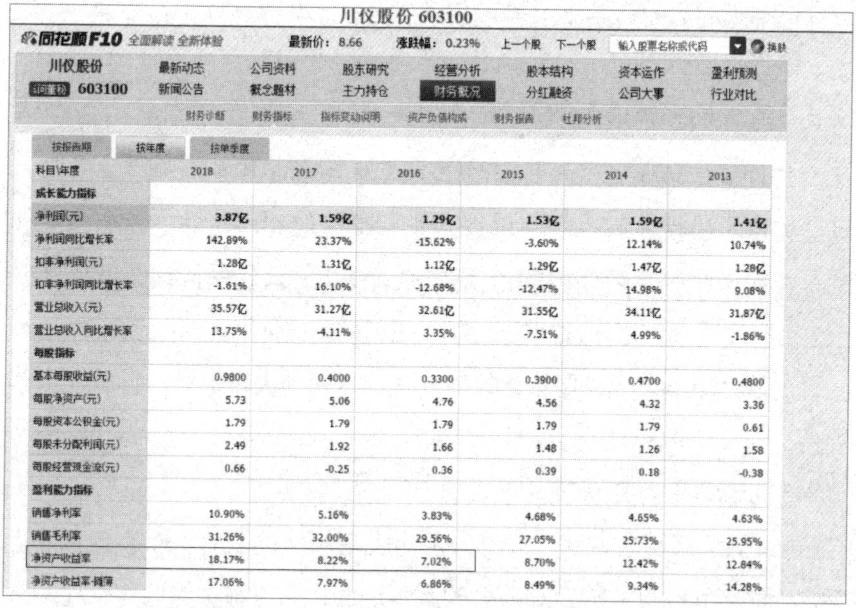

科目\年度	2018	2017	2016	2015	2014	2013
成长能力指标						
净利润(元)	3.87亿	1.59亿	1.29亿	1.53亿	1.59亿	1.41亿
净利润同比增长率	142.89%	23.37%	-15.62%	-3.60%	12.14%	10.74%
扣非净利润(元)	1.28亿	1.31亿	1.12亿	1.29亿	1.47亿	1.28亿
扣非净利润同比增长率	-1.61%	16.10%	-12.68%	-12.47%	14.98%	9.08%
营业总收入(元)	35.57亿	31.27亿	32.61亿	31.55亿	34.11亿	31.87亿
营业总收入同比增长率	13.75%	-4.11%	3.35%	-7.51%	4.99%	-1.86%
每股指标						
基本每股收益(元)	0.9800	0.4000	0.3300	0.3900	0.4700	0.4800
每股净资产(元)	5.73	5.06	4.76	4.56	4.32	3.36
每股资本公积金(元)	1.79	1.79	1.79	1.79	1.79	0.61
每股未分配利润(元)	2.49	1.92	1.66	1.48	1.26	1.58
每股经营现金流(元)	0.66	-0.25	0.36	0.39	0.18	-0.38
盈利能力指标						
销售净利率	10.90%	5.16%	3.83%	4.68%	4.65%	4.63%
销售毛利率	31.26%	32.00%	29.56%	27.05%	25.73%	25.95%
净资产收益率	18.17%	8.22%	7.02%	8.70%	12.42%	12.84%
净资产收益率-摊薄	17.06%	7.97%	6.86%	8.49%	9.34%	14.28%

图 3-3　川仪股份 - 个股资料（同花顺）

实战应用指南：

（1）在技术面 + 基本面的选股策略下，应用技术面选股时，一是要确定好以日线图为主来选股，二是要确保日线图上达到黄金坑战法中的技术面要求。

（2）在技术面 + 基本面的选股策略中，应用基本面选股时，首先必须确保技术面符合要求，再去观察一只股票在基本面上所反映出来的情况。

（3）技术面 + 基本面的选股策略是出于黄金坑战法中的中长线选股、短线操作的目的而制定的，所以其是捕捉牛股的选股策略。

3.2　目标股技术面要求

技术面选股是选股环节最重要的内容，因为只有股票形成了符合要求的技术面形态，才最容易出现黄金坑。所以在技术面选股中，运用多种技术指标判断目标股形态是至关重要的。

3.2.1 长期箱体震荡的股票

长期箱体震荡，是一种 K 线长期宽幅震荡时的整理形态，所以一旦这种形态出现，就说明股价进入长期整理形态。这种整理形态出现时，表现为在一定幅度内的上下震荡，所以一旦股价持续跌破整理平台，在形成黄金坑后出现突破，说明一轮快速上涨开始。因此在选股时，一旦在日线图上发现长期箱体震荡，就应将其列为目标股，日后要持续观察。

判断股票长期箱体震荡形态的方法：

（1）主要判断方法。股价表现为长期箱体震荡时，K 线会表现在一定价格区间的反复震荡走高后的震荡走低，高点基本保持在相近的价格，低点也基本保持在相近的价格，形成 K 线在一定的价格区间长期的水平震荡。如图 3-4 所示，在奥飞娱乐（002292）的 A 区域，K 线明显表现为反复在一定价格区间震荡的走势，为箱体震荡的表现。

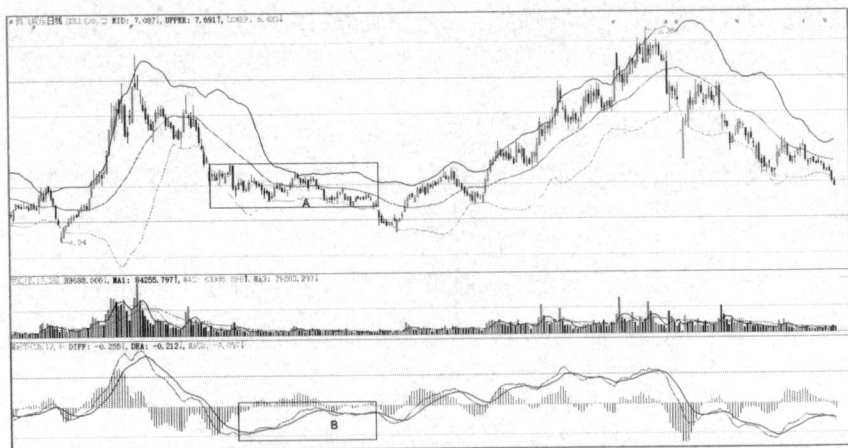

图 3-4　奥飞娱乐－日线图

（2）辅助判断方法。主要利用 MA、BOLL、MACD 指标，只要

K 线在箱体震荡中，技术指标保持震荡趋势即可，如 MACD 双线相距较近状态的水平小幅震荡。在图 3-4 中的 A 区域，K 线周围的 BOLL 保持在较窄状态下的水平小幅震荡，同时下方的 MACD 双线也保持相距较近状态的小幅水平震荡，所以可确认 A 区域为长期箱体震荡。

综合以上两点内容，可确认这只股票在 A 区域形成了长期的箱体震荡，可将其列入目标股，有待其后的持续观察。

实战应用指南：

（1）在判断长期箱体震荡形态的股票时，首先从 K 线上进行判断，只要发现某只股票的 K 线始终与震荡高点保持在同一水平、与震荡低点也保持在同一水平反复震荡时，即可确认。允许其间有偶尔出现的上影线或下影线，瞬间向上短时突破或向下短时跌破箱体。

（2）辅助指标的判断，主要强化确认箱体震荡的整理状态，无论使用哪一种技术指标辅助判断，均要在 K 线形成箱体震荡的基础上来判断，当技术指标也呈现弱势震荡状态时，即可确认。

（3）判断长期箱体类的股票时，一定要确保箱体震荡期间至少有 30 根左右的 K 线，方可视为长期。原则上，箱体震荡的时间越长，后市启涨或突破箱体震荡后的短期涨幅越可观。

3.2.2　长期一字横盘的股票

长期一字横盘的股票，是黄金坑战法中寻找牛股或黑马股时的一个重要技术特征，主要是指 K 线基本呈汉字一字形状的横盘震荡，但同时还有其他技术指标的确认。在选股时，一定要学会如何判断长期一字横盘形态的股票。

判断长期一字横盘形态的方法：

（1）主要判断方法。K 线基本上呈一字状的窄幅震荡，并不一定在其间的 K 线始终保持一条笔直的水平线，只要 K 线上下震荡的幅度极小即可。如图 3-5 所示，在上海洗霸（603200）的 A 区域，K 线先是与一条略水平的线保持平行，其后略震荡下行后依然保持一字小幅震荡，所以从 K 线形态上看为一字横盘。

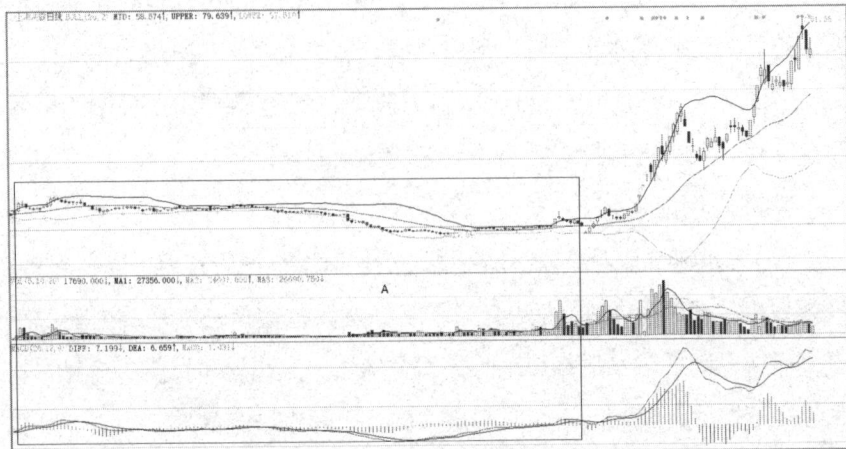

图 3-5　上海洗霸－日线图

（2）辅助判断方法。主要通过 MA、BOLL 或 MACD 来判断，只要这些指标也始终保持着窄幅震荡形态即可，如 MACD 始终保持着双线在相距极近、几近黏合状态的水平小幅震荡，或是 BOLL 波带极窄状态的水平小幅震荡。图 3-5 中 A 区域下方的 MACD，始终保持着双线在相距极近、几近黏合状态的水平小幅震荡，BOLL 保持在极窄状态的水平小幅震荡。

综合以上两点内容，可确认 A 区域形成了长期一字横盘震荡，应将其列入目标股，其后持续观察。

实战应用指南：

（1）在通过长期一字横盘形态选股时，一字横盘只是市场上大多数分析人士对窄幅震荡类股票的一种形象说法，事实上即使是 K 线震荡幅度极小，也不可能形成与收盘价并排的水平线。因此，K 线形态只要保持着极窄状态的长期水平小幅震荡即可，允许偶尔出现略上行或略下行的情况，只要很快又恢复为窄幅震荡即可。

（2）判断 K 线的一字横盘形态时，辅助指标的判断，主要是确保这种股价的窄幅震荡，所以相对来说，BOLL 与 MACD 较为准确，往往 BOLL 波带会保持极窄状态下的水平小幅震荡，或是 MACD 双线形成几近黏合状态的相距较近的水平小幅震荡。

（3）长期一字横盘与长期箱体震荡的股票，在长期判断上，道理是一样的，期间必须至少有 30 根左右的 K 线。但在通常情况下，往往一字横盘的震荡整理时间要长，很多牛股一字横盘期间的时间多则几个月，甚至是一年，所以股市上才有横多长、竖多高之说，就是在说一字横盘时间越长，其后的涨幅越可观。

3.3 目标股基本面要求

基本面是最容易被技术派投资者忽略的，而一只股票出现大幅快速上涨，技术面虽然如战士的枪炮一样重要，但基本面就好比弹药，弹药越充足，战争取胜的概率越大。因为所有的股价持续上涨，最终都离不开公司业绩的提升。

3.3.1 龙头股

龙头股，又称为领涨股，是指在某一行业的所有股票中，当这一行业的股票出现集体上涨时，这只股票的上涨处于引领行业内其他股票上涨的状态。在常态下，判断一只股票是否为龙头股时，往往这只股票在所处行业或概念的股票出现上涨时，才会被分辨出来。但这种方法往往是滞后的，因为只要发现一只股票存在成为龙头股的潜力，即可预先抓住龙头股。

判断龙头股的方法：

通过观察股票的基本资料，可以发现在上市公司所属的二类行业分类中，在上市公司数量不多的情况下，处于每股基本收益前三位的股票，基本上均为三级行业分类中排名第一的股票。这类股票一旦所属行业股票出现上涨，往往就会成为领涨的龙头股。如图3-6所示，宇通客车（600066）在个股资料的行业对比中，这只股票明显在三级行业分类中位于第一名，十足的细分行业龙头股，一旦技术形态符合要求，即可将其列入目标股。

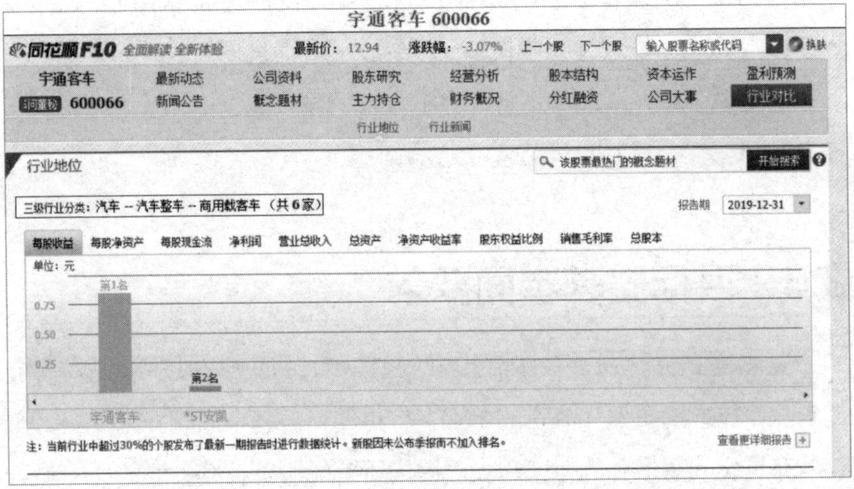

图3-6　宇通客车－个股资料－行业对比（同花顺）

实战应用指南：

（1）在判断一只股票是否为龙头股时，可观察这只股票的个股资料或基本资料，不同的炒股软件上显示的名称或略有差异。也可以打开这只股票的K线图，按快捷键F10，页面上即会出现其基本资料的内容。

（2）观察股票是否为龙头股时，应观察这只股票在行业排名中的每股收益。所属二级行业中，如果上市公司数量较少，一般排名前三的股票，均为三级行业排名第一的龙头股。若是二级行业的上市公司数量较多，排名在前十的股票，一般为三级行业的龙头股。所以在观察时，应主要针对三级行业中排名第一的来判断。

（3）龙头股的显著标志，是在三级行业中，上市公司拥有领先的核心技术，所占市场份额为三级行业中最大。

3.3.2 中小盘股

由于中小盘股的流通筹码数量较少，所以主力很容易利用极少的资金撬动一只股票的上涨，因此中小盘股经常是各方主力云集的对象，这也就是为什么创业板、中小板、科创板中的股票，最容易出现牛股的原因之一。这些市场板块中的股票最大的特点，就是为中小盘股。

判断中小盘股的关键：

小盘股。一般流通盘在几千万股数量、市值在 10 亿元左右的股票，为最理想的小盘股；流通盘数量在 10 亿股以内、流通市值比大盘股或蓝筹股要小，即为盘子略大的小盘股。流通盘数量超过 10 亿股，一般又并不太多的股票，为中盘股。如图 3-7 所示，黄山胶囊（002817）在个股资料的最新动态中显示，这只股票只有 0.87 亿股流通盘，为小盘股，一旦技术面符合选股要求，即应将其列入目标股。

图 3-7 黄山胶囊 - 个股资料（同花顺）

实战应用指南：

（1）在实战选股时，应尽量偏重小盘股，因为流通盘子越小，一且黄金坑出现，股价突破黄金坑的上涨速度及幅度，短期内往往会越大。

（2）如果发现一只股票为中盘股时，也应尽量选择流通盘数量略小、接近小盘股的股票来操作。流通盘越大，越难快速上涨，因主力必须收集到足够的筹码，才能撬动股票的上涨。

（3）在选择中小盘股时，一定要在保证技术面选择要求后，尽量选择中小盘股中的龙头股，但一定要回避去操作大盘股。尤其是以四大国有银行和中国石油、中国石化为代表的超级大盘股，哪怕其技术形态再符合要求，也不应选择。因为这些大盘股和超级大盘股，虽然其运行也会遵循趋势规律，但同时又要受政策影响，发挥着稳定市场的护盘作用。

3.3.3　绩优股

绩优股，是指一只股票所属的上市公司业绩一直处于优良的状态。也就是说，这只股票所在的上市公司一直处于持续盈利的状态。在判断一只股票是否为绩优股时，有着非常明确的标准。

判断绩优股的标准：

判断一只股票是否为绩优股时，要观察这家上市公司的净资产收益率，只要其净资产收益率能够保持连续三年在 10% 以上，即可确认为绩优股。如图 3-8 所示，葵花药业（002737）这只中盘股，在个股资料的财务概况中，净资产收益率在 2016 年、2017 年、2018 年三年中，分别为 11.86%、15.03%、18.25%，明显已连续三年在 10% 以上，呈逐年增长状态，为十足的绩优股，一旦在技术面上符合选股要求，即可将其列为目标股。

葵花药业 002737

同花顺F10 全面解读 全新体验　最新价：13.61　涨跌幅：-0.66%　上一个股　下一个股　输入股票名称或代码　换肤

葵花药业 002737　最新动态　公司资料　股东研究　经营分析　股本结构　资本运作　盈利预测　新闻公告　概念题材　主力持仓　财务概况　分红融资　公司大事　行业对比

财务诊断　财务指标　指标变动说明　资产负债构成　财务报告　杜邦分析

按报告期　按年度　按单季度

科目\年度	2018	2017	2016	2015	2014	2013
成长能力指标						
净利润(元)	**5.63亿**	**4.24亿**	**3.03亿**	**3.07亿**	**3.01亿**	**2.63亿**
净利润同比增长率	32.85%	39.93%	-1.17%	1.82%	14.53%	12.25%
扣非净利润(元)	4.90亿	3.66亿	2.35亿	2.54亿	2.83亿	2.32亿
扣非净利润同比增长率	34.12%	55.25%	-7.13%	-10.31%	21.76%	10.31%
营业总收入(元)	44.72亿	38.55亿	33.64亿	30.35亿	27.19亿	21.81亿
营业总收入同比增长率	16.00%	14.61%	10.83%	11.62%	24.66%	23.22%
每股指标						
基本每股收益(元)	0.9600	1.4500	1.0400	1.0500	2.7500	2.4000
每股净资产(元)	5.60	10.25	9.03	8.39	15.18	7.56
每股资本公积金(元)	1.53	4.04	4.00	4.11	9.37	1.42
每股未分配利润(元)	2.65	4.49	3.49	2.85	4.16	4.30
每股经营现金流(元)	1.48	1.91	1.17	0.43	2.76	2.68
盈利能力指标						
销售净利率	13.59%	12.19%	10.09%	10.79%	12.18%	12.95%
销售毛利率	59.06%	59.61%	58.34%	55.57%	61.99%	63.97%
净资产收益率	18.25%	15.03%	11.86%	13.12%	34.48%	35.14%
净资产收益率-摊薄	17.21%	14.17%	11.49%	12.52%	13.59%	31.74%

图 3-8　葵花药业 – 个股资料 – 财务概况（同花顺）

实战应用指南：

（1）净资产收益率是上市公司的净利润与平均股东权益的百分比数值，为税后的利润除以净资产所得到的百分比率，所以能够用于衡量上市公司运用自有资本的效率。因此，投资者在选股时是无须计算的。通过观察这只股票的基本资料的财务指标中的净资产收益率数值即可判断是否为绩优股。

（2）在实战选股时，往往理想的目标股属于中小盘股的绩优股，但如果同时又满足是三级行业的龙头股，则最为理想。事实上，只要技术形态符合要求，同时又满足龙头股、中小盘股、绩优股中的两个要求时，即为理想的目标股。

3.4　实战要点

　　在选股实战中，明白选股策略与方法要求是最关键的，但必须深入了解选股的目的、选股时技术指标的运用和技术面与基本面结合的理想状态，才能真正选到容易出现黄金坑的好股票。

3.4.1　明白选股目的

　　投资者在选股期间，一定要首先明白黄金坑战法的选股目的。因为不明白选股的目的，选股时就难以严格按照要求来选股，容易被股价短时出现的快速上涨影响，去追涨杀跌。

　　选股的目的：

　　选股的最终目的，不是选股本身，而是按要求选股后，寻找到那些黄金坑一旦形成后，能够出现短期快速上涨的牛股。所以通过选股，并从中找到能够快速上涨的股票，是最终的选股目的，所以必须严格按照选股要求来选择，以确保日后能够捕捉到快速上涨的牛股，因为所有的选股条件，都是建立在股票容易出现快速上涨的基础上的。如图3-9所示，快克股份（603203）中A区域，股价表现为长期箱体震荡时，B区域表现为MACD震荡趋势。之所以将其选为目标股，就是为了其后C区域出现黄金坑形态，D区域形成突破黄金坑的由弱转强的加速上涨时买入强势股。因此，选股的目的一定是为了寻找快速启涨牛股的买入时机。

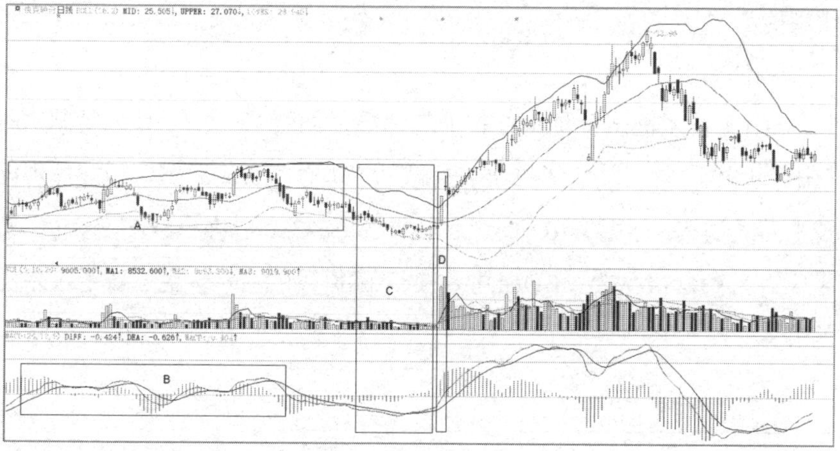

图 3-9　快克股份 - 日线图

实战应用指南：

（1）在技术面选股中，是根据股价趋势的演变规律，选择股价在上涨前经过充分弱势整理的股票，因为股价在上涨前，越是整理充分，后市快速上涨的概率越高，短期涨幅越大。

（2）在基本面选股中，龙头股、中小盘股、绩优股等标准，都是从股票自身的条件出发。因为只有符合这三类要求的股票，才容易出现短期的快速上涨，所以这三种股才会成为选择的标准。但这不是说，其他条件的股票就不会出现大幅快速上涨，只是在常态下，当上涨到后来，其他类股票的短期快速上涨，在时间与力度上往往相对会弱一些。

3.4.2　选择技术面弱、基本面强的股票

在黄金坑战法的选股中，如果只看基本面弱和技术面强的条件，就会发现，这事实上属于一种基本面与技术面背离的情况。因为若是表现为基本面与技术面都较强的状态时，属于白马股，而白马股由于透明度较高，所以常态下是难以出现短期大幅上涨的。只有那些基本面强的股票，在技术面呈现弱势时，未来才拥有较大的上涨空间和有出现上涨的可能。因为股票在所有常态中的上涨，都是在基本面强的支撑下

出现的。

具体要求：

（1）技术面弱，是指在长期箱体震荡的股票、长期一字横盘的股票中，只要符合了一种形态要求，越是整理时间长的股票，越能体现出技术面的弱势。如图3-10所示，江山欧派（603208）在日线图上A区域，表现为K线、MACD、BOLL的长期窄幅震荡的一字横盘，属于技术面弱势。

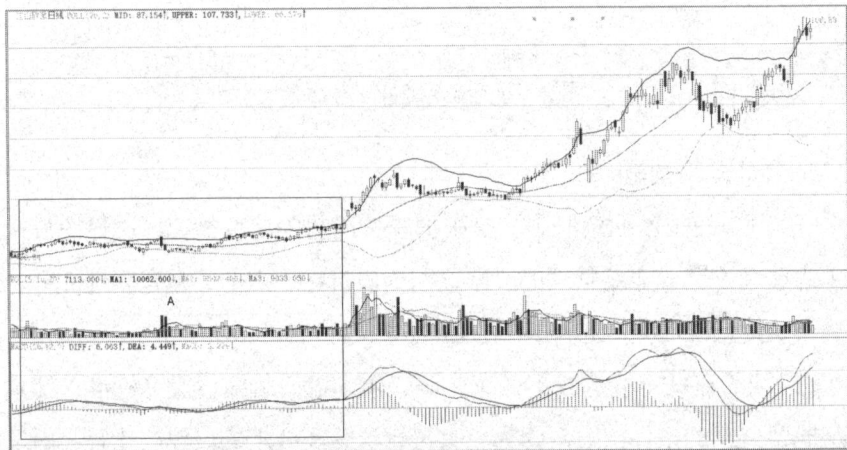

图3-10 江山欧派－日线图

（2）基本面强，是指龙头股、中小盘股和绩优股三个要求，尽量一只股票能够全部满足，或至少满足了其中任意两个要求时，即为基本面强。如图3-11所示的江山欧派的个股资料中，财务概况显示为净资产收益率连续三年在10%以上的绩优股；图3-12中又同时位列二级行业分类和三级行业分类中的第2名，为龙头股；同时这又是一只总股本在0.81亿股的中盘股，所以符合基本面选股的三个要求，属于基本面强的股票。

综合以上两点内容，可确认这只股票在图3-10中A区域表现为技术面弱、基本面强的特征，是选股中的最理想的目标股。

图 3-11　江山欧派－个股资料－财务概况（同花顺）

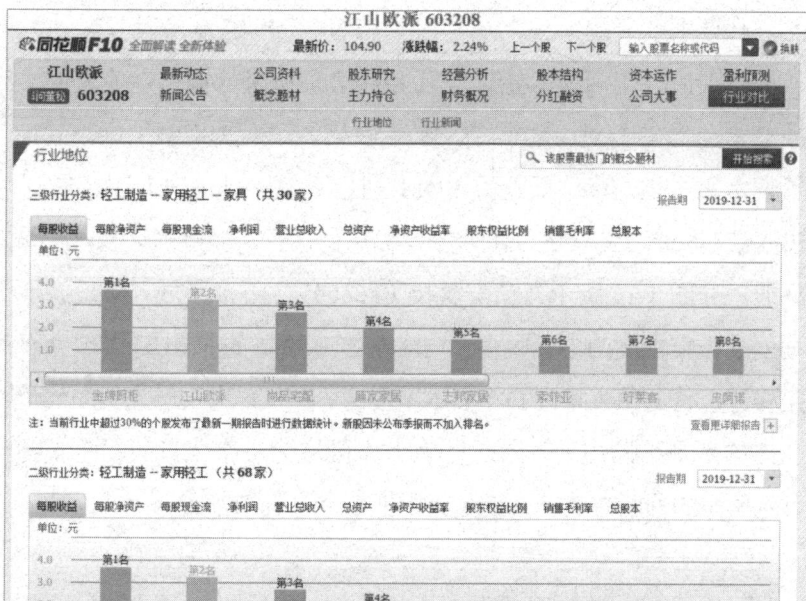

图 3-12　江山欧派－个股资料－行业对比（同花顺）

实战应用指南：

（1）在选择技术面弱、基本面强的股票时，应首先通过技术面去选择那些呈现出技术弱势特征的股票，然后再观察目标股的基本面情况。符合要求的股票中，选择那些满足基本面条件多的股票为目标股。

（2）在观察基本面时，应从龙头股、中小盘股、绩优股三个方面入手，尽量选择满足条件多的股票，但至少要满足其中两个条件，如中小盘绩优股，或中小盘龙头股，或是绩优龙头股等。

3.4.3　主次指标结合去选股

在根据技术指标选股时，应分清在选择阶段中的技术指标的主次关系，因为在选股期间，无论是长期箱体震荡，还是长期一字横盘形态，都属于一种长期弱势震荡，所以应首先选择最能表现这一形态的技术指标，然后通过其他辅助指标来确认，这样才能确保长期箱体震荡或长期一字横盘形态的技术选股要求。

具体要求：

在选股时，主要技术指标应以 K 线表现出来的弱势震荡为主，然后通过 MACD 指标进行观察，只要是 MACD 表现为双线相距较近状态的长期水平小幅震荡，或通过 BOLL 进行确认，即 BOLL 三条轨道表现出波带在较窄状态下的长期水平小幅震荡运行，即可确认这只股票为目标股。如图 3-13 所示，晶方科技（603005）在 A 区域，K 线表现为长期处于极窄幅度的小幅震荡，同时下方 B 区域的 MACD 表现为双线相距极近、几近黏合状态的小幅水平震荡，BOLL 也表现为长期波带较窄状态的水平小幅震荡，因此可确认 A 区域为一字横盘的弱势震荡。这种选股时的判断方法，就是主次指标结合选股的方法。

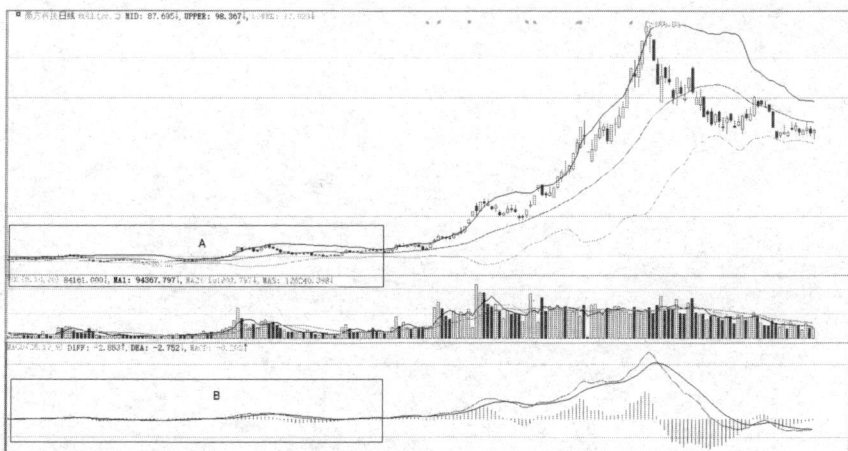

图 3-13　晶方科技 - 日线图

实战应用指南：

（1）在根据 K 线形态选股时，首先应确保 K 线表现为处于一个较窄幅度的水平小幅震荡或略宽的箱体震荡状态，然后方可通过次要指标的形态来判断。

（2）在技术指标选股时，应首选 MACD 或 BOLL，其次才是 MA，越是 MACD 双线始终保持在相近距离，甚至黏合状态，或是 BOLL 始终保持波带极窄状态的水平震荡期间，时间越长，越能说明这只股票未来的上涨潜力巨大。

（3）在选股期间，无论是综合什么指标来观察，都是一种形态的确认，而技术形态整理的时间越长，往往说明这只股票的底部越坚实，主力筹码越集中，所以即使后市启动前，哪怕不出现黄金坑，也应果断根据启涨时买点要求，及时买入。

第4章
启涨信号：牛股走出黄金坑的底部回升与突破形态

启涨形态，是黄金坑形态形成时的一个重要形态，但在实战中，一定要准确区分黄金坑形成期间的两种不同形态：黄金坑底部回升形态和突破黄金坑形态。因为在这两种形态期间，操作的策略不一样。只有充分掌握了如何识别这两种形态，才能够避免盲目操作所带来的投资失误。但需要明确的一点是，启涨形态不等同于买点，只有在启涨形态形成期间，符合启涨买点的要求后，方可买入股票。

4.1 黄金坑形成的两类信号

黄金坑不只是上涨前的一次股价下跌这么简单，因为确认为黄金坑形态时，必须确保股价短期不再下跌，所以必须了解黄金坑形成时发出的两类回升信号，以确认形态的成立。

4.1.1 走出黄金坑的底部回升信号

当黄金坑形成后，出现底部回升时，有着明显的回升信号，一旦出现，就说明黄金坑形态已经初步形成，所以黄金底部回升信号一旦出现，即可轻仓参与。

黄金坑底部回升形态要求：

黄金坑底部回升信号出现时，主要是 K 线在长期弱势状态下，出现快速下跌的黄金坑后，K 线呈缓慢的回升状态，这期间往往不会跌破黄金坑底。量能方面，保持小阳量温和状态，同时其他技术指标也形成短期指标线回升状态时，方可确认。图 4-1 所示为深天地 A（000023）在长期弱势震荡中，A 区域出现突然跌破整理平台的短时快速下跌，并在创出 10.01 元的新低后出现止跌回升，其后 B 区域则表现为告别新低点的 K 线底部缓慢回升，同时 MACD 双线也表现为持续回升，所以可确认 B 区域为黄金坑形成后的底部回升形态。K 线表现持续小阳线缓慢上涨，成交量为持续小阳量状态，符合量价买点要求，所以可确认为黄金坑底部回升的建仓买点，可轻仓买入。

图 4-1　深天地 A- 日线图

实战注意事项：

（1）黄金坑底部回升信号，是黄金坑形态初步形成的一种股价告别黄金坑底的缓慢回升状态，所以在判断时，往往从 K 线的主要形态来判断，其他指标的判断会表现为上涨趋势即将成立的短期指标线的缓慢回升，量价也以较多的小阳量为主。

（2）由于黄金坑底部回升信号出现时，表现为告别黄金坑底的缓慢回升状态，所以期间往往要求不能在缓慢回升初期，出现股价震荡走低中跌破黄金坑底的低点，因为一旦出现跌破，就无法确认前期低点的支撑较强，未来极有可能会再次探底。

4.1.2　告别黄金坑的突破信号

当黄金坑形成后，只有在黄金坑底部回升过程中，股价出现突然启涨的向上突破信号时，方可确认黄金坑的成立，所以这一信号出现时，也是最终确认股价彻底走出黄金坑的转强信号，为技术指标发出的重仓参与的突破信号。

突破黄金坑的形态要求：

黄金坑的突破信号出现时，有两种形态：一是快速启动的加速上涨形态；二是突破黄金坑出现前的整理平台的加速上涨形态。只要出现其中任意一种时，就构成了黄金坑启涨时的突破信号，同时符合量价突破点要求时，即可重仓买入股票。如图 4-2 所示，富奥股份（000030）在弱势整理中，A 区域形成了一个 K 线和 MACD 双线突然下跌并创出新低后缓慢回升的黄金坑形态；B 区域在 K 线回到前期弱势整理平台时，MACD 双线向上发散中的加速发散上行，同时表现为明显放量上涨，形成了突破黄金坑的技术指标买入形态和量价买点信号，应果断买入股票。

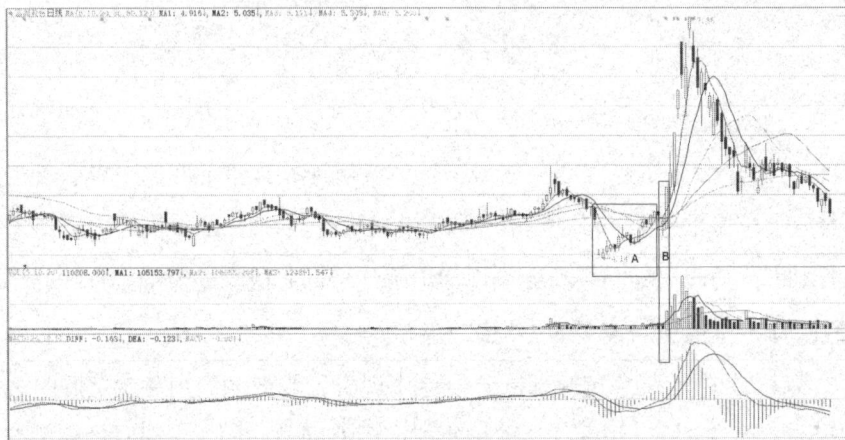

图 4-2　富奥股份－日线图

实战注意事项：

（1）突破黄金坑的信号出现时，如果表现为快速启涨的突破，往往发生在黄金坑底部缓慢回升的中途。这种情况，股价往往会表现为突然加速上涨，一般为涨停或持续上涨，所以往往是提前买入股票时的一种短线强势的征兆。

（2）如果在突破黄金坑期间，股价是缓慢回升到黄金坑形态下跌初期的平台，在这种情况下，不会表现为过于强势，但同样存在快速突破加速启动上涨的情况，因此也不能忽视这种情况的出现。

（3）在判断突破黄金坑的信号时，K 线为主要依据，但其他指标的判断也不容忽视，如 MACD 或 BOLL 的突然转强信号，同时还必须符合强势突破黄金坑的量价买点要求，方可买入股票。

4.2　K 线黄金坑启涨信号

黄金坑形态形成时，K 线是最为直接的一种表现，因为只有 K 线不再下行，表现为启涨的 K 线形态时，才从根本上说明黄金坑形态的成立。

4.2.1　小连阳走出黄金坑底

小连阳走出黄金坑底属于黄金坑底部回升时的 K 线启涨信号，所以观察起来较为直观。对 K 线表现为小阳线，判断起来看似简单，事实上却同样有着严格的要求。所以一定要明白小连阳走出黄金坑底的具体形态，才能准确把握住这种 K 线告别黄金坑底的回升信号。

形态要求：

小连阳走出黄金坑底期间，K 线表现为实体包括影线较短的持续小阳线，允许期间偶尔出现一根小阴线，或是十字星，但不会破坏 K 线缓慢回升的状态，且不可出现短时跌破黄金坑底部的低点。如图 4-3 所示，中材科技（002080）在 A 区域箱体震荡中，B 区域出现跌破 A 区域整理的低点后，C 区域形成了告别 A 区域低点的缓慢回升，其间 K 线为持续缓慢震荡回升的小连阳，偶尔出现了一根小阴线或十字星，未跌破 B 区域黄金坑时的低点，所以可确认为 K 线小连阳走出黄金坑的底部缓慢回升信号成立，同时 MACD 保持持续向上发散，成交量为持续小阳量，可轻仓参与。

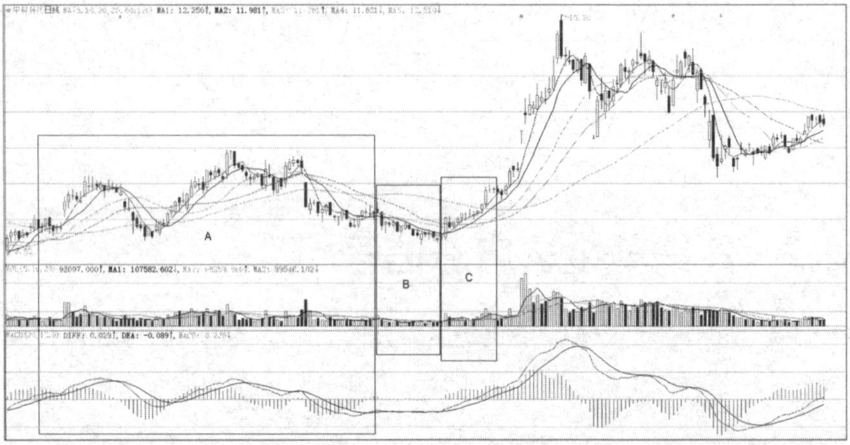

图 4-3 中材科技－日线图

实战注意事项：

（1）小连阳走出黄金坑底期间，主要表现为 K 线为小阳线的缓慢回升状态，允许期间表现为十字星，或是一两根小阴线，但不可过多，也不允许其间有跌破黄金坑底的低点行为出现。

（2）小连阳走出黄金坑底是黄金坑形成后启涨时的一种形态，属于黄金坑底部回升的 K 线信号，但只是 K 线的黄金坑初步形成时的形态，所以只是建仓点的轻仓参与时机，买入股票时必须结合黄金坑底部回升的量价买点要求来操作。

4.2.2 阳线突破黄金坑

阳线突破黄金坑，是 K 线突破黄金坑时的一种启涨形态，因为突破意味着股价的快速转强，所以是黄金坑战法中重仓买入股票的一种 K 线形态，因此必须完全了解这种 K 线突破黄金坑时的具体形态，再根据量价买点进行具体操作。

形态要求：

阳线突破黄金坑期间，有两种情况：一种是 K 线在黄金坑底的缓慢回升中，突然加速上涨的突破，此时表现为 K 线的短线强势，经常以快速涨停的方式出现，K 线为涨停阳线或一字涨停；另一种是 K 线回到黄金坑出现前的下跌平台的突破，此时往往是 K 线突破弱势整理平台的高点，表现为中阳以上的长阳线上涨，强势时会表现为涨停阳线或一字涨停。如图 4-4 所示，常山北明（000158）在 A 区域弱势整理后，B 区域出现黄金坑及底部回升形态，C 区域股价突破黄金坑时，表现为持续阳线的上涨，符合阳线突破黄金坑的要求。MACD 表现为上方 DIFF 线突然向上翘起的双线快速向上发散，同时成交量为明显持续阳量放量、K 线上涨，符合突破形态下的突破点要求，应及时买入股票。

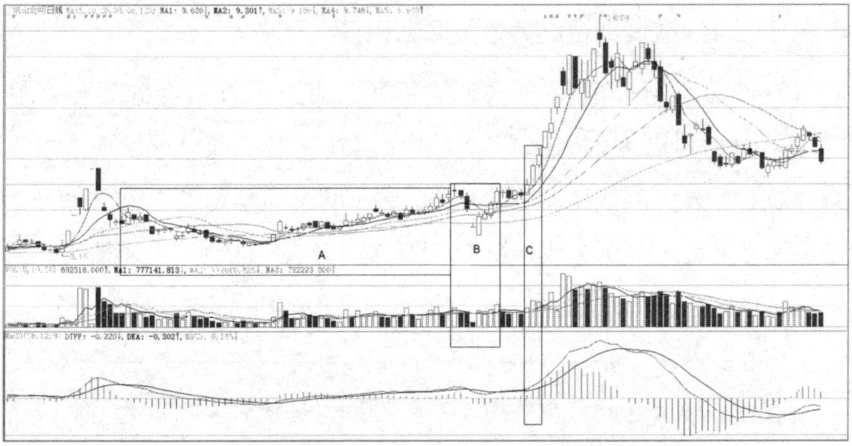

图 4-4　常山北明－日线图

实战注意事项：

（1）阳线突破黄金坑时，在通常意义上，这种突破是 K 线向上突破了弱势震荡时的平台高点，所以此时往往表现为较长阳线的突破上涨。但存在一种黄金坑底部回升中途的加速上涨突破，这时往往会构成提前买入的形态，经常以涨停阳线或一字涨停出现。所以，实战中一定要看清楚属于哪一种突破黄金坑的形态。

（2）阳线突破黄金坑只是 K 线的一种突破形态，由于此时为股价彻底告别黄金坑的快速上涨时机，所以买入股票时，除了要满足量价突破黄金坑的买点要求外，还必须首先是其他一种指标的上涨趋势初期形成，或是 BOLL 快速启涨的形态时，方可确认。

4.3　MACD 黄金坑启涨信号

当 K 线出现黄金坑启涨形态时，作为判断黄金坑的主要指标MACD，同样会发出明显的启涨信号，但由于黄金坑跌幅的不同，所以MACD 启涨信号也略有不同。

4.3.1　双线缓慢聚合的黄金坑底部回升

双线缓慢聚合的黄金坑底部回升，属于黄金坑底部缓慢回升时 MACD 一种缓慢回升的形态，初学者往往难以通过这种形态发现MACD 缓慢转强的征兆，所以必须深入了解这种 MACD 的缓慢回升形态，方可确认。因为这种 MACD 的缓慢回升有时表现得并不明显，所以只是一种辅助判断。

形态要求：

双线缓慢聚合的黄金坑底部回升期间，主要表现在黄金坑底出现后，DIFF 线由于向下震荡，短时跌破了 DEA 线，双线在拉开一定距离后，DIFF 线出现明显持续向上震荡运行，与 DEA 线之间的距离在逐渐缩小，形成双线向内的缓慢聚合，并转为震荡略上行，直至出现向上与 DEA线的金叉。如图 4-5 所示，万马科技（300698）在长期弱势震荡中，进入 A 区域，当黄金坑出现时，MACD 双线先是快速向下分离，拉开间距，DIFF 线运行到下方，但在黄金坑底形成后的缓慢回升中，也就是 A 区域右侧，明显出现 DIFF 线的快速止跌，先是小幅上行，与 DEA 线之间的距离在逐渐缩小，双线在缓慢向内聚合中，DIFF 线也转为略上行，为黄金坑底部回升的 MACD 双线缓慢聚合形态。

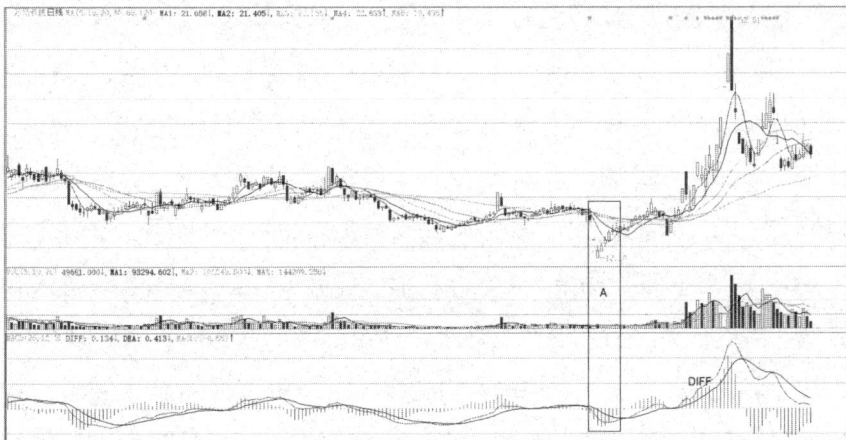

图 4-5　万马科技－日线图

实战注意事项：

（1）双线缓慢聚合的黄金坑底部回升出现时，允许双线在最初的分离时，间距不大，呈并不明显的缓慢向上的聚合，此时说明 K 线黄金坑的跌幅并不大。

（2）双线缓慢聚合的黄金坑底部回升期间，允许 DEA 线在双线聚合期间呈缓慢下行状态，但 DIFF 线向上缓慢聚合时，方向是明显向上缓慢运行的。

（3）如果黄金坑期间的下跌幅度并不大时，往往 MACD 双线的间距并不大，只有黄金坑相对下跌幅度较大时，双线才会表现为明显分离后向上缓慢聚合。因此，这种 MACD 形态的判断只是一种辅助判断，实战中应主要以 K 线形态为主，MACD 或均线的判断，只是辅助判断，同时符合量价买点要求时，方可买入。

4.3.2　MACD 金叉后向上发散的突破黄金坑

MACD 金叉后向上发散的突破黄金坑，是利用 MACD 指标判断股价走出黄金坑的一种形态，因为不管黄金坑跌幅是否大，一旦股价快速启动上涨表现为强势突破时，MACD 同样会表现为极强的突破形态。

形态要求：

当股价突破黄金坑时，MACD 会表现为金叉后向上发散，也就是 MACD 双线在向内聚合时，突然形成金叉后，双线明显表现为向上发散。如果黄金坑的下跌幅度较小时，往往双线在相距较近状态下，这种向上发散会表现为明显的 DIFF 线向上翘起形态。如图 4-6 所示，富满电子（300671）在长期震荡中，A 区域在形成黄金坑并缓慢回升中，进入 B 区域，当股价突破前期弱势震荡平台高点区域 C 平台时，MACD 先是表现为金叉，而后出现双线快速向上分离的 DIFF 线明显向上翘起，形成了双线向上逐渐远离的发散状态，即 MACD 金叉后双线向上发散，并符合量价齐升突破点要求，应果断买入股票。

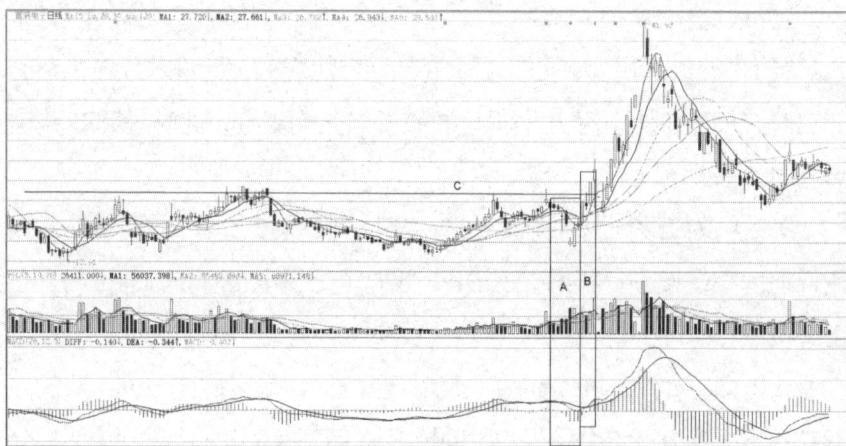

图 4-6　富满电子－日线图

实战注意事项：

（1）MACD 金叉后向上发散的突破黄金坑出现时，双线是在金叉后呈向上快速分离的发散形态。但若是在黄金坑下跌幅度不大的情况下，由于双线震荡分离的幅度较小，所以偶尔也会形成 DIFF 线快速向上翘起的形态。

（2）如果 K 线表现为黄金坑底部缓慢回升的中途出现加速上涨的

突破，往往 MACD 呈金叉后向上发散的突破，或是刚刚形成金叉，或是刚刚向上发散，此时只要确保这种金叉中 DIFF 线向上的角度明显，即可确认为 MACD 金叉后双线向上发散的形态。

（3）当 K 线形成突破黄金坑形态时，如果 MACD 表现为迟钝，金叉或双线向上发散尚未形成，或不明显时，可观察其他指标的上涨趋势初期形态，并结合量价买点来进行操作。

4.4　MA 黄金坑启涨信号

当黄金坑出现 K 线启涨信号时，辅助判断的指标 MA 也会发出明显的均线启涨信号，成为确认黄金坑启涨形态的重要辅助判断依据。

4.4.1　MA 5 快速回升的多条均线金叉

MA 5 快速回升的多条均线金叉，是黄金坑底部缓慢回升过程中，一种均线由弱势转为多头排列上涨初期的形态，有时也会出现在快速回升过程中加速突破黄金坑的形态中，所以必须认清这种形态，以确保黄金坑启涨的上涨趋势成立。

形态要求：

MA 5 快速回升的多条均线金叉形成期间，除 MA 5 以外的其他均线呈短期均线在长期均线之上平行或略向上运行的状态，MA 5 在震荡到各均线下方后，向上依次形成了与 10 日均线、20 日均线、30 日均线、60 日均线的向上交叉。如图 4-7 所示，巨化股份（600160）在 A 区域形成了持续快速跌破整理平台的黄金坑止跌回升时，B 区域 MA 5 在各均线下方，由下行转为震荡上行后，快速出现与上方的其余各均线相继交叉，K 线持续缓慢上行，为 MA 5 快速回升的多条均线金叉，符合 MA 底部回升的黄金坑启涨形态要求。只要量价表现为小阳量小阳线的量价齐升，可轻仓买入股票。

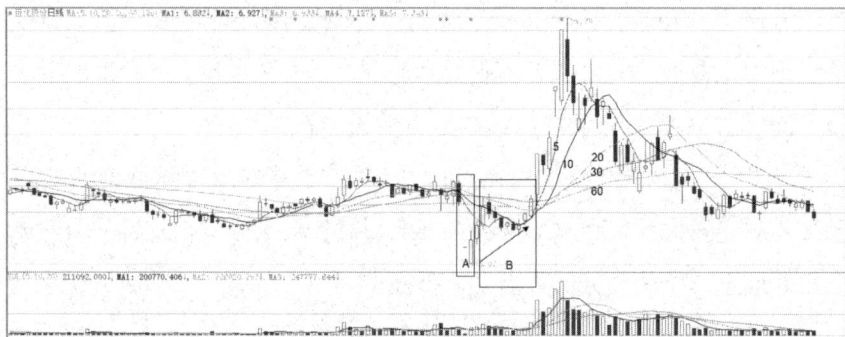

图 4-7　巨化股份－日线图

实战注意事项：

（1）MA 5 快速回升的多条均线金叉出现时，往往是黄金坑形成期间短期跌幅略大时，所以通常只是造成 MA 5 震荡到各均线下方，而 MA 5 的快速回升金叉是走出黄金坑启涨时一种股价快速回升或突破的表现，所以是一种上涨趋势成立初期的 MA 买入形态。

（2）如果黄金坑出现时，股价下跌的幅度较大，也会表现为 MA 10 与 MA 5 相继运行到各均线下方，但回升时往往是 MA 10 随 MA 5 快速回升中再形成 MA 5 与多条均线的金叉。

（3）MA 5 快速回升的多条均线金叉，只是均线由缠绕震荡的弱势形成黄金坑后转为上涨趋势初期的 MA 多头的启涨信号，具体买入股票时，必须符合买点要求，方可买入。

4.4.2　MA 5 引领各均线加速上行的多头排列初期

MA 5 引领各均线加速上行的多头排列初期，是所有突破黄金坑形态成立时的一种重要的标准的均线排列形态，只要这种形态形成，即可确认黄金坑出现向上突破的强势成立。

形态要求：

MA 5 引领各均线加速上行的多头排列初期形成期间，必须形成 60 日均线、30 日均线、20 日均线、10 日均线、5 日均线由下向上依次排列，各均线线头向上时为标准的多头排列初期，但如果长期均线只表现为平行略向上时，5日均线必须出现明显的向上运行，引领各均线呈向上运行的态势，方为多头排列的初期状态。如图4-8所示，京威股份（002662）在A区域形成了黄金坑形态及底部缓慢回升后，B区域强势突破黄金坑时，K线是以持续一字涨停出现的，MA 5在快速上行中，出现与多条均线金叉后，站到均线最上方，依然保持快速上行，形成了短期均线在长期均线之上的MA 5引领各均线加速上行的多头排列初期形态，由于接连涨停，所以为明显快速突破黄金坑的均线买入形态和量价突破买点。只是这种一字涨停的强势突破是难以参与的。

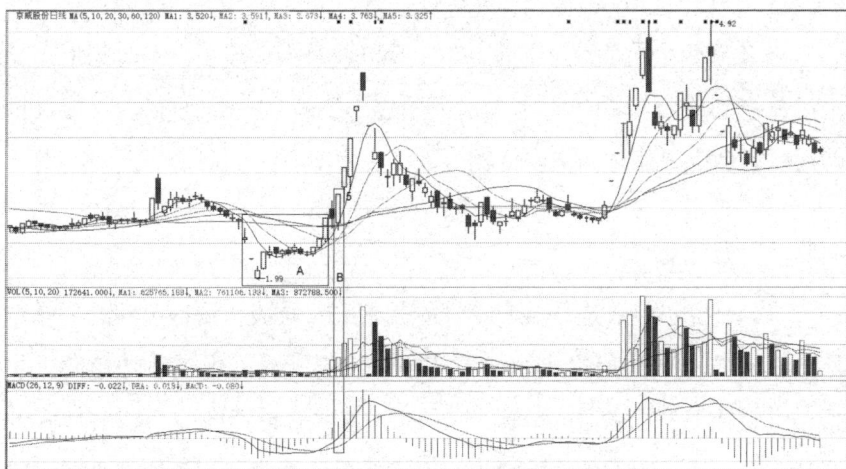

图4-8　京威股份－日线图

实战注意事项：

（1）MA 5引领各均线加速上行的多头排列初期，是突破黄金坑时上涨趋势初成的均线排列形态，所以必须确保MA 5呈明显向上快速运行的抬头上行成立，方可确认是MA 5在引领各均线向上运行的多头排列。

（2）当股价突破黄金坑时，只有前期弱势震荡整理的时间越长，且黄金坑跌幅不大时，MA 5引领各均线加速上行的多头排列初期形成才更标准。如果黄金坑跌幅较大时，股价又出现加速回升的突破时，往往只会出现长期均线平行略向上状态的 MA 5 快速回升的多条均线金叉。

（3）MA 5 引领各均线加速上行的多头排列初期，是判断突破黄金坑时一个重要的均线形态，所以即使是用其他指标辅助判断时，最好也能观察一下均线是否形成了这种多头排列初期的强势特征，尤其在 MACD 指标背离状态下，往往这种均线排列是重要的判断依据。

4.5 BOLL 黄金坑启涨信号

当 K 线黄金坑启涨形态形成时，BOLL 是否形成了上涨时的形态，直接关系到股价短期的上涨力度，所以 BOLL 的特征形态，同样是辅助判断黄金坑启涨时的重要依据。

4.5.1 开口形喇叭口

开口形喇叭口，是 BOLL 指标所独有的一种股价快速上涨的形态，是指 BOLL 三条轨道组成的波带在极窄状态下，出现上轨快速向上扩张、下轨快速向上扩张时的形态，由于这种形态就像一个向右侧张开的喇叭口，所以叫作开口形喇叭口。通常是判断股价短期快速上涨时的 BOLL 的强势特征。

形态要求：

在开口形喇叭口形态中，上轨必须明显大角度向上快速运行，下轨快速大角度向下运行，也就是上轨与下轨快速向外张开，中轨处于平行略上行或上行状态。如图 4-9 所示，泰和新材（002254）长期弱势震荡中，A 区域形成了不明显的 K 线震荡走低创新低的黄金坑及缓慢回升，其后 B 段走势的继续震荡回升中，进入 C 区域 K 线突破黄金坑时，BOLL 明显表现为上轨快速上行、中轨略上行、下轨快速下行的开口形喇叭口，同时 MACD 表现为上方 DIFF 线突然向上翘起的双线快速向上发散，并符合持续放量上涨的突破点要求，应果断买入股票。

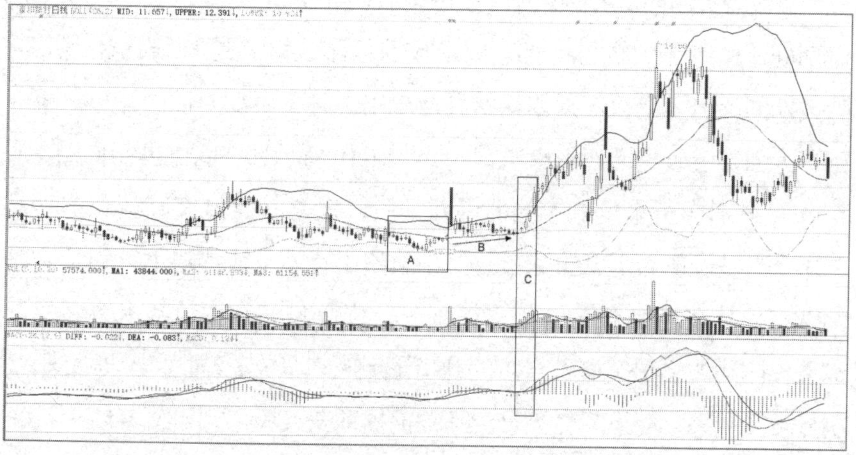

图 4-9　泰和新材－日线图

实战注意事项：

（1）在根据 BOLL 开口形喇叭口判断黄金坑启涨形态时，可以出现在黄金坑底部回升形态中的加速上涨时，也可以出现在突破黄金坑的加速上涨中，但买入时必须结合量价买点来判断买入时机。

（2）在根据开口形喇叭口买股时，必须是在选股基础上靠突然形成开口形喇叭口来判断股价加速上涨的时机。原则上是上轨向上与下轨向下的向外扩张角度越明显，越能证明短期股价的快速启动，但一定要留意此期间的中轨方向，不能向下，至少要保持平行或略上行，或是明显向上时，则强势特征才更为明显。

4.5.2　强势突破的开口形喇叭口

强势突破的开口形喇叭口，是指黄金坑向上突破期间，当 MACD 或 MA 形成明显的快速启涨时，BOLL 在形成了开口形喇叭口后，表现为更为强势的开口形喇叭口，这种情况一出现，就要及时根据分时图的强势状态提前买入股票。

形态要求：

强势突破的开口形喇叭口形态，有两种情况：一是在开口形喇叭口期间，K 线在中轨与上轨之间形成涨停阳线；二是 K 线在开口形喇叭口期间突破了上轨。只要这两种情况出现时，表现为量价齐升，即可确认为强势突破的开口形喇叭口。如图 4-10 所示，*ST 升达（002259）在 A 区域形成黄金坑形态的缓慢回升后，进入 B 区域突破黄金坑时，BOLL 明显表现为上轨快速上行、中轨略上行、下轨快速下行的开口形喇叭口，其间的 K 线为一根涨停阳线，符合 K 线在中轨与上轨之间形成涨停阳线的强势突破黄金坑的开口形喇叭口形态，同时符合成交阳量明显放量状态，应果断在当日封涨停前提前买入股票。如图 4-11 所示，良信电器（002706）A 区域形成黄金坑形态后缓慢回升，进入 B 区域突破黄金坑时，BOLL 形成了开口形喇叭口，且 K 线突破上轨，为突破黄金坑时的强势突破的开口形喇叭口形态，量价符合持续量价齐升中的明显放量上涨突破点要求，应果断重仓买入股票。

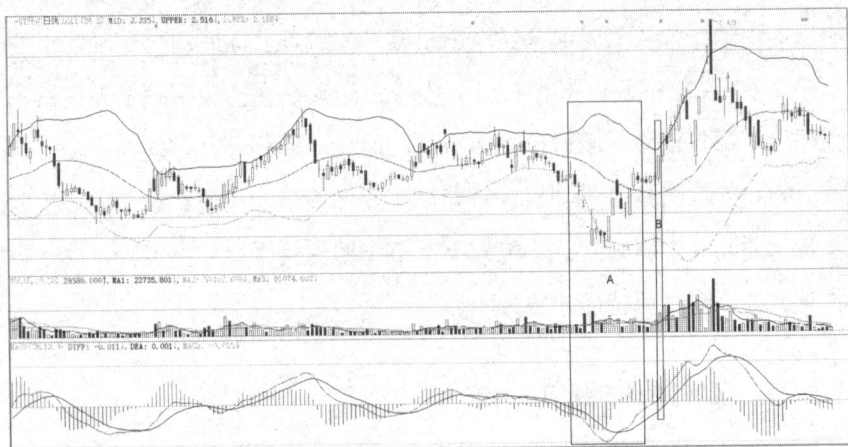

图 4-10 *ST 升达 - 日线图

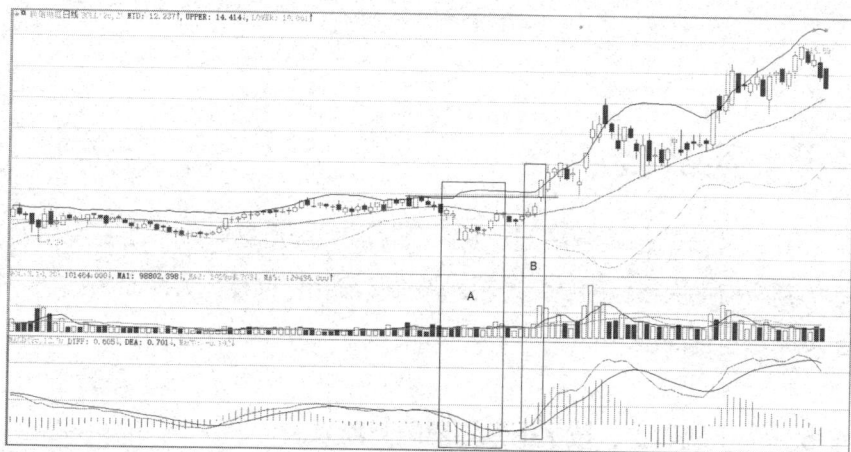

图 4-11　良信电器－日线图

实战注意事项：

（1）强势突破的开口形喇叭口出现时，首先必须确保为上轨向上、下轨向下的极度向外扩张的开口形喇叭口成立，虽然通过 BOLL 上轨向上与下轨向下的角度，即上轨和下轨向外扩张的状态，也可确认喇叭口的强弱，但在实战的即时行情中，因为是开口形喇叭口形成初期，运用这种方法判断是极容易失误的。

（2）强势突破的开口形喇叭口形成初期，判断其强势时，必须结合 K 线状态来判断：一是 K 线在突破中轨后接近上轨时表现为涨停阳线；二是阳线突破了上轨。在第一种情况中，如果最先表现为一字涨停时，只要其后不再直接涨停开盘，表现为量价齐升时，即可确认为强势突破的开口形喇叭口。

（3）根据强势突破的开口形喇叭口买入股票时，这往往是提前买入或重仓买入的一种 BOLL 强势特征，所以还必须有其他任意一个指标也表现为突破黄金坑形态，同时符合量价买点要求时，方可提前买入或重仓买入。

4.6 实战要点

在黄金坑战法实战期间，判断黄金坑启涨形态时，一定要明白形态的判断与主次指标的使用方法，因为技术指标的使用方法是根据这一指标的优缺点而确定的，也是在使用时判断主次地位的依据。

4.6.1 K 线为主、技术指标为辅的判断方法

K 线为主、技术指标为辅的判断方法，是指根据黄金坑战法实战时，一定要观察 K 线上股价是否跌破了弱势整理平台、形成创下新低的黄金坑形态，再通过其他辅助指标来确认黄金坑的底部回升或突破形态。因为若是黄金坑不明显，其他指标往往表现为略迟缓或不明显的状态。

具体要求：

K 线为主、技术指标为辅的判断方法，是 K 线在长期弱势震荡中出现了跌破整理平台的一个黄金坑时，再通过其他指标进行判断，如 MACD 是否形成了 DIFF 线的向下震荡形成了黄金坑，或是均线由缠绕状态是否突然形成了看似均线相距较近的空头排列，及短期均线的快速回升等。然后再来确认黄金坑的底部回升或突破黄金坑等形态。如图 4-12 所示，以岭药业（002603）A 区域出现一字横盘的窄幅震荡后，B 区域出现了不明显的短时跌破一字整理平台的黄金坑和止跌回升，其后的缓慢回升中，进入 C 区域突破黄金坑时，应首先从 K 线来观察，是 K 线突破了黄金坑之前 A 区域的整理平台，其次才是通过下方 MACD 双线明显向上发散，或是 K 线周围的 BOLL 形成的强势突破的开口形喇叭口等指标的强势状态，来辅助判断突破形态。这就是判断突破黄金坑形态时的 K 线为主、技术指标为辅的正确判断方法。然后，

才是量价突破点的判断，如 C 区域形成了持续放量上涨的突破点，这时方可买入股票。

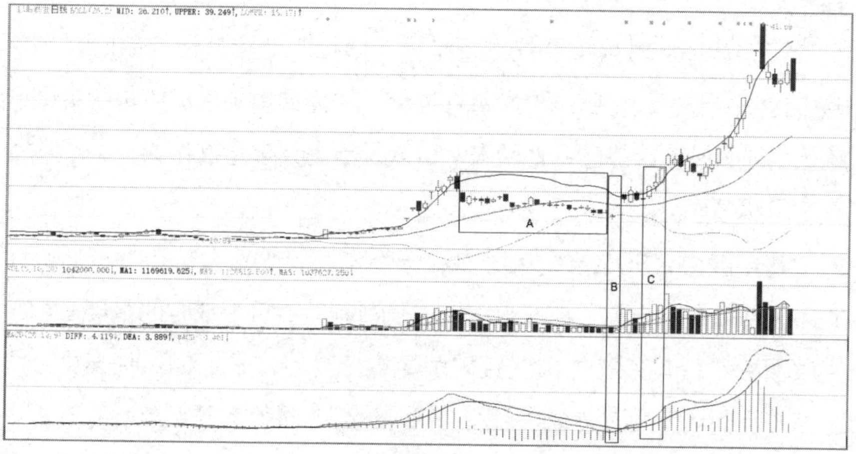

图 4-12　以岭药业－日线图

实战注意事项：

（1）在判断黄金坑形成或底部回升与突破黄金坑的实战中，应以 K 线为主，主要是判断黄金坑形成的 K 线跌破整理平台的快速下跌，以及黄金坑底部缓慢回升时的 K 线缓慢上涨和突破黄金坑的 K 线快速上涨。

（2）在 K 线为主、技术指标为辅的判断和分析中，辅助判断就是 K 线在形成相应的黄金坑形态或回升与突破形态时，技术指标是否也形成了对应的缓慢回升或加速上行的突破形态。

（3）以 K 线为主、技术指标为辅来判断黄金坑形态时，通常在黄金坑底部形成期间，会刷新前期低点，即创出新低。但如果黄金坑形态不明显，只是表现为一个明显的 K 线下行的"坑"，只是刷新阶段性低点时，也可确认为黄金坑底部。

（4）K 线为主、技术指标为辅的判断方法，只是判断黄金坑底部回升或突破黄金坑时的技术形态的启涨信号，只有在符合对应的量价买点要求时，方可买入股票。

4.6.2　突破黄金坑时再重仓操作

突破黄金坑时再重仓操作，是指在根据黄金坑战法实战时，一定要等到突破形态成立后，再来重仓操作。因为如果不形成股价的突破，就无法证明股价趋势已真正转强，所以是不允许重仓操作的。

具体要求：

在实战中，突破黄金坑时再重仓操作，要求黄金坑在形成后，在底部缓慢回升中出现了加速上涨，或是回到黄金坑形成时的整理平台时突破上涨。只有在形成 K 线突破黄金坑与其他技术指标同时强势上涨时，方可确认为突破黄金坑形态，同时达到了量价齐升买点时，方可重仓买入操作。如图 4-13 所示，深南电路（002916）在 A 区域股价表现为长期窄幅弱势震荡时，进入 B 区域，形成了一个跌破 A 区域整理平台的黄金坑，但在缓慢回升状态时，不可重仓参与，只有 C 区域形成了 MACD 双线快速向上发散、强势突破黄金坑的开口形喇叭口，量价表现为持续放量上涨后的明显放量上涨的突破点时，方可重仓买入。

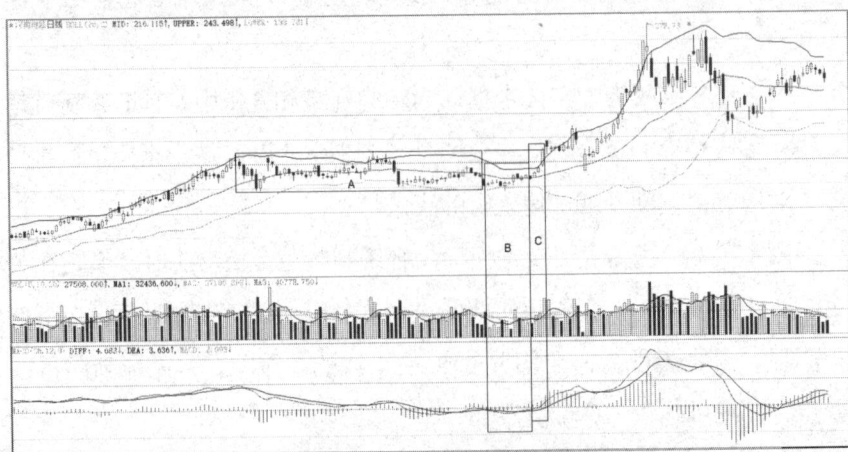

图 4-13　深南电路 - 日线图

实战注意事项：

（1）在根据突破黄金坑形态重仓操作时，突破黄金坑形态不只是 K 线的突破黄金坑形态，还必须有其他任意一个技术指标也形成了快速上涨的突破形态时，方可确认突破黄金坑的成立，但买入操作时，必须符合突破黄金坑的量价买点，方可重仓操作。

（2）根据突破黄金坑形态重仓操作时，一定要留意突破黄金坑形态时的强势突破形态，因为这种强势突破时，股价通常会表现为快速涨停，而股价此时又处于回升到黄金坑下跌前平台的途中，所以属于一种提前买入的操作。一旦错过最佳时机，往往就难以参与其中。因此，在黄金坑底部回升期间，应轻仓买入。

4.6.3　判断黄金坑时必须确保技术指标未背离

根据黄金战法实战，在判断黄金坑形态时，一定要确保技术指标未发生背离，因为技术指标在背离状态下，是不能作为买入参考依据的。所以一旦发生了技术指标的背离，应换作其他指标来判断和分析。

具体要求：

根据黄金坑启涨形态判断买入形态时，背离主要表现为 MACD 底背离，是指 MACD 双线持续或震荡上行、K 线持续或震荡下行，一旦发生，即可确认为技术指标出现背离。这时应放弃这一指标的判断，换作 MA 或 BOLL 来判断黄金坑启涨形态。如图 4-14 所示，金禾实业（002597）在 A 区域长期箱体震荡的弱势中，B 区域在形成了黄金坑及底部回升期间，以及其后的持续缓慢回升中，甚至是 C 区域的突破黄金坑期间，MACD 双线一直与 K 线运行方向保持着同步运行，未发生背离。因此，这时方可根据黄金坑形态后的回升状态，以及 C 区域 MACD 突破 0 轴的形态来判断行情。

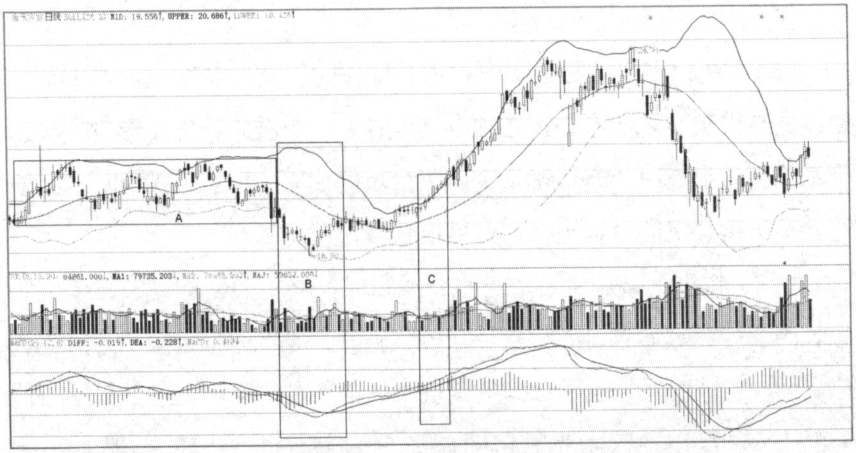

图 4-14　金禾实业–日线图

实战注意事项：

（1）在根据黄金坑战法实战期间，多数时候，MACD 底背离是发生在黄金坑底部回升形态期间，或是出现黄金坑时期。所以在实战中突破黄金坑期间，是绝对不允许出现 MACD 底背离的，出现了就意味着黄金坑突破形态的不成立，应立刻放弃操作。

（2）如果 MACD 底背离出现在黄金坑形成或缓慢回升阶段，虽然底背离结束时的双线快速向上分离，也可作为判断的依据，但由于在即时行情中，一旦这种双线向上分离不明显，也极有可能只是双线震荡走高的情况，是难以准确判断出底背离是否结束的，所以应换作其他指标来判断。

（3）在根据黄金坑战法买入股票前，一旦判断启涨形态中发生了 MACD 底背离，其他指标可选择 MA 或 BOLL，只有其他指标中的任意一种表现为明显的黄金坑底部回升或突破时，方可根据量价买点要求，买入股票。

第 5 章
买点信号：黄金坑形态的买股征兆

　　根据黄金坑战法买入股票时，量价表现出的启涨信号固然重要，但只有买点信号也是不可操作的。只有在形成了技术指标的黄金坑启涨形态后，底部回升买点和突破黄金坑买点出现，才是买入牛股启涨的最佳时机。

5.1 量价与黄金坑的关系

量价的变化，决定了黄金坑形态是否已经形成，或是出现了失败。因为无论主力是出于什么目的，令股价出现了黄金坑形态，量价的表现都能真实地反映出黄金坑形态出现后其股价的具体走势。

5.1.1 量价齐升是股价走出黄金坑的强势表现

由于黄金坑形态属于主力拉升一只股票前的最后洗盘，所以股价在走出并突破黄金坑期间，必然会形成量价齐升的状态。因为在股价由弱势转上涨的初期，往往这只股票的市场热度不高，若没有明显的大量买入为主的成交阳量，是无法保持这种强势持续上涨的。这就是以量破价的道理。所以，突破黄金坑时，量价齐升往往成为股价转强的信号。

量价齐升形态要求：

（1）停止形成黄金坑初期的量价齐跌，因为只有股价走出了底部，方可确认黄金坑初步形成，所以在此期间的量会较小，成交量为持续小阳量，K线呈阳线居多的震荡上涨状态，即可确认量价齐升。如图5-1所示，兄弟科技（002562）在A区域出现K线和MACD跌破整理平台创新低的黄金坑时，一定要等到右侧形成了K线在新低后的缓慢回升，成交量保持持续的阳量，形成了幅度略小的量价齐升时，方可确认量价齐升的黄金坑底部回升成立。

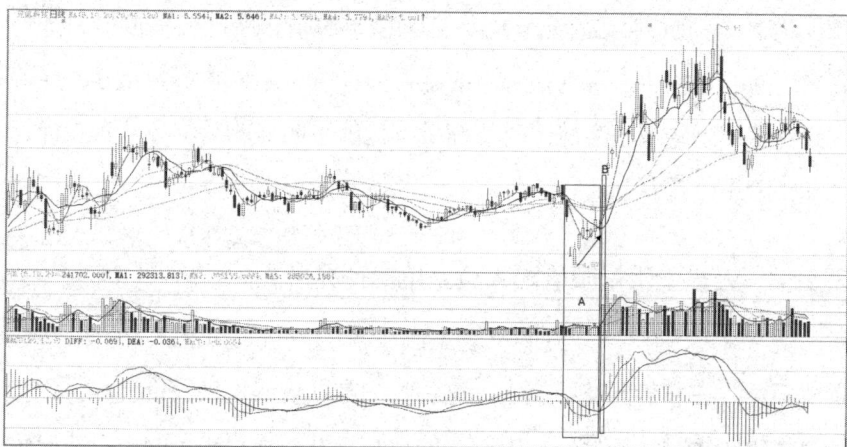

图 5-1　兄弟科技 - 日线图

（2）股价突破黄金坑时，表现为股价回到黄金坑下跌前的平台，并向上持续突破，这时的量价齐升必须表现为明显的阳量放大、阳线快速上涨的量价齐升，方可确认。例如，图 5-1 中 B 区域出现 K 线突破黄金坑期间，形成 MACD 金叉后双线向上发散，MA 也表现为多头排列初期的 MA 5 引领各均线上行的突破形态，量价表现为明显放量上涨的量价齐升时，才是股价彻底告别黄金坑时的重仓买入时机。

实战注意事项：

（1）由于股价走出黄金坑时，回升的状态不同，所以具体的量价齐升形态也略有不同。如黄金坑底部回升形态时，往往是主力逢低缓慢吸筹的过程，此时为跌破整理平台的极弱状态，卖出筹码较少，所以通常表现为较小的持续阳量状态；而突破黄金坑时属于在小幅上涨中快速拉升股价的行为，因此量价齐升会表现为放量明显的股价上涨。实战中一定要认真区分。

（2）因为走出黄金坑的底部回升阶段的量价齐升幅度较小，所以只适合轻仓建仓。因为只要不是彻底转强，就无法证明短期的强势，所以在此期间的买入是存在一定风险的，一旦量价齐升时无法突破，则转为继续弱势的概率较高，重仓买入是存在很多不确定风险的。

（3）当股价突破黄金坑时，必须以量破价，所以通常量价齐升会明显。除非是股价表现为最强烈的涨停突破时，阳量才不会十分明显。因此，涨停阳线或一字涨停时的缩量或量能不明显的量价齐升，同样属于强势的量价齐升。

5.1.2　无量上涨是股价陷入黄金坑的征兆

无量上涨的出现，说明市场未因股价的上涨跟风买入，所以造成量能极小。在股价弱势状态中，这种行为难以持续推动股价上涨，因为一旦涨幅较大时，在低位买入股票的持有者就容易卖出获利，造成股价下行的压力不断涌现。因此也说明主力的筹码不够集中，股价必然会深陷黄金坑，甚至是继续走弱。所以，无量上涨是股价深陷黄金坑后无法实现快速上涨的征兆。

无量上涨形态要求：

无量上涨出现时，并非真正意义上的无量，只是量能未出现有效放大，与之前的量能水平保持在相近的水平，所以黄金坑底部回升时的无量上涨，表现为小阳量小阳线的上涨，即股价在上涨过程中未表现为明显放量，可轻仓买入。而在突破黄金坑时，只要未出现涨停阳线或一字涨停，量能放大不明显或略放大，表现为较小的量柱水平时，即可确认为无量上涨。如图 5-2 所示，天沃科技（002564）在弱势震荡中，当 A 区域出现持续跌破整理平台的黄金坑，并形成缓慢回升，B 区域突破黄金坑时，虽然均线形成了 MA 5 与多条均线快速金叉的多头排列初期，MACD 也表现为突破 0 轴的明显双线向上快速发散，即突破黄金坑时的技术形态符合要求的情况下，量价虽然表现为量价齐升，但明显为持续小幅缩量的小量状态，为无量上涨，表明这种突破黄金坑时的形态未得到量能的支持，是股价深陷黄金坑的征兆。未来继续维持弱势震荡的概率极高，甚至是在向下寻找新的平台弱势整理，所以不应买入股票。前期黄金坑底部回升时轻仓买入的股票，也应即刻卖出。

图 5-2　天沃科技－日线图

实战注意事项:

（1）无量上涨出现时，一定要确保股价未出现涨停，如涨停阳线或一字涨停板，因为在涨停阳线或一字涨停板期间，成交量也会表现为阳量较小的无量，但却是快速涨停导致的无法成交，所以不属于无量上涨。

（2）严格意义上来讲，黄金坑底部回升期间均会表现为阳量放大不明显的无量上涨，所以在实战操盘中，这一时间只适合轻仓建仓参与。

（3）如果在突破黄金坑时，量价表现为非涨停的无量上涨，则要引起高度注意，这说明股价会在震荡走高时随时出现震荡走低，股价表现为深陷黄金坑的震荡，甚至有可能跌破黄金坑，寻求更低的平台继续震荡整理。所以无量上涨不仅是股价陷入黄金坑的征兆，也是黄金坑形态失败的一种突破买点不符合要求的量价形态。

5.2　黄金坑底部回升的建仓点量价信号

黄金坑底部回升是初步建仓的信号，所以除了技术形态的启涨要求外，量价也必须形成底部回升的量价形态，才能确认为是建仓时机。

5.2.1 温和放量上涨

当 K 线形成明显的弱势整理平台的快速下跌后，股价出现止跌回升时，也就是黄金坑形态走出黄金坑底期间，量价就会表现为一种温和放量上涨形态，代表着在资金小幅买入的同时，股价在不断回升中走出黄金坑，所以是轻仓建仓的量价买入信号。

形态要求：

温和放量上涨出现时，成交量表现为阳量柱极短的状态，与之前的量能水平相近，呈后一根阳量柱略高于前一根的小幅缓慢变长的状态；K 线通常也表现为小阳量的持续震荡上行，允许期间出现十字星或小阴线。如图 5-3 所示，通达股份（002560）在弱势震荡中，进入 A 区域形成明显的黄金坑及底部回升，这期间量价表现为 K 线小阳线缓慢震荡上行、成交量为持续较短略放大状态的小阳量，与之前的量能水平相近，包括其后 B 区域 K 线看似突破时的量价形态，量能依然保持在前期弱势的低量水平，同样表现为黄金坑底部缓慢回升的温和放量上涨形态，所以只可轻仓建仓买入股票。

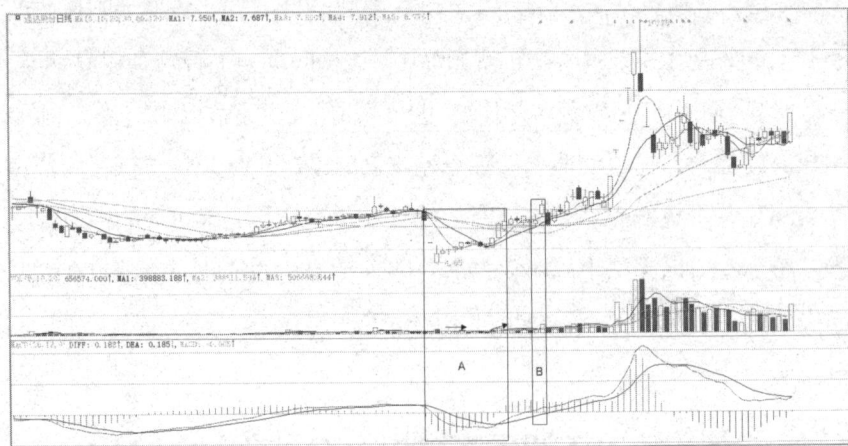

图 5-3　通达股份－日线图

实战注意事项：

（1）标准的温和放量上涨，表现为后一根阳量柱略高于前一根的阶梯式缓慢放量的状态，此期间多数情况股价上涨的幅度也不会太大，所以为小阳量缓慢上升的状态。因此在温和放量上涨形态中，量能和 K 线都会呈现一种缓慢上升的状态。

（2）在判断温和放量上涨时，必须确保当前的量能水平保持在较低水平，主要与前期弱势震荡期间的量能水平比较，只要保持在相近的水平即可，有时会表现为略高，有时也会表现为略低，但必须为持续的阳量。

（3）温和放量上涨只适合买入股票时的轻仓建仓，因股价若是不走出黄金坑表现为强势状态，就随时会出现继续走低维持弱势，所以此时的建仓买入的风险是较大的，一定要轻仓，必须确保 K 线等其他指标同时满足黄金坑底部回升时，方可扩大买入。

5.2.2　小阳量温和上涨

一旦 K 线和其他技术指标形成黄金坑，并出现缓慢走出黄金坑的底部回升时，量价也经常会出现小阳量温和上涨，这同样说明黄金坑形态中的"坑"已经形成，所以也是一种轻仓买入的建仓点的量价形态。

形态要求：

小阳量温和上涨出现期间，成交量依然保持在前期弱势震荡时间的低量水平，但必须为持续阳量，阳量柱或略高或略短均可；K 线为缓慢的小阳线小幅上涨，允许期间出现一两根小阴线或十字星，但缓慢向上远离黄金坑底的上升形态必须成立。如图 5-4 所示，新联电子（002546）在弱势震荡中，进入 A 区域出现快速下跌的黄金坑后，出现了 K 线的小连阳缓慢回升，其中 1 区域和 2 区域明显表现为阳量，但量柱水平依然保持着前期弱势时的量能水平，所以为黄金坑底部回升阶段的轻仓建仓买点的量价信号。

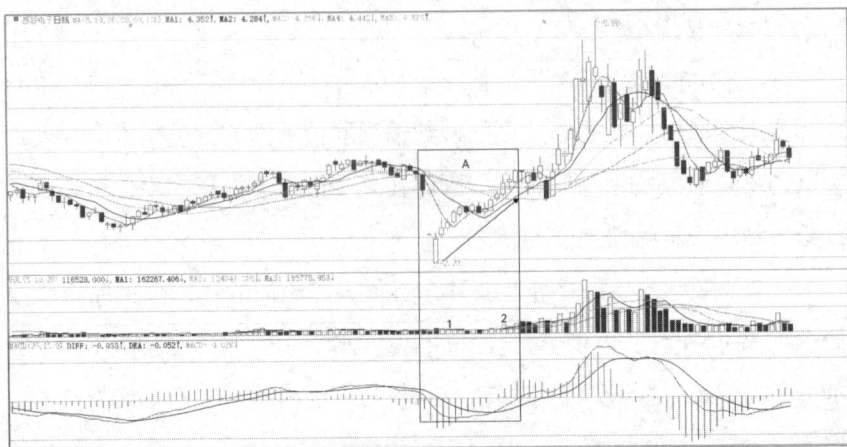

图 5-4　新联电子－日线图

实战注意事项：

（1）小阳量温和上涨与温和放量上涨在形态上有一定的相似性，均保持着当前较低的量能水平，只不过温和放量上涨中，阳量柱是以逐级小幅变长的台阶式增长出现，而小阳量温和上涨中，阳量柱经常出现小幅的波动，即阳量柱长短小幅参差不齐。

（2）在小阳量温和上涨形态中，尽管 K 线表现为缓慢上涨，但也必须要求 K 线呈走出黄金坑底的缓慢回升，这也就要求小阳量温和上涨与温和放量上涨，必须保持 3 ~ 5 个交易日，即有 3 ~ 5 个小阳量柱，中间或间隔一两个阴量柱，方可确认黄金坑底部回升。

（3）在根据小阳量温和上涨建仓买入时，必须确保 K 线黄金坑形态成立时，至少有一个指标也满足黄金坑形态，方可确认为建仓点的轻仓买入时机。

5.3　突破黄金坑的加仓点量价信号

突破黄金坑形态，说明技术形态上实现了突破，但量价上同样需要形成明显的突破形态，才能确保技术突破的有效性，方可确认为加仓时机。

5.3.1　明显放量上涨

　　股价在底部回升过程中突破黄金坑时，必须为明显的量价齐升，方可实现突破。因此，明显放量上涨就是这种量价齐升中最为明显的量价齐升形态。所以，只要股价在突破黄金坑时表现为明显的放量上涨，即表明趋势已明显转强，应加仓买入，以实现重仓操作。

　　形态要求：

　　明显放量上涨形态时，通常表现为单根阳量柱成交量是明显高出之前量柱水平数倍的状态；K 线表现为一根明显的中阳线以上的 K 线。如图 5-5 所示，汉缆股份（002498）在 A 区域形成了黄金坑形态及底部回升后，B 区域出现突破黄金坑时，BOLL 形成了开口形喇叭口，MACD 形成双线快速向上发散，量价表现为单根较长的阳线、成交量为明显高出之前量柱水平数倍的阳量柱，形成突破黄金坑形态中的明显放量上涨突破点信号，前期轻仓参与者可加仓买入，未买入者可重仓买入。

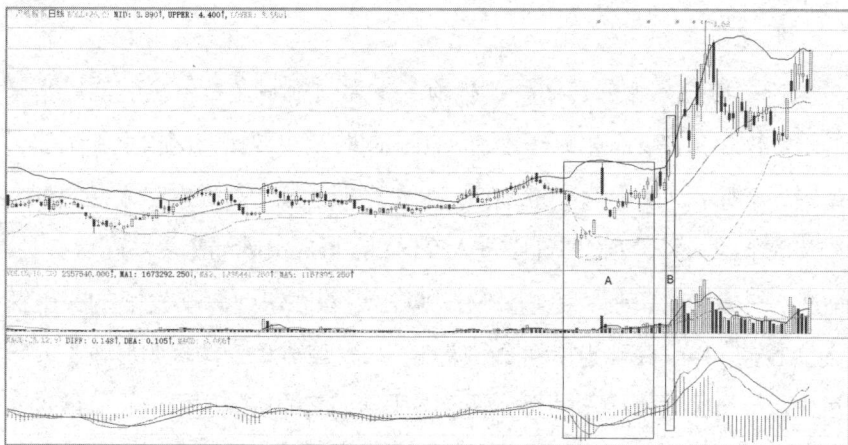

图 5-5　汉缆股份－日线图

实战注意事项：

（1）当明显放量上涨出现时，主要通过成交量柱的长短来判断，只要成交量柱明显高于之前量柱水平数倍即可，但不能过长，应谨防形成巨量上涨；K线只要表现为较长的阳量柱即能够确认明显的上涨状态。

（2）在根据明显放量上涨确认突破黄金坑的加仓买点时，必须确保形成K线突破黄金坑形态时，其他任意一个指标也形成了启涨形态，如MACD金叉后双线明显向上发散，或是BOLL开口形喇叭口、均线多头排列初期的MA5快速上行时，方可重仓买入股票。

（3）明显放量上涨，如果形成巨量上涨时，应慢一点操作，只有其后形成了持续大量状态的持续放量上涨时，方可重仓买入。

5.3.2　持续放量上涨

当股价突破黄金坑时，如果无法表现为明显放量上涨，也就是单根K线阳线的放量上涨不明显时，只要这种量价齐升状态能够持续出现，也就形成了持续放量上涨，说明突破黄金坑形态得到了量能的持续支持，所以持续放量上涨是一种更为稳健的量价加仓或重仓买点。

形态要求：

持续放量上涨形态期间，必须至少为两根明显长于之前低量水平的阳量柱，允许后一根略短于前一根，同时至少要保持两根上涨阳线。如图5-6所示，搜于特（002503）在A区域形成了跌破弱势平台的黄金坑及底部回升后，缓慢回升中进入B区域，形成突破弱势震荡高点C时，BOLL形成了开口形喇叭口，MACD出现双线快速向上发散的突破黄金坑形态，K线表现为持续阳线上涨，成交量表现为两根明显较长的阳量柱，呈持续放量状态，为突破形态成立期间的持续放量上涨突破点，前期底部回升期间轻仓买入的投资者，可加仓买入；未轻仓买入者，可重仓买入股票。

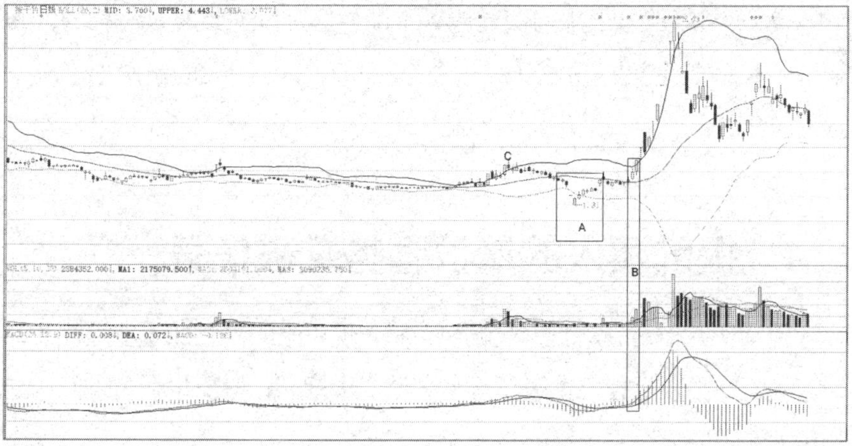

图 5-6　搜于特 - 日线图

实战注意事项：

（1）在持续放量上涨形态中，往往是单根阳量放大未达到明显放量时，或是巨量上涨出现后，通过下一根放量状态的上涨，来确认突破黄金坑时的强势状态。因此，在持续放量上涨状态中，也可以表现为前一根阳量小幅放量上涨，后一根阳量明显放量上涨。

（2）如果在持续放量上涨形态中，后一根阳量明显缩量，若是不出现涨停，应确保这根阳量柱保持明显长于之前低量水平的放量状态，方可确认，否则就表明量能不足。

（3）在持续放量上涨形态中，如果第一根阳量柱放大不十分明显时，其后出现了台阶式的温和放量时，必须至少有三根量柱维持这种放量上涨状态，且最后一根量柱要明显高于第一根量柱，方可确认为买入信号。

（4）如果持续放量上涨最先出现的为涨停阳线或一字涨停板放量不明显，只要打开涨停时表现为明显放量上涨即可，但不能形成巨量上涨，否则就应慢一步操作，只有再次形成持续大量状态的放量上涨时，方可买入。

（5）持续放量上涨与明显放量上涨作为加仓买点时是一样的，必须形成 K 线黄金坑，其他任意一个指标也形成了明显的启涨形态时，方可加仓。

5.4 提前买入的量价强势突破信号

提前买入信号，是股价突破初期所表现出来的一种加速上涨征兆，而这种征兆必须是技术突破形态上满足要求期间，量价也在短时间达到加速上涨的要求，方可提前买入。

5.4.1 日线图信号：黄金坑强势突破初期的量价齐升

在根据黄金坑战法买入股票时，对于强势股应采取提前买入。但并不是所有的黄金坑突破形态都适合提前买入。首先必须确保日线图上，黄金坑形态形成了强势突破初期的量价齐升。这时方可进一步按照分时图要求来具体判断买入时机。

日线图强势突破黄金坑的具体要求：

（1）强势突破黄金坑初期，首先要确认突破黄金坑初期的强势。也就是 K 线在长期弱势震荡中，形成了黄金坑，然后又快速回升到黄金坑下跌前的整理平台附近时，其他技术指标也形成短期强势上涨的形态。如图 5-7 所示，恒基达鑫（002492）在 A 区域出现创新低的黄金坑形态及底部回升后，在缓慢回升中进入 B 区域，形成 MACD 金叉后双线向上发散、BOLL 开口形喇叭口，符合突破黄金坑时的技术形态。这时方可观察量价方面的情况。

（2）当突破黄金坑的 K 线与技术形态均达到强势状态时，只要成交量在日线上表现为阳量状态的阳线上涨时，即可确认日线图提前买入股票的黄金坑强势突破初期的量价齐升信号出现了。在图 5-7 中的 B 区域，量价方面，C 区域表现为阳线上涨，成交量为阳量不断变长时，为量价齐升状态。

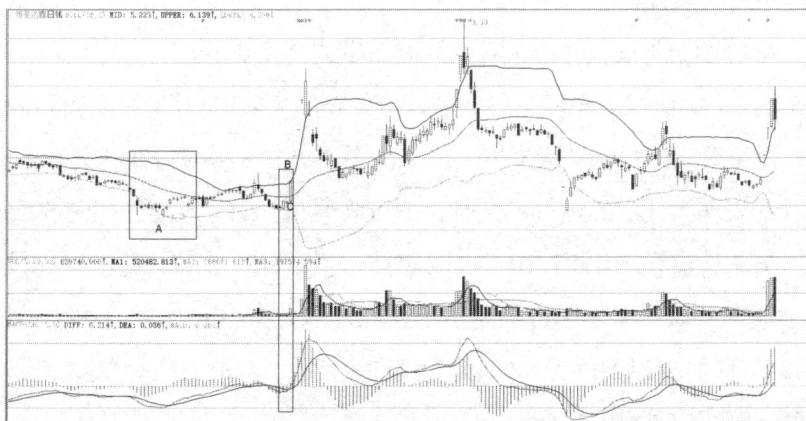

图 5-7　恒基达鑫－日线图

综合以上两点内容，可确认在 B 区域日线图上，符合突破黄金坑形态下的量价齐升形态要求，这时应观察当日分时图的情况，具体判断是否形成了提前买入的形态。

实战注意事项：

（1）黄金坑强势突破初期的量价齐升，是根据黄金坑形态提前买入股票时的日线图信号，所以也是提前买入股票的基础，不满足这种日线图的强势突破黄金坑的形态时，就不应提前买入。

（2）黄金坑强势突破初期的量价齐升出现时，必须是突破黄金坑时的 K 线与任意一种技术指标的强势突破形态，如 BOLL 开口形喇叭口中的股价强势突破上轨，或是涨停阳线的技术形态启涨。

（3）黄金坑强势突破初期的量价齐升中，只要是量价表现为阳线上涨的同时，成交量保持阳量不断放量的状态，即可确认量价齐升。

5.4.2　分时图信号：股价线大角度上行的区间放量

提前买入股票时，股价线大角度上行的区间放量主要是一种分时图股价强势上涨的信号，所以当日线图发出突破黄金坑的强势信号初期时，一旦分时图上也表现出了股价线大角度上行的区间放量信号，即可提前进行买入操作。

分时图股价线大角度上行的区间放量的具体要求：

（1）股价线大角度上行，是股价线在转上行时，角度至少保持在60°以上时，即可确认大角度。例如，图5-7中B区域日线图突破黄金坑时，表现为开盘的量价齐升时，即可观察当日的分时图。如图5-8所示，恒基达鑫在2019年10月11日分时走势图中的情况，发现在C区域小幅高开后，A区域持续震荡走强时，进入B区域，股价线明显在持续向上行，表现为大于60°的角度向上运行，为股价线大角度上行，这时应观察分时量的情况。

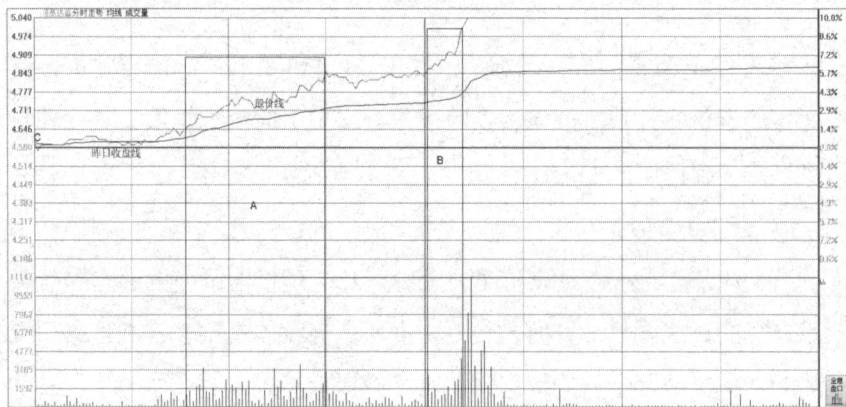

图5-8　恒基达鑫－2019年10月11日分时走势图

（2）区间放量，是分时图上一种特殊的放量状态，只要分时量柱在某一时间段表现为明显较长时，或是在小量状态下，突然出现数根极长的分时量柱时，即可确认区间放量。在图5-8中的B区域，下方分时量柱明显持续较长状态为区间放量。

结合以上两点内容，可确认B区域形成了股价线大角度上行的区间放量，在图5-7日线图上符合提前买入要求的情况下，即可在图5-8中B区域果断提前买入股票。而不应在之前的A区域买入，因A区域虽然也呈区间放量状态，但股价线的大角度上行不明显，也就是短期强势不够强。

实战注意事项：

（1）在利用分时图上的股价线大角度上行的区间放量判断提前买入时机时，必须确保日线图上形成突破黄金坑初期的量价齐升后，方可进行分时图的强势判断。

（2）判断分时图强势特征时，股价线大角度上行的区间放量的情况有多种，如高开、平开、低开，其后走高形成强势时才会出现这种情况，但提前买入股票时，多数发生在早盘，表现为高开震荡或直接股价线大角度上行的区间放量。如果在低开的情况下，往往股价线突破了昨日收盘线后，依然保持着这种状态时，方可提前买入。

（3）如果提前买入股票时，分时图上出现股价线大角度上行的区间放量发生在盘中，通常股价出现快速涨停前买入较为安全。但若是发生在尾盘时，越是接近收盘，则越不可信，此时应在次日再根据日线图强势状态买入，不可提前买入。

5.5　三种突破黄金坑的量价异动买点

突破黄金坑时，只有量价形成了明显的突变，才会造成股价趋势快速变强，但如果这种量价突破时出现了与买点不相符的异动，则必然关系到这种量价突破的有效性，必须认真对待，因为这直接关系到买入后股价是否会如期出现快速上涨。

5.5.1　巨量上涨，量能过大易回落

巨量上涨是明显放量上涨的一种放大形态，属于格外放量上涨。虽然巨量上涨看起来符合明显放量上涨的要求，但由于量能过大，也就是市场热度过高，市场买入者极多，低位获利出局者也多，所以说明主

力持筹依然未集中，属于洗盘不充分，因此其后回落继续震荡的概率极大，所以应慢一步操作，不可贸然买入。

形态要求：

巨量上涨，形态表现上与明显放量上涨相似，只不过成交阳量柱表现为极长，至少超过成交量显示区域一半以上，通常阳量柱会超过之前所有的量柱水平，甚至形成了上到显示区域顶部的天量阳量，K 线为阳线上涨。如图 5-9 所示，宝莫股份（002476）在 A 区域形成黄金坑后，缓慢回升中进入 B 区域，形成强势突破上轨的开口形喇叭口、MACD双线加速向上发散的突破黄金坑形态时，成交量在小量状态下突然出现了一根向上几乎到达区间顶部的天量阳量，股价长阳线上涨，为巨量上涨，这时一定不要轻易买入，因为其后一旦量能无法持续时，极易震荡回落。

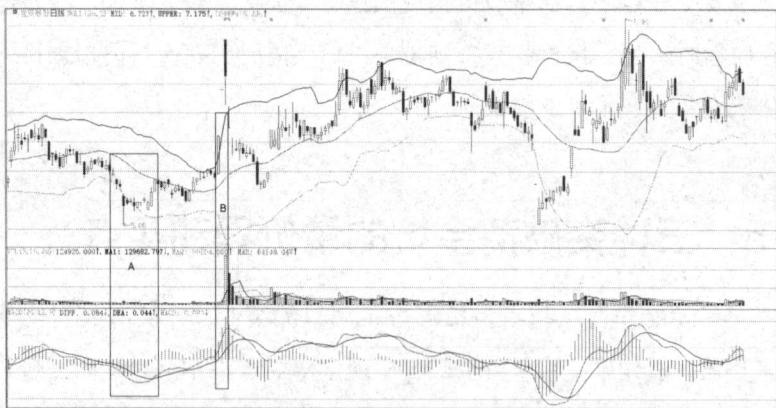

图 5-9　宝莫股份－日线图

实战注意事项：

（1）在黄金坑战法操作时，巨量上涨往往出现在突破黄金坑的买点时，阳量明显放大的同时，K 线通常也会表现为一根较长的中阳以上的阳线，这种盘中振幅较高的巨量上涨，最容易引发后市的震荡回落。

（2）巨量上涨出现在黄金坑突破买点时，只有下一个交易日依然表现为大阳量状态的持续上涨时，方可买入股票。

（3）巨量上涨出现时，应防止巨量为一根天量阳量，一旦次日无法保持大量状态的阳量上涨时，或是依然表现为巨量上涨时，应尽量回避。

5.5.2　缩量上涨，量能太小难突破

缩量上涨出现时，往往也是在黄金坑突破形态时出现，一旦这种情况出现，就说明市场参与度不够，同时主力向上拉升股价的愿望不够强烈，所以难以实现突破黄金坑，应保持观望。

形态要求：

缩量上涨出现时，阳线表现为明显的上涨，成交量与上一交易日的量柱比较，明显为阳量柱的大幅缩减状态。如图 5-10 所示，大金重工（002487）在 A 区域形成黄金坑后的缓慢回升中，虽然 B 区域形成了 MACD 双线向上发散、BOLL 形成了开口形喇叭口，但量价未达到突破点要求，为小阳量温和上涨，到 C 区域时，MACD 再次出现快速向上分散，开口形喇叭口明显向外扩张时，因为 C 区域右侧两根阳量柱放量不明显，且表现为明显后一根低于前一根的缩量，所以为缩量上涨状态，表明量小难突破，应慢一步操作，直到 C 区域最右侧出现明显放量上涨时再买入。

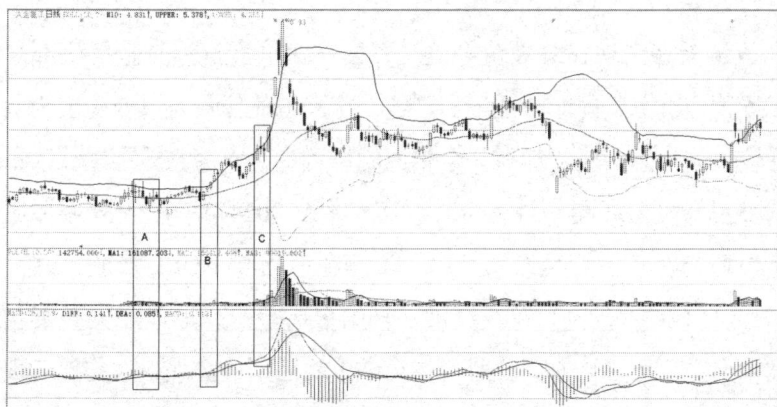

图 5-10　大金重工 - 日线图

实战注意事项：

（1）缩量上涨在突破黄金坑形态期间的表现，可以是明显放量上涨中的量柱放大不明显，也可以是持续放量上涨中的第二根阳量柱表现为大幅的缩量。

（2）在缩量上涨形态中，K线不能为涨停阳线或是一字涨停板，否则这种缩量上涨为强势特征，一旦在突破黄金坑形态时出现涨停，为强势特征，应及时买入股票。

（3）缩量上涨出现在突破黄金坑形态期间，如果是持续放量上涨时，第二根阳量柱不能只是表现为小幅缩量，因为这时只有保持与之前弱势时的量柱比较明显的放量状态时，才是持续放量上涨的买点。

5.5.3 放量滞涨，堆量不涨要变盘

当形成突破黄金坑形态时，量价表现为放量滞涨，也就是量价形成一个小山堆似的堆量或量堆时，往往说明即将出现快速变盘。在黄金坑战法中，由于存在选股环节，股价形成黄金坑并启动时，已经经过了长期的弱势整理，不存在股价大幅快速下跌中主力快速建仓的行为，所以这种堆量滞涨的出现，只能是上市公司基本面发生变化前的主力出逃行为，因此应放弃操作。

形态要求：

放量滞涨出现在突破黄金坑时，往往股价会位于黄金坑底部回升中接近黄金坑下跌前的整理平台，或是略高些的位置，只要表现为明显量柱较长的状态，股价却在一个相近的位置上下震荡，即可确认放量滞涨或堆量滞涨。如图5-11所示，榕基软件（002474）在A区域形成了黄金坑后，在其后的缓慢回升中，虽然在B区域BOLL形成了开口形喇叭口，MACD表现为双线突破0轴的多头趋势，形成了突破黄金坑的技术形态，但量价方面，股价在突破上轨后形成滞涨，成交量表现为持续放量的状态，为放量滞涨形态，意味着后市即使已经转强，也将面

临震荡的调整，所以不应在 B 区域买入股票，因回升状态的股价堆量不涨，意味着未来趋势的不确定性。

图 5-11　榕基软件－日线图

实战注意事项：

（1）放量滞涨出现在突破黄金坑形态时，一定要引起注意，因几乎可以百分之百确认，这种长期弱势震荡中形成黄金坑后的突爆大量的滞涨行为，是主力出逃或加大震仓幅度的行为，所以应保持观望。

（2）在突破黄金坑时形成的放量滞涨，与高位放量滞涨中的形态相似，均表现为成交量保持在大量状态的股价滞涨，只不过发生的位置是在走出黄金坑的低位区。

（3）放量滞涨出现在突破黄金坑期间，往往最先出现时表现为巨量上涨，其后才会表现为持续大量状态的滞涨，所以巨量上涨或者持续巨量上涨，甚至巨量不涨时，一定不要贸然买入。

5.6　实战要点

在黄金坑战法买入实战中，必须明白两个方面的技巧：一是两种黄金坑成立时期的参与仓位的管理；二是提前买入。这样才能确保在不错过黄金坑行情的同时，让收益最大化。

5.6.1 黄金坑底部回升时轻仓参与

在黄金坑实战中，当股价形成黄金坑形态，出现底部回升时，由于是黄金坑底部初成时期的缓慢回升，所以不应重仓买入，而应采取轻仓参与的操作。因为其后一旦无法出现强势突破黄金坑，则极有可能继续持续弱势震荡，这时的黄金坑反而会成为主力震仓时的陷阱。

形态要求：

轻仓参与的黄金坑底部回升形态出现时，K 线必须形成了明显的黄金坑形态，同时其他任意一个指标也满足上涨趋势初成的形态，量价也表现为温和放量上涨或小阳量上涨时，方可确认。如图 5-12 所示，润邦股份（002483）在一字横盘中进入 A 区域，形成黄金坑，以及底部回升，虽然看似 A 区域右侧的回升较明显，但为小阳量，所以在回升阶段应轻仓参与，只有在其后 B 区域突破黄金坑时的明显放量上涨时，方可重仓参与。

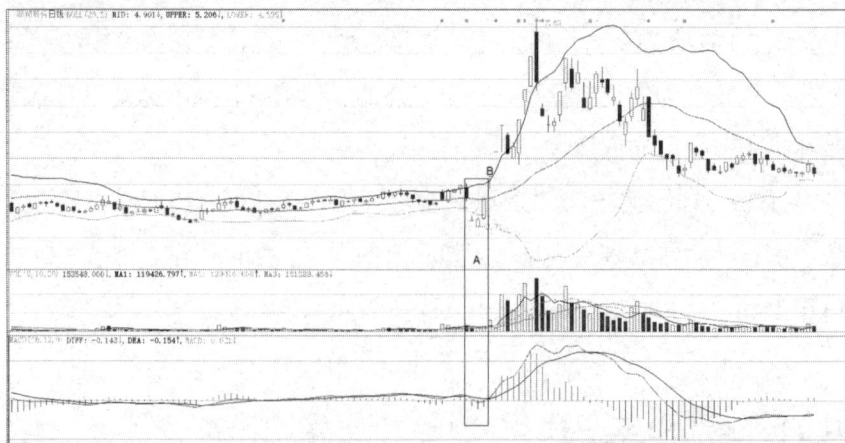

图 5-12　润邦股份－日线图

实战注意事项：

（1）黄金坑底部回升形成时，首先必须确保 K 线上形成了明显的黄金坑的底部回升，同时也要满足其他任意一个指标黄金坑回升的多头上涨初期的形态标准，并且满足黄金坑底部回升的量价买点时，方可轻仓参与。

（2）黄金坑底部回升时轻仓参与的策略，主要是为确保当其后股价若是强势突破黄金坑时，能够持股，不错过行情。因过于强势的突破黄金坑出现时，有时会表现为持续一字涨停，是难以参与的。一旦能够参与时，往往股价已经过了短期较大幅度的上涨，涨势基本已结束。

（3）黄金坑底部回升时轻仓参与的目的，是为了不错过黑马股，因此在选股阶段，长期弱势震荡时间越长的股票，一旦形成黄金坑的底部回升，在即将突破黄金坑时，都会表现为持续涨停。

5.6.2　突破黄金坑的量价齐升时再重仓参与

当股价在黄金坑底部缓慢回升过程中，一定要时刻留意股价在接近或突破黄金坑时的量价形态，只要表现为量价齐升的强势状态时，一定不要犹豫，果断重仓参与，因为此时强势特征已十分明显，弱势已经出现了快速转强。

形态要求：

突破黄金坑的量价齐升，是指黄金坑形态出现后，一旦形成了底部缓慢回升期间，股价在接近黄金坑前的平台，出现向上突破时，形成明显放量上涨、持续放量上涨中任意一种量价齐升时，即可确认为量价齐升，应果断重仓参与。如图 5-13 所示，双塔食品（002481）在弱势震荡中进入 A 区域，形成了黄金坑形态及底部回升，这时不可重仓买入，虽然 BOLL 表现为波带逐渐变宽，但中轨依然略向下，MACD 也只是表现为底部回升时的双线向上聚合。只有在 B 区域形成明显的开口形喇叭口、MACD 金叉后双线向上发散时，量价表现为持续放量上涨的量价齐升时，方可重仓买入股票。

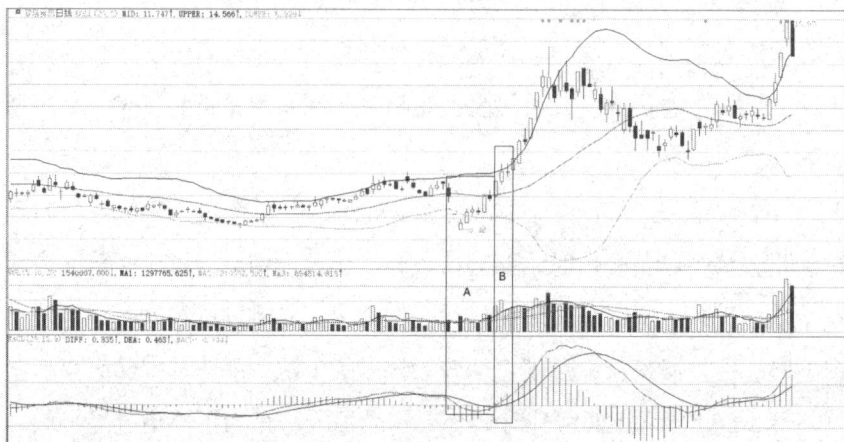

图 5-13　双塔食品－日线图

实战注意事项：

（1）突破黄金坑的量价齐升出现时，黄金坑形态必须在选股基础上进入黄金坑底部回升阶段，满足其他任意一个指标的多头上涨初期形态，出现突破黄金坑的量价齐升买点时，方可重仓参与。

（2）突破黄金坑的量价齐升出现时，一定要留意两种情况的出现：一是股价刚好缓慢回升到黄金坑形成前的下跌平台时的突破平台的量价齐升；二是股价在黄金坑底部回升的中途，突然出现量价齐升的强势突破。第二种情况出现时，往往是股价快速启动上涨时的征兆，通常只要符合提前买入的要求时，即应重仓买入，因为此时经常会出现股价快速涨停。

5.6.3　提前买入必须符合要求

根据黄金坑战法操作时，一定要在黄金坑底部回升阶段，时刻留意是否表现为股价突然提速上涨的快速突破，以便提前买入股票。但在具体操作时，一定要符合提前买入股票的要求时，方可重仓买入。

形态要求：

提前买入股票的要求有两个：一是日线图黄金坑突破初期的量价齐跌；二是分时图上的股价线大角度上行的区间放量。两者均满足要求时，方为符合提前买入股票的要求。如图 5-14 所示，长高集团（002452）在 A 区域形成跌破震荡平台的 K 线和 MACD 黄金坑的缓慢回升后，进入 B 区域，MACD 形成金叉后向上发散，BOLL 表现为 K 线突破上轨的开口形喇叭口，为强势突破黄金坑形态，量价也在 B 区域中的右侧 C 区域，表现为量价齐升。这时即可观察 C 区域当日的分图情况了，即图 5-15 中的情况，发现在上午的 B 区域，股价线结束了开盘后围绕昨日收盘线的横盘小幅震荡，出现量价齐升，但股价线向上大角度不明显，所以应在上午收盘前至下午开盘后的 A 区域，股价线在表现为明显的大角度上行的区间放量时，果断提前买入。

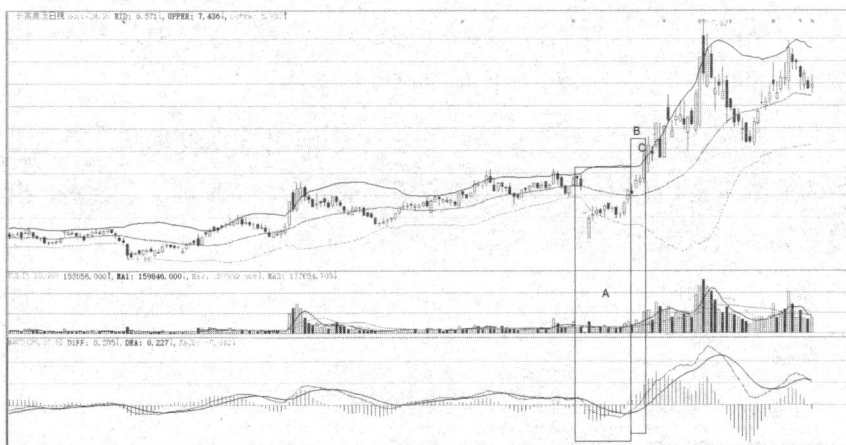

图 5-14 长高集团 – 日线图

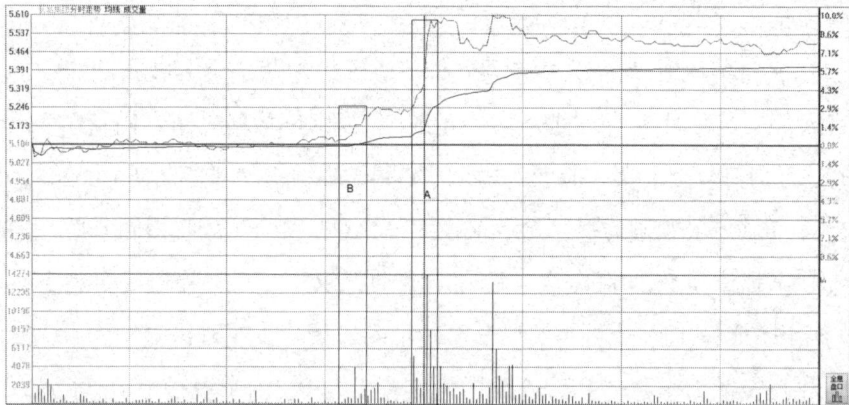

图 5-15 长高集团－2020 年 2 月 24 日分时走势

实战注意事项：

（1）提前买入股票时，应把握好时机，即当日线图形成黄金坑形态的底部缓慢回升时，就要时刻留意日线图与分时图上的变化，一旦这两个周期图上出现强势表现时，马上观察另一周期图上，看是否符合提前买入的要求时，再根据分时图的强势特征来操作。

（2）在提前买入股票时，一定要时刻留意黄金坑底部回升中途出现的突然加速上涨的突破，因为这种情况最容易形成提前买入要求，也是最强势的日线图与分时图买入形态，但买入时，往往分时图上表现为高开高走的股价线大角度上行的区间放量，越是接近涨停时买入越安全。

（3）提前买入股票时，一定要遵守去弱择强的交易策略，选择短线表现最为强势上涨的股票来操作。

第 **6** 章
持股信号：坚定持股的强势特征

　　根据黄金坑战法买入一只股票后，持股同样十分重要，因为拿不住股票，同样无法获得巨大的收益。因此，持股中一定要明白看盘的关键是什么，技术指标的持股形态有哪些，以及健康的量价持股形态和谨慎持股的情况。这样才能做到在稳健持股中小心应对，从容获利。

6.1　持股的三个看盘关键

根据黄金坑战法买入一只股票后，并不等于就可以安心持股了，一定要学会在持股期间如何看盘，因为此时的看盘关键，直接关系到是否继续持股。

6.1.1　技术指标的运行方向

根据黄金坑战法买入一只股票后，看盘中一定要留意技术指标的运行方向，因为突破黄金坑形态中，是不允许技术指标出现背离的，起码上涨初期，股价与技术指标同步向上运行，所以，这种股价与技术指标的同步上行，成为是否能够继续持股的关键。因此，技术指标的运行方向是看盘的一个关键。

技术指标的具体要求：

观察技术指标的运行方向时，技术指标主要包括 MACD、BOLL、MA，只要短期指标线出现下行时，未改变到中长期指标线的方向，依然表现为震荡上行或持续上行状态，未形成明显的卖点，即可安心持股。如 MACD 中 DIFF 线下行时，未改变 DEA 的向上运行；或是 BOLL 上轨略向下或上行渐缓时，上下轨未形成收口形喇叭口，依然保持向外扩张或三轨向上的状态时；或是 MA 5 虽然向下，甚至带动 MA 10 略向下，但未改变其他均线形成向下的震荡时，也未形成量价卖点，即可安心持股。如图 6-1 所示，上海贝岭（600171）在 A 区域黄金坑形成后，如果在其后 B 区域突破黄金坑时买入了股票，其后 C 区域的持股观察中，BOLL 波带在持续向外扩张时，虽然时而出现波带内缩，但三轨依然保持着上行状态，或再次形成开口形喇叭口的加速上行，中轨一直上行，所以为震荡上行的状态；再如 MACD，虽然 DIFF 线不时出现小幅下行，但一直未跌破 DEA 线，双线一直保持在 0 轴上的震荡上行，同样为健康的技术指标向上运行的状态，且期间并未发生背离，也未形成明显的量价卖点，所以 C 区域是安心持股的状态，因为技术指标均为向上运行的良好状态。

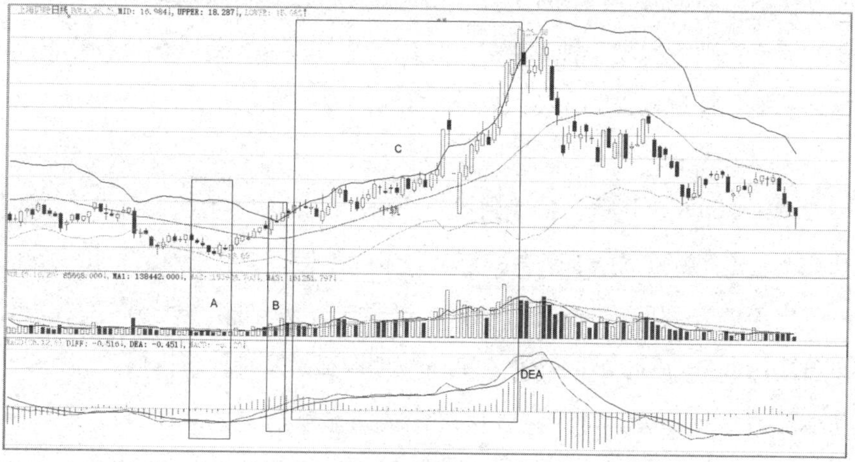

图 6-1　上海贝岭－日线图

实战注意事项：

（1）在通过技术指标的运行方向来观察行情时，主要通过观察短期指标线是否保持着向上运行的状态，只有 BOLL 在使用时观察开口形喇叭口是否保持持续向外扩张，所有与这种健康的上行状态相反的情况出现，往往都有可能会造成短期趋势的变化，所以技术指标的运行方向，只是看盘时的一个关键因素，而不是全部。

（2）通过技术指标的运行方向观察行情时，必须确保反映股价的 K 线必须与技术指标同步上行，才意味着短期强势上涨的持续，如果发生背离时，则应通过背离状态的表现，结合量价关系来判断行情的变化。

（3）在通过技术指标的运行方向观察行情时，一定要时刻提防 MACD 顶背离的出现，因强势股经常出现背离式上涨，所以在看盘时应首先了解第 7 章中介绍的顶背离卖点的情况，只有全面了解了黄金坑战法后，才不会只凭单一指标的变化来判断行情。

6.1.2 MA 5 与 K 线的状态

MA 5 与 K 线的状态，也是看盘的关键之一，因为股价在快速上涨的过程中，表现为一种 MA 5 与 K 线的持续向上运行状态，所有与之违背的情况，则会构成一种 MA 5 与 K 线的短期异动，所以在持股的看盘中，不能忽视对 MA 5 与 K 线状态的观察。

具体要求：

MA 5 即 5 日均线，K 线则代表股价，所以通常在健康的强势上涨状态下，K 线都在 MA 5 上方，二者同步向上运行，且未形成量价卖点。一旦出现如 K 线跑到 MA 5 下方时，或是 MA 5 由上行转为平行甚至是上行渐缓的迹象时，就要通过量价与技术指标来及时判断行情。如图 6-2 所示，众业达（002441）在 A 区域形成黄金坑后，如果在 B 区域突破黄金坑时买入股票，在 C 段走势的持股中，发现 K 线始终在 5 日均线上方向上运行，未形成量价卖点，所以均不应卖出股票，应保持持股状态。只有其后形成量价卖点时，方可卖出股票。

图 6-2　众业达－日线图

实战注意事项：

（1）在持股看盘中，MA 5 与 K 线状态的观察，主要观察 5 日均线与 K 线的运行方向，以及二者所处的位置是否为正常的强势上涨状态，只要保持这种健康状态就应坚定持股。

（2）如果在看盘中，发现 MA 5 与 K 线出现异动，最明显的是 K 线跌破 MA 5，这种情况在不太强势的上涨中经常出现，要及时通过量价变化来综合判定股价的强弱。

（3）如果 K 线突然跳空到 MA 5 下方时，或是 MA 5 依然保持快速上行、上涨渐缓时，都要结合量价关系来判断具体的行情，因此 MA 5 与 K 线的状态也只是看盘中的一个关键因素，具体实战时一定要学会综合几个因素来判断行情。

6.1.3　量价是否为健康的上涨或整理状态

在持股的看盘过程中，往往技术指标的运行方向、MA 5 与 K 线的状态只是技术指标与 K 线形态的两个方面，最为关键的还是量价的变化，是否保持一种健康上涨状态时的量价形态，或是健康的量价整理形态。因此，量价是否为健康的上涨或整理状态也是看盘的一大关键，必须学会如何识别出健康的上涨或整理状态的量价形态。

具体形态要求：

（1）健康的量价上涨状态。当股价在健康的强势上涨中，K 线会表现为阳线，实体或长或短；成交量保持着阳量状态，量柱同样可长可短。如图 6-3 所示，兴森科技（002436）在 A 区域形成黄金坑后，A 区域突破黄金坑时买入股票。在 B 区域与 C 区域之间或是 F 区域，均为阳线阳量的量价齐升的上涨状态，应坚定持股。

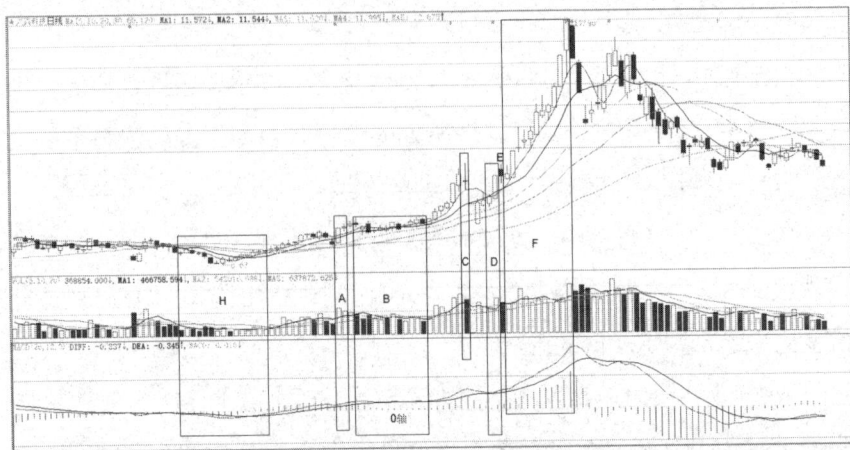

图 6-3　兴森科技－日线图

（2）健康的量价整理状态。当股价在强势上涨中出现短线调整时，无论K线是在MA 5上方还是下方，或是围绕MA 5展开的整理，股价跌幅都不会太大，阴线下跌时成交量为明显的阴量缩减状态，一旦中止调整，即会转为阳量阳线的量价齐升。例如，图6-3中的B区域，K线始终围绕5日均线展开震荡，且阳线居多，阴量时量柱均较短，未构成卖点，所以属于健康的量价整理状态，应安心持股。只有在C区域时，形成高量水平的略缩量的阴量状态的量价齐跌，才是减仓的机会，但其后在短期均线未改变长期均线的情况下，恢复上涨，表现为量价齐升时，应恢复原有的股票数量，即买回C区域卖出的股票数量。

实战注意事项：

（1）健康的量价上涨状态，在判断时很容易观察，只要发现K线在MA 5上方保持阳线阳量的量价齐升状态，即可安心持股。一切不符合阳线阳量的量价齐升状态，都属于整理，所以在判断健康上涨的量价状态时，一定要学会观察健康的量价整理状态。

（2）在判断是否为健康的量价整理状态时，无论是日线图还是分时图，要始终坚持一个大的原则，即上涨时即放量、下跌时即缩量。把握住这一原则，就能够准确区分出是健康的量价整理状态，还是发生了变盘。

（3）由于根据黄金坑战法操盘时，捕捉的都是牛股，所以短期强势上涨中的牛股，一般调整都是极短的，因此上涨趋势的首次调整，往往不会形成变盘，而大幅上涨的高位区出现的大量状态调整，都应引起注意。

（4）根据量价形态分析持股的强弱时，一定要留意顶背离上涨状态结束时的量价形态，因为这种顶背离结束时的量价形态，是卖点不明显的情况，极易为投资者忽略。

6.2　技术指标持股的五种形态

技术指标的持股形态，是股价短期健康上涨的形态，但只是坚定持股的基础，因为技术形态的短期强势只是一个重要方面，还必须观察量价状态。

6.2.1　股价沿 MA 5 上行的多头排列

股价沿 MA 5 上行的多头排列，是最为标准的一种股价强势上涨特征，所以只要是这种健康的股价强势上涨信号明显时，就一定要坚定持股，不要轻易卖出股票。

形态要求：

（1）股价沿 MA 5 上行，是指 K 线位于 MA 5 上方远离 MA 5，或是只保持在 MA 5 上方的位置，MA 5 与 K 线呈向上运行。如图 6-4 所示的生益科技（600183），若是在 B 区域出现突破黄金坑时买入了股票，其后的 B 段走势中，发现 K 线始终在 MA 5 上方不断向上远离，形成了 K 线与 MA 5 同步快速上涨的状态。

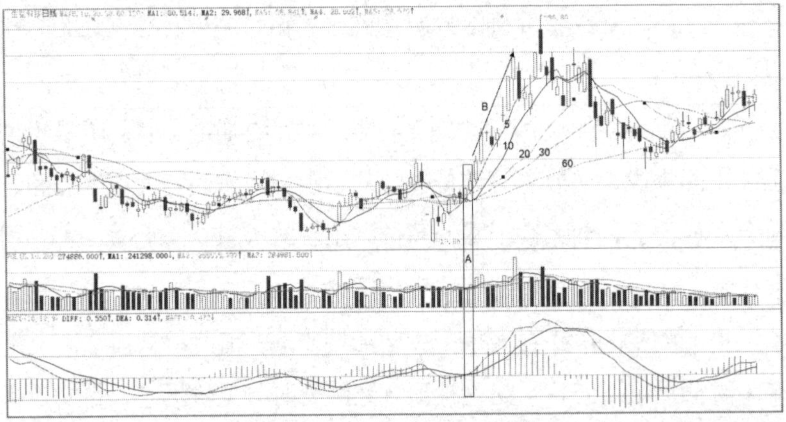

图 6-4　生益科技－日线图

（2）多头排列，是上涨趋势时的均线排列形态，是短期均线在长期均线之上，各均线持续向上发散运行。例如，图 6-4 中的 B 段走势，MA 5、MA 10、MA 20、MA 30、MA 60 呈依次由上向下的短期均线在长期均线之上的排列状态，为各均线向上发散运行的多头排列。

综合以上两点内容，可以确认 B 区域形成股价沿 MA 5 上行的多头排列，应保持持股状态。

实战注意事项：

（1）股价沿 MA 5 上行的多头排列包括两种形态：一是均线排列中上涨趋势的多头排列形态；二是 K 线位于 MA 5 偏上方的向上运行状态。因为黄金坑战法捕捉到的都是牛股的启涨，所以通常 K 线是位于 MA 5 上方，不断向上远离 MA 5 的向上运行状态。

（2）根据股价沿 MA 5 上行的多头排列判断持股时，一定要时刻提防出现的量价卖点形态，尤其是不明显的大阴线下跌，所以往往是股价在持续上行到高位区时，一旦出现调整，就要引起注意。

（3）在根据股价沿 MA 5 上行的多头排列形态持股过程中，投资者需要克服的最大因素已不是对技术把握的熟练程度，而是心理因素，一定不可过贪，因为此时不管是否形成了明显的卖点，持股均已实现大幅获利，所以原则上最好采取在股价回落之初卖掉大部分股票。

6.2.2　缩量涨停与一字涨停

缩量涨停与一字涨停是两种股价强势涨停的形态，看似这两种形态都难以判断为量价齐升，其实是因为股价快速涨停导致盘中无法成交所造成的量能大幅缩减，所以不管这两种涨停方式是出现在任意位置，都不应恐高，保持坚定持股。

形态要求：

（1）缩量涨停，是指阳线实体较短，起码为光头阳线，或是光头光脚阳线、T形线；成交量为阳量，量柱明显极短，形成大幅缩量。如图 6-5 所示的深南股份（002417），若是在 A 区域形成黄金坑后的回升中，B 区域出现突破黄金坑时买入股票，其后 D 区域出现明显的缩量 T 形线涨停，应坚决持股，不可轻易卖出。

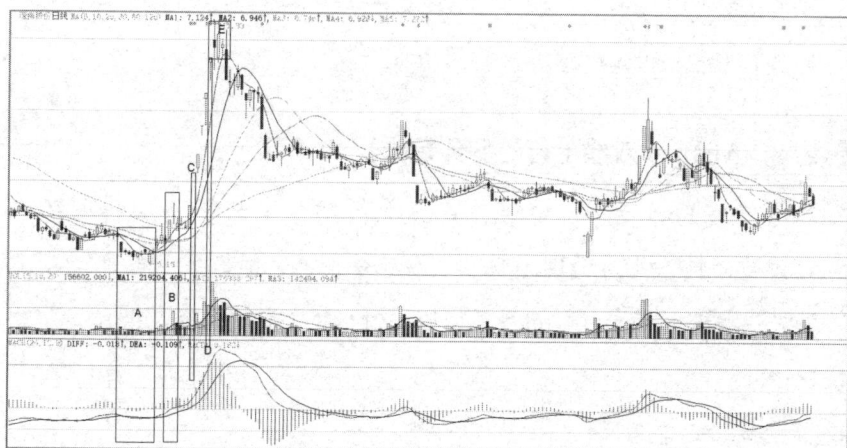

图 6-5　深南股份－日线图

（2）一字涨停，是指当日以涨停价直接开盘，并一直维持到收盘，仍然以涨停价收盘，K 线表现为一个平行的红色"一"字，成交量为极短的阳量柱。例如，图 6-5 中 C 区域，成交量明显缩减的情况下，出现了一根红色的一字涨停线，应坚定持股。只有到了 E 区域形成高位放量滞涨时，方可卖出。

实战注意事项：

（1）缩量涨停出现时，往往是发生在股价大幅高开即快速涨停的早盘，这样才能形成日线图上的明显大幅缩量。所以看盘时，不能忽视早盘 30 分，一旦发现，往往就成为加减法仓位管理中的加仓时机。

（2）一字涨停同样是发生在早盘，通常在开盘前集合竞价阶段即可发现，但对于一字涨停板出现时，原则上不允许以涨停价委托买入加仓操作，因一字涨停有时很容易在盘中出现打开一字涨停板走弱的情况，即使是 T+0 操作，盘中也是无法获利的。

（3）在一字涨停板出现期间，是允许一字板为 T 形板的，也就是盘中出现了快速打开涨停板又快速封板的情况，但经验不足的投资者，也不应在打开涨停板后立即加仓操作。因为第一次打开板后再封板的时间可能极短，但并不能保证其后不再多次打开涨停板，这也意味着盘中形成的 T 字涨停板是无法保证收盘也维持这种状态的。

6.2.3　MACD 双线上行的多头趋势

在持股的看盘中，MACD 双线上行的多头趋势是一种强势的 MACD 这一技术指标表现出来的上涨趋势形态，所以只要发现 MACD 始终保持着这种双线上行的多头趋势，就一定不要轻易卖出股票，坚定持股。

形态要求：

MACD 双线上行的多头趋势，是指 MACD 双线在 0 轴之上，始终保持着向上运行的状态。但确定为强势持股状态时，必须确保股价依然保持着持续上涨状态。如图 6-6 所示的雷科防务（002413），若是在 A 区域形成黄金坑后，B 区域突破黄金坑时买入了股票，在 C 区域，MACD 双线一直保持在 0 轴之上的双线逐渐向上发散的运行，为标准的 MACD 多头趋势，应坚定持股，不可轻易卖出。

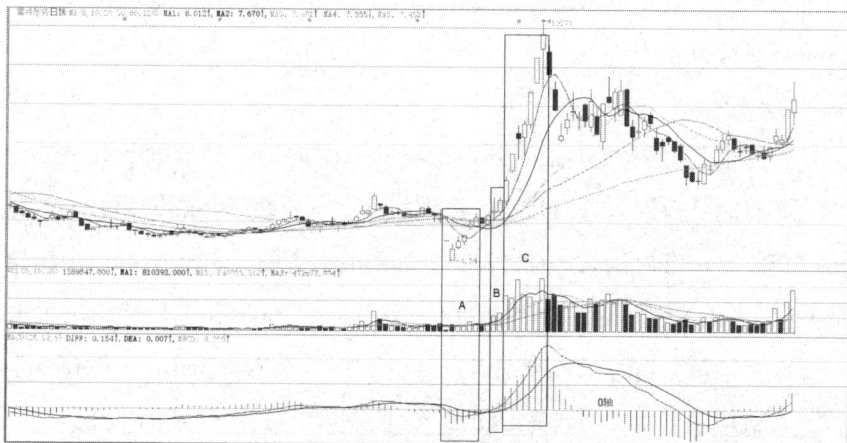

图 6-6　雷科防务－日线图

实战注意事项：

（1）MACD 双线上行的多头趋势是 MACD 所表现出来的标准的多头上涨趋势，但由于上涨趋势的短线调整行情也是发生在双线于 0 轴之上运行状态下，所以持股时，一定要确保双线呈向上运行状态。

（2）如果 MACD 双线上行的多头趋势出现时，其后表现为双线或 DIFF 线开始下行，往往出现在 MACD 顶背离上涨期间，所以在此期间是否保持继续持股，应根据 MACD 顶背离卖点的要求来判断，只要不符合顶背离卖点要求的情况下，都应安心持股。

（3）当 MACD 双线上行的多头趋势形成时，如果 DIFF 线向上运行到指标区间的上沿，出现平行状态时，千万不可以 MACD 双线上行的多头趋势来对待，此时可观察 CCI 指标，或是根据量价卖点的要求来确定是否继续持股。

6.2.4　上下轨向外持续扩张的开口形喇叭口

上下轨向外持续扩张的开口形喇叭口，是股价上涨时的 BOLL 表现形态，因为开口形喇叭口向外持续扩张属于股价持续快速上涨时的征兆，说明股价处于持续强势上涨状态，所以，一定不要轻易卖出股票，保持坚定持股。

形态要求：

上下轨向外持续扩张的开口形喇叭口出现时，必须确保 BOLL 指标为明显的开口形喇叭口状态，且上轨向上、下轨向下的扩张必须明显能够持续时，方可确认，在此期间，K 线往往是在上轨上方或沿上轨持股向上运行的状态。如图 6-7 所示的莲花健康（600186），若是在 A 区域形成突破黄金坑时买入股票，在其后的 B 区域内，BOLL 上轨持续上行、下轨持续下行，明显为 BOLL 开口形喇叭口持续向外扩张的形态，应坚定持股。

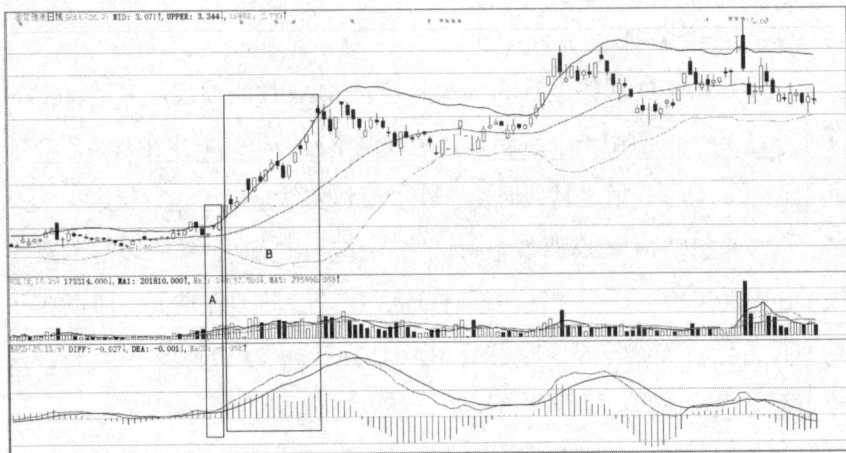

图 6-7　莲花健康－日线图

实战注意事项：

（1）上下轨向外持续扩张的开口形喇叭口出现时，往往 K 线是位于 BOLL 上轨之上或上轨附近向上运行的，越是 K 线向上远离上轨时，越能说明股价短期的强势上涨状态，所以只要开口形喇叭口持续向外扩张时，股价是沿上轨上行状态时，就应安心持股。

（2）如果在上下轨向外持续扩张的开口形喇叭口中，K 线跌到上轨下方时，只要保持着健康的上涨状态，同样安心持股即可。

（3）在上下轨向外持续扩张的开口形喇叭口持续期间，一定要时刻留意量价是否形成了明显的卖点，以及是否发生了大阴线大阴量的下跌，一旦在大幅上涨中出现，即使开口形喇叭口持续向外扩张，也应坚决不再持股，果断卖出股票。

6.2.5　MACD 背离式上涨

MACD 背离式上涨是牛股在快速上涨中经常表现出来的一种上涨方式，背离状态此时表现为顶背离，所以只要在持股中发现形成了这种 MACD 背离式上涨时，一定不要轻易卖出股票，保持安心持股状态。

形态要求：

MACD 背离式上涨形成期间，表现为 K 线持续或震荡上行，MACD 双线持续或震荡下行，只要始终保持这种顶背离状态，这期间未形成明显量价卖点，就应安心持股。如图 6-8 所示的凯伦股份（300715），股价在上涨中进入 A 区域，K 线形成小幅震荡上涨，MACD 中 DIFF 线高点不断震荡走低的顶背离，为背离式上涨，这期间未形成明显的量价卖点，应始终保持持股。

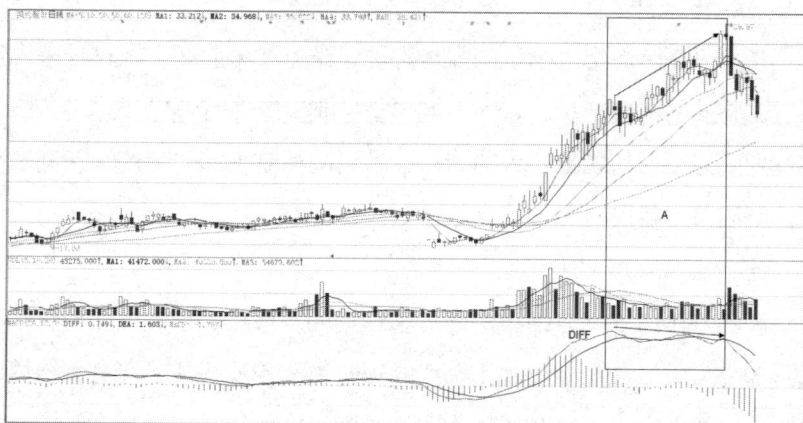

图 6-8　凯伦股份－日线图

实战注意事项：

（1）当 MACD 背离式上涨出现时，通常发生在启涨初期的背离式上涨，为股价短期强势上涨的征兆，这时即使盘中出现短时的股价回调，只要保持健康的上涨状态，就不要轻易卖出股票。

（2）在 MACD 背离式上涨形成后，如果在股价大幅上涨的高位区时，一定要引起注意，持股中一定通过量价观察，是否形成两种顶背离卖点：一是阴线状态的大阴量下跌；二是双线跌破 0 轴的阴量下跌。只要出现一种，即应放弃持股，卖出股票。

（3）在 MACD 背离式上涨期间，如果形成了明显的量价卖点，如明显放量下跌或巨量下跌时，就证明顶背离已快速结束，应中止持股，果断卖出股票。

6.3　量价形态持股的三种信号

在持股观察中，量价健康的强势或整理状态，直接关系到是否要继续持股，所以在观察技术指标的强势或整理状态时，必须结合量价形态来最终确认是否要继续持股。

6.3.1　K 线在 MA 5 上方缩量的强势整理

K 线在 MA 5 上方缩量的强势整理，是一种牛股在上涨过程中出现短线调整的强势整理状态，因为 K 线整理时始终位于 MA 5 之上，所以整理期间只要保持阴量不大的状态，就说明只是上涨趋势的快速间歇整理，就应坚定持股。

形态要求：

K 线在 MA 5 上方缩量的强势整理期间，K 线必须始终保持在 5 日均线的上方，允许盘中出现下影线的短时跌破 5 日均线，但必须很快回升到 5 日均线之上，同时表现为明显的阴量柱较短的缩量状态时，方可

强势整理状态。如图 6-9 所示的游族网络（002174），若在 A 区域形成
黄金坑后的 B 区域突破黄金坑时买入股票，在其后持股的 C 区域、D
区域、E 区域，K 线均保持在 MA 5 上方出现缩量调整，只是在 D 区域
和 E 区域出现股价瞬间或短时跌破 MA 5，但很快又回升到 MA 5 上方，
为 K 线在 MA 5 上方缩量的强势整理，应安心持股。

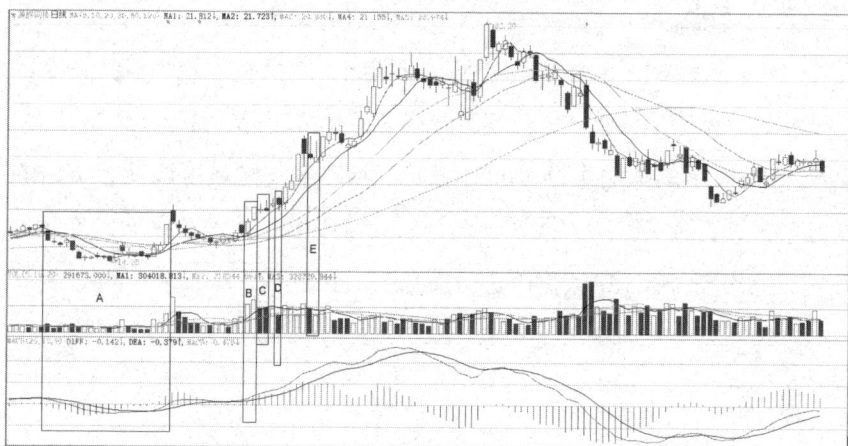

图 6-9　游族网络－日线图

实战注意事项：

（1）当 K 线在 MA 5 上方缩量的强势整理出现时，通常 K 线未跌
破 5 日均线的缩量整理更为强势，此时调整的时间也较短，所以应坚定
持股。

（2）如果 K 线在 MA 5 上方缩量的强势整理后，又出现放量上涨
后的震荡滞涨时，则是一种见顶信号，这时不应再继续持股，按照高位
放量滞涨的要求，及时逢高卖出股票。

（3）如果 K 线在 MA 5 上方缩量的强势整理期间，出现持续阴量
的小幅缩量时，一旦股价处于高位区时，应引起注意，只要满足持续放
量下跌的要求，即不应再继续持股。

6.3.2 围绕 MA 5 的弱势整理

围绕 MA 5 的弱势整理，是牛股在持续上涨过程中经常出现的一种整理状态，因此期间的股价已经接近 5 个交易日的收盘平均价，所以属于一种弱势整理状态。但要确认这种围绕 MA 5 的弱势整理为上涨中继的调整时，还必须满足健康的量价整理状态，形成缩量时方可继续持股。

形态要求：

（1）围绕 MA 5 的弱势整理形成期间，K 线必须始终保持在 5 日均线附近，无论是或上或下，均应距离 5 日均线较近，且处于缩量状态。如图 6-10 所示的莱茵生物（002166），若是在 A 区域形成黄金坑后的 B 区域突破黄金坑时买入股票，在其后的持股中，进入 C 区域，K 线均较短，始终围绕在 MA 5 周围进行震荡。

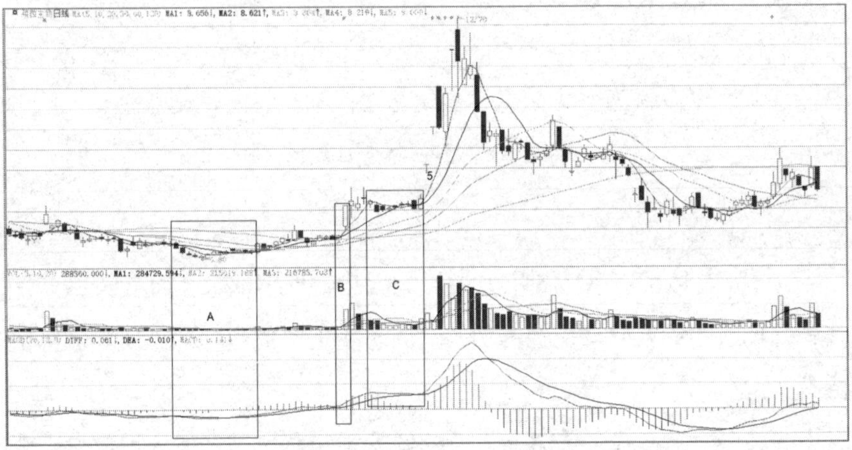

图 6-10　莱茵生物 - 日线图

（2）当 K 线围绕 MA 5 的弱势整理为一种上涨中继的短线调整时，应确保期间保持阴量的明显缩减，未形成明显放量下跌、持续阴量下跌、高位放量滞涨、顶背离状态下的大阴量下跌或 MACD 双线跌破 0 轴的阴量下跌等量价卖点中的任意一种情况时，方为健康的弱势整理状态。例如，图 6-10 中 C 区域，成交阴量柱较短，处于明显缩量状态下的小量状态，未形成各类量价卖点。

综合以上两点内容，可确认 C 区域为围绕 MA 5 的弱势整理，属于强势状态中的幅度较小的健康整理，应安心持股。

实战注意事项：

（1）围绕 MA 5 的弱势整理出现时，往往 K 线会始终保持在 5 日均线周围，不能向下跌破 5 日均线后向下远离的距离过远，否则就会形成明显的弱势震荡下跌状态，一旦缩量中的阴量持续出现时，即会形成量价卖点。

（2）当 K 线围绕 MA 5 的弱势整理形成期间，如果是健康的弱势整理的持股情况时，必须确保期间形成了明显的阴量大幅缩量，方可安心持股。否则一旦阴量较大，极易引发向下变盘。

（3）当围绕 MA 5 的弱势整理出现时，如果时间过长，也极易引发向下变盘，所以通常牛股在日线图上的弱势整理持股状态，不会超过 5 个交易日，否则就会容易引发短期趋势的变弱。

6.3.3 分时图强势整理与弱势整理

分时图强势整理与弱势整理，在实战中经常会出现，因为即使日线图上再强势的上涨走势，分时图上也不可能时时处于强势的一路上涨。因此，在持股的观察中，一定要学会分清分时图的强势整理与弱势整理状态，只要这种分时图整理状态是健康的，有利于上涨的，就应坚定持股。

形态要求：

（1）分时图强势整理，是指分时图上股价以高开、低开、平开任何形式开盘后，均出现小幅上涨，股价线保持在昨日收盘线上方，呈现出小幅波动的横盘震荡，若是同时保持在开盘价之上震荡时，为最强势的整理状态。如图 6-11 所示，红宝丽（002165）2020 年 4 月 22 日分时走势图上，在开盘的 B 区域，股价线明显小幅高开后围绕昨日收盘线展开震荡，但其后当股价线突破昨日收盘线后，开始震荡走高，走高后出现小幅横盘震荡，所以说明股价是强势状态的整理，应保持持股。

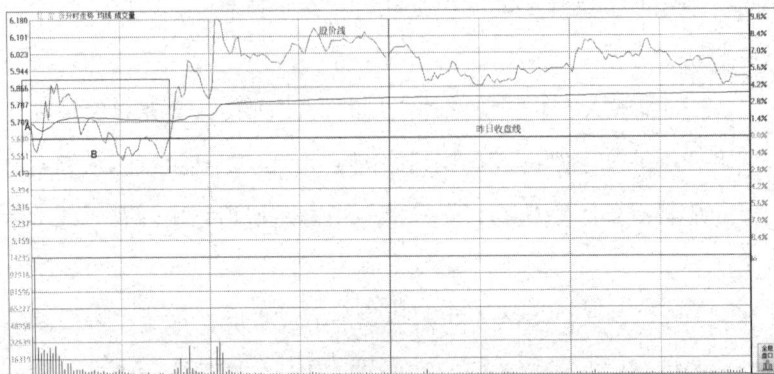

图 6-11　红宝丽 – 2020 年 4 月 22 日分时走势图

（2）分时图弱势整理，是指分时图上，股价在平开、高开、低开任何形式开盘后，股价线跌破或保持在昨日收盘线下方，呈水平小幅震荡。若是趋势略强时，往往股价线围绕昨日收盘线附近展开震荡，如果在低开状态下，保持在开盘价之上时，为略强的弱势整理。如图 6-12 所示，中航三鑫（002163）在 B 区域小幅高开后，股价线即跌破昨日收盘线，并在昨日收盘线下方不远的位置展开横盘小幅震荡，但到尾盘时，股价线略回升到昨日收盘线附近，这说明全天股价均保持一种弱势整理状态，应安心持股。

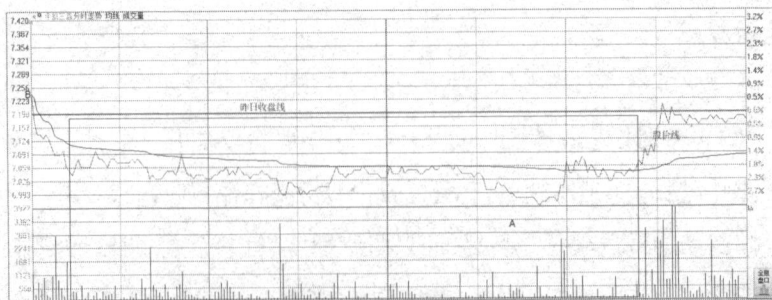

图 6-12　中航三鑫 – 2020 年 4 月 24 日分时走势图

（3）无论强势整理或弱势整理，如为健康状态时，必须确保成交量始终保持在低量水平，这期间一上涨即放量，一下跌即缩量。例如，图 6-11 中 B 区域和图 6-12 中 A 区域下方的成交量显示区域，分时量柱均长期表现较短，为明显的持股中健康的整理状态，均应安心持股即可。

实战注意事项：

（1）分时图强势整理期间，绝大多数情况下，强势股的强势整理，均表现为在高开情况下出现的略高走或回落后的水平小幅震荡，震荡幅度越小，或是始终不跌破开盘价时，则为最强势的整理状态，通常整理时间会较短。一旦启动上涨，往往成为加仓的最佳时机。

（2）分时图强势整理，如果是短期持续快速上涨的牛股，上涨幅度越大和力度越强，则这种强势整理的时间越短，所以抢涨停的加仓操作或是盘中 T+0 时，要求股价线在 10 点左右时不会跌破开盘价，且开盘是在昨日收盘线上的高开状态。

（3）分时图股价线在整理期间，不能只通过观察分时量柱极短的均衡状态，即确认缩量，应结合日线图的量能水平观察，若是主力在以小单缓慢出货时，分时图上也会表现为放量不明显的量能均衡的缩量状态。尤其是股价在低开情况下始终在昨日收盘线下方震荡期间出现时，更应引起注意。

（4）在健康的分时图弱势整理期间，一定要时刻提防一种情况，即股价在大幅低开的情况下，小幅震荡走低，或是分时量明显较大的状态，因为这种分时图形态为极弱的卖出形态，所以日线图与分时图的大幅缩量，是判断分时图整理状态是否为健康持股的标准。

6.4　谨慎持股的五种情况

坚定持股的关键，在于能够确认其后股价是否能持续保持强势，但在不确认形成卖出形态与量价卖点的同时，还必须格外留意五种情况，因为一旦出现其中任意一种时，股价短期转弱的概率会突然变大。所以在高位获利的情况下，要学会如何减仓锁住收益。

6.4.1 DIFF 线高位钝化要小心

DIFF 线高位钝化，是 MACD 指标中 DIFF 线高位钝化时的一种特殊形态，经常发生在股价超买严重的上涨趋势末端，主要由于 DIFF 受到显示区间限制导致的，所以一旦出现就要引起注意，因为此时的 MACD 指标已难以准确地反映出股价短期趋势的波动方向。

形态要求及应对方法：

（1）DIFF 线高位钝化，是 MACD 双线向上运行到高位区后，DIFF 线向上运行到显示区间的上沿，沿上沿水平运行的状态。如图 6-13 所示，浙江广厦（600052）在持续上涨的 A 区域，DIFF 线运行到顶部，沿区间上沿平行，形成 DIFF 线高位钝化。

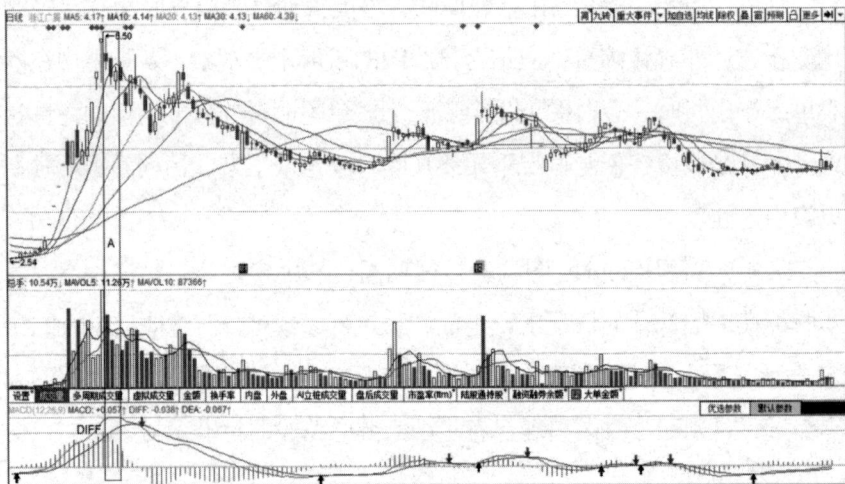

图 6-13 浙江广厦－日线图

（2）DIFF 线高位钝化期间，应根据 CCI 的运行方向来判断股价的短期趋势，但不能出现背离，包括 MACD 顶背离与 CCI 顶背离，一且出现，应通过观察背离是否结束来决定操作，或是忽略背离，直接以量价趋势突变时的卖点要求来决定是否持股。例如，图 6-13 中 A 区域，当 DIFF 线高位钝化期间，A 区域最左侧的两根 K 线形成明显的持续放量下跌的卖点，所以应在 A 区域最右侧一根 K 线冲高回落时，果断卖出股票。

实战注意事项：

（1）DIFF 线高位钝化，越是短期强势的股票，越容易在上涨趋势中表现为 DIFF 线高位钝化，这时若涨势未结束，往往为 MACD 顶背离上涨开始时，所以 DIFF 线高位钝化期间，股价是否保持健康的上涨状态是最直观的标准。

（2）DIFF 线高位钝化期间，最直观的健康上涨的 K 线状态，应结合 MA 5 的状态来分析，只有保持 K 线在 MA 5 上方持续上行的健康上涨状态时，方可继续持股。

（3）DIFF 线高位钝化出现后，CCI 的辅助判断，只是一种判断股价短期方向的指标，所以必须确保 CCI 与股价并未形成背离，否则这种辅助判断就失去了参考意义。因此，在持续强势上涨的牛股出现 DIFF 线高位钝化期间，一切卖出时机，都应遵从量价呈现的趋势变化来操作。

6.4.2　MACD 高位区顶背离要小心

MACD 高位区顶背离，是指股价在持续上涨的过程中，突然出现 MACD 由区间高位区持续或震荡向下的走势，这时一定要引起注意，尤其股价也在高位区出现震荡上涨时，因为此期间很难通过 MACD 双线或 K 线的震荡运行来判断顶背离是否结束。

形态要求及应对方法：

（1）MACD 高位区顶背离，是双线随 K 线上行到指标区间的高位区时，突然出现震荡或持续向下运行，K 线呈持续或震荡上行，形成顶背离。只要在背离期间形成量价卖点，就不应再持股。如图 6-14 所示，金健米业（600127）在 C 段上涨走势中，A 区域出现 K 线震荡上行、MACD 双线震荡下行的顶背离，这时一定要引起注意，因为在 A 区域左侧的 B 区域已经形成持续放量下跌卖点，所以不应再持股，应及时卖出。但如果继续持股到 A 区域开端时，发现其后出现阴量下跌时，也应果断卖出股票。

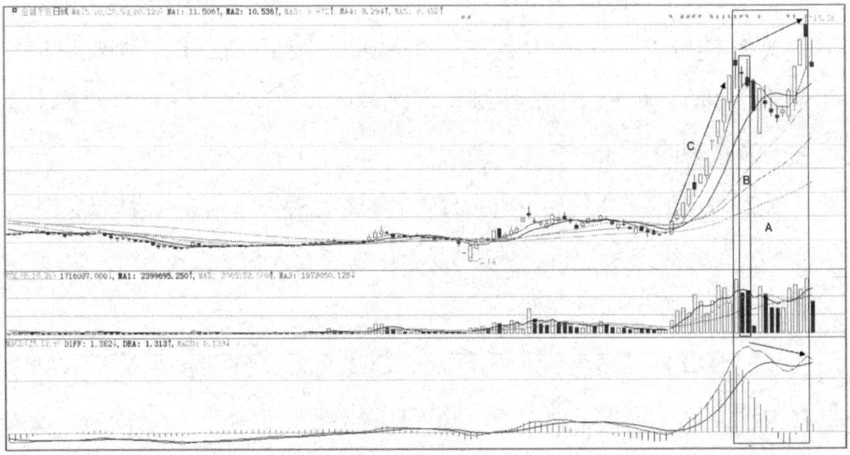

图 6-14　金健米业－日线图

（2）发生 MACD 高位区顶背离时，在不形成明显的量价卖点情况下，判断顶背离结束的方法：当 K 线与 MACD 双线同步向下运行时，形成明显的量价齐跌时。就不应再继续持股，果断卖出股票。如图 6-15 所示，重庆啤酒（600132）在持续上涨中，A 区域出现 K 线震荡走高、MACD 震荡走低的顶背离，此期间未形成量价卖点，但其后的 B 区域出现大阴线的小幅放量下跌的量价齐跌，应果断卖出股票。

图 6-15　重庆啤酒－日线图

实战注意事项：

（1）MACD 高位区顶背离是牛股在快速上涨阶段，因为盘中的严重超买所造成的 MACD 钝化情况下的背离走势，所以一定要把握好 MACD 顶背离的两种表现：一种是股价持续上行、双线持续下行的顶背离；另一种是股价震荡上行、双线震荡下行的顶背离。判断 MACD 震荡下行的标准是，观察 DIFF 线的高点呈后一个低于前一个的震荡走低。

（2）当 MACD 高位区顶背离出现时，往往是股价震荡上行、双线震荡下行的顶背离，最难判断背离的结束，因此要时刻提防顶背离结束时的一个特征：双线与 K 线同步下行的量价齐跌。只要不出现，即可继续持股。

（3）如果 MACD 高位区顶背离发生时，股价已经过了较大幅度的上涨，是在高位区出现震荡走高，初学者或是对背离技术掌握不够全面的投资者，原则上是及时获利了结，或是卖出大部分仓位，应对高位区的这种短时的震荡上涨行情。此时即使卖早了，也无须过多在意，因为持股已实现了大幅获利。

6.4.3 缩量跌停要小心

缩量跌停，是牛股在持续快速上涨期间，经常发生的一种快速转弱的征兆，所以一旦出现就要引起注意。因为这种缩量跌停往往是由于上市公司突发的基本面恶化的重大利空所引发的，但普通投资者很难在第一时间及时捕捉到这一利空消息，所以应及时根据技术面的突变，把握住第一时间，及时做出反应。

形态要求及应对方法：

缩量跌停出现时，往往无任何趋势转跌的迹象，突然出现股价大幅低开低走低收的跌停，所以成交阴量明显要低于之前的阳量，阴线实体也通常较短，甚至会出现一字跌停或倒 T 形线跌停，只有其后出现快速回升时，方可继续持股，否则就应果断卖出股票。如图 6-16 所示的海信视像（600060），在持续上涨中，A 区域出现倒 T 形线的缩量跌停，但其后 B 区域出现低开快速回落，所以这种情况可继续持股，直到涨势结束再卖出。

图 6-16　海信视像－日线图

实战注意事项：

（1）缩量跌停出现时的缩量，并不是越大幅阴量的缩量，越能说明转跌的愿望不强烈，而是因为股价快速下跌封在跌停价，导致无法成交造成的，所以一旦后市打开跌停时，一定要在第一时间内及时卖出股票。

（2）在实战中出现缩量跌停时，投资者必须在第一时间内以跌停价挂单，因缩量跌停前，往往跌停时间极短，难以把握住卖出时机。尽管跌停时挂单是难以成交的，但不能排除盘中有不明真相的投资者会接盘。

（3）如果在缩量跌停当日，股价盘中出现打开跌停板时，只要不表现为持续放量状态的股价线大角度上行，均应卖出股票。而即使股价线表现为大角度上行，因为是跌停价的快速回升，遇到昨日收盘线时，也是难以直接跃过转为强势的，所以必须及时卖出股票。因为这种情况的出现，收盘就不表现为缩量跌停，而是表现为放量跌停。

（4）缩量跌停如果是发生在盘中时，在极少数情况下，也会成为主力快速洗盘时的一种极端手法，即在当日跌停的情况下，又出现快速打开跌停，封在涨停板的情况，也就是天地板的快速洗盘，但这种情况极少发生，即使出现，普通投资者也是难以捕捉到机会的，因为要想实现由跌停到涨停的天地板，主力必须以持续的大买单在短期内完成，所以即使卖出股票，也无须自责，另行选股操作即可，不可在其后接回来。

6.4.4　巨量上涨要小心

巨量上涨是一种股价在高位区的量价异动，因为一只股票在市场资金集中买入的情况下，股价自然会持续走高，以促成交易，但如果是在大量成交的情况下，才出现股价的上涨，甚至涨停，则说明盘中一定有大量持股者在持续卖出，所以一旦在高位区出现时，就要引起注意，其后一旦转跌时，应中止持股，卖出股票。

形态要求及应对方法：

（1）巨量上涨出现时，往往发生在股价持续上涨的高位区，成交量柱为极长的阳量柱，K线通常也表现为较长的阳线，或上影线较长的阳线。如图6-17所示的中环股份（002129），若是在A区域黄金坑出现后的B区域突破黄金坑时买入股票，在持续上涨的C区域，出现一根明显极长的阳线，成交量表现为一根同样极长的阳量柱时，就要引起注意，及时观察其后的分时图走势。

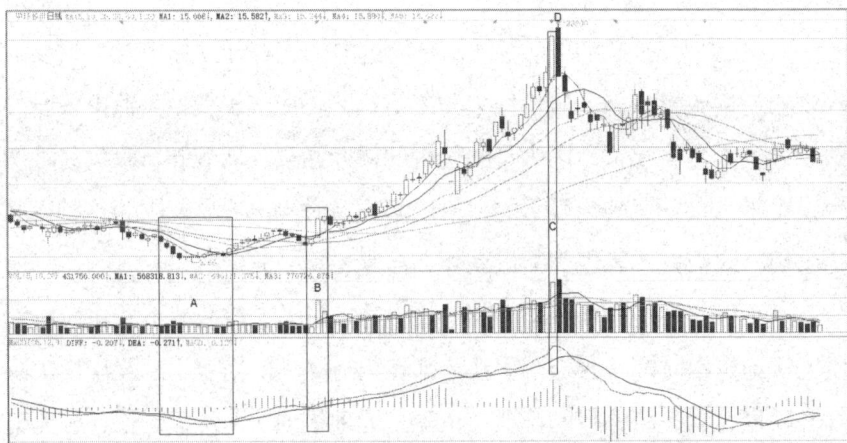

图6-17　中环股份－日线图

（2）巨量上涨出现后，其后一旦转跌时，只要在日线图表现为量价齐跌状态时，分时图上形成快速下跌的区间放量时，一定要在第一时间提前卖出股票。例如，图6-17中C区域下一个交易日的D区域，即图6-18中环股份2020年2月26日分时走势图的情况，发现当日股价线大幅高开后出现震荡走低，并跌破昨日收盘线，在其后的震荡下跌中，B区域和C区域均表现为股价线大角度下行，或大角度震荡下行，同时区间放量明显，不应再持股，应果断卖出股票。

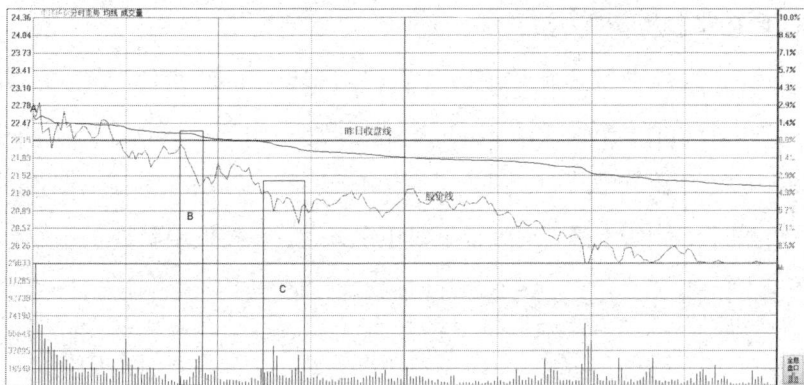

图 6-18　中环股份－2020 年 2 月 26 日分时走势图

实战注意事项：

（1）通常巨量上涨出现在股价大幅上涨的高位区时，才是主力边拉边出货的表现，说明主力是在维持股价高位区的大举卖出，其后一旦转为弱势时，应及时中止持股，卖出股票。

（2）如果巨量上涨出现在刚刚买入股票后不久，往往是由于这只股票热度较高，而短期获利筹码急于兑现造成的，只要其后量价齐升状态明显，应保持继续持股。

（3）巨量上涨如果出现在盘中，如上午的交易时间段，一旦出现就要在当日引起注意，因巨量上涨的出现，说明盘中的换手极大，当日其后的交易时间内，极有可能会持续或快速转弱，收盘则极有可能会由最初巨量上涨变为阴量状态的巨量下跌，应在当日收盘前果断卖出股票。

6.4.5　大幅缩量上涨要小心

当股价在持续上涨中，一旦出现日线图上的大幅缩量上涨形态时，往往说明盘中股价的快速上涨未引起市场资金的追高，意味着市场资金并不看好这只股票的上涨，导致跟风资金的观望，这时就一定要小心。一旦其后的上涨中量能依然不能放大，转跌时就一定要根据量价卖点及时获利出局。

形态要求及应对方法：

（1）大幅缩量上涨形成时，表现为阳量柱明显要比之前的量柱短很多，股价在高位区表现为阳线上涨状态。如图 6-19 所示，美尔雅（600107）在持续上涨中，进入 A 区域的高位区，成交量明显呈阳量柱较短的缩量，阳线上涨，为大幅缩量上涨，这时在持股中就要引起注意。

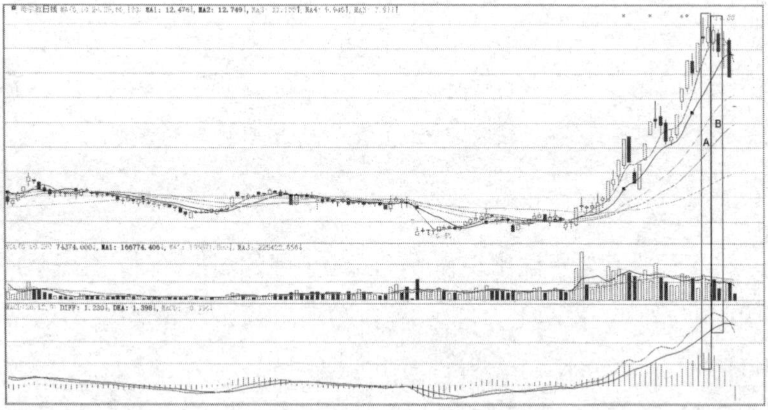

图 6-19　美尔雅－日线图

（2）大幅缩量上涨形成期间，不应卖出股票，只有在其后的上涨中，一旦形成量价卖点时，方可卖出股票。例如，图 6-19 中 A 区域大幅缩量上涨后的 B 区域，明显持续阴量下跌，就要中止持股，卖出股票。

实战注意事项：

（1）在大幅缩量上涨出现时，一定要首先分辨出这种缩量上涨的情况，然后选择应对策略与方法，若是大幅缩量上涨为涨停时，是股价强势上涨的征兆，应保持继续持股。

（2）只有在大幅缩量上涨形成时，股价未形成一根光头阳线的涨停阳线时，方可引起注意，虽然此时能证明主力筹码的高度集中，但市场跟风资金未大举涌入，所以才导致大幅缩量上涨。其后主力会通过再次拉升股价以引起资金跟风买入，如果跟风资金依然较少，往往就会成为股价筑顶后转弱的情况，这时方可获利了结。

第 7 章
启跌形态：牛股转弱的顶部征兆

　　在黄金坑战法中，当牛股见顶回落时，常态下，技术指标多数会形成明显的技术顶部形态，一旦形成，就意味着牛股快速上涨行情的结束，这时只要形成了量价卖点的启跌信号，即可卖出股票。但在非常态下，也就是技术指标的顶部形态不明显时，量价卖点就显得十分重要，所以在学习技术指标的启跌形态时，应结合量价卖点信号一章来分析和判断卖出股票的时机。

7.1 牛股见顶的 K 线启跌形态

牛股快速见顶时，最为直观的就是 K 线的启跌形态，因为这些 K 线顶部形态是短期杀伤力最强的，只要符合对应的量价卖点要求，就要果断离场。

7.1.1 倾盆大雨

倾盆大雨是由两根 K 线组成的一种 K 线顶部转跌的形态，是由前阳后阴两根 K 线组成，阳线保持快速上涨，阴线则在阳线实体内低开，并出现持续走低的大幅低收，收盘于阳线实体下方，代表短期趋势的快速转弱。由于这种形态出现时，就像是原本晴朗的天气，突然下起了大雨，所以叫作倾盆大雨。因此，倾盆大雨属于顶部快速转跌的 K 线形态，一旦出现即应结合卖点时的成交量要求，果断卖出股票。

形态要求：

（1）在倾盆大雨中，前阳后阴的两根 K 线必须实体相当，允许阴线存在上影线，但通常高点不会刷新阳线的最高点，但低收时必须收盘在阳线实体下方，即低于阳线的开盘价。如图 7-1 所示，国金证券（600109）在持续上涨的 A 区域，出现了前阳后阴的两根实体相近的 K 线，阴线高点未超过阳线高点，阴线实体在阳线实体之下，并低于阳线低点，形成了倾盆大雨形态。

图 7-1　国金证券 – 日线图

（2）倾盆大雨形成卖点时，只要是阴线当日的成交量表现为当前较高水平的阴量柱，也就是大阴量，即可确认为卖出股票的时机。例如，图 7-1 中的 A 区域，当 K 线形成倾盆大雨时，成交量表现为明显较大的阴量柱，且与之前的量价结合，形成了高位放量滞涨，应果断卖出股票。

实战注意事项：

（1）倾盆大雨只有出现在股价短期大幅上涨后的高位区时，才是牛股转弱的征兆，如果当时股价涨幅不大，多数是快速洗盘的征兆，但原则上也应先卖出，待止跌回升时再买回来。

（2）原则上，一旦股价在高位区出现倾盆大雨形态时，阴线越向下远离阴线实体收盘，阴线实体向下越远离阳线实体下方时，越能表明股价短期的快速转弱行为。

（3）倾盆大雨只是一种 K 线顶部形态，必须确保阴线当日为大阴量状态时，方可确认卖点。若是股价在未跌停的情况下，如果量太小，则往往属于震荡整理，无法彻底扭转之前的上涨趋势。

7.1.2　乌云盖顶

乌云盖顶同样是由前阳后阴实体相近的两根 K 线组成的一种顶部形态，只是后一根阴线要明显高于前一根阳线，然后出现快速回落，收于阴线。这种形态就像原本晴朗的天气，突然天空出现浓密的乌云，所以叫作乌云盖顶。一经出现，就意味着要变天了，应及时结合成交量的情况，卖出股票。

形态要求：

（1）乌云盖顶中的前一根 K 线为阳线，后一根阴线为明显高开的阴线，两根 K 线实体的长短相近，且阴线实体必须向下深入到阳线实体至少二分之一或以上时，方可确认乌云盖顶的顶部形态。如图 7-2 所示的永安药业（002365），在持续上涨中，进入 A 区域，形成了前阳后阴两根实体相当的 K 线，阴线实体在阳线实体之上，但明显向下深入阳线实体超过二分之一，形成了乌云盖顶，这时就要及时注意成交量的表现。

图 7-2　永安药业－日线图

（2）乌云盖顶成为卖点时，必须确保阴线当日为当前大量水平的大阴量柱时，方可确认卖出时机。但在判断卖出时机时，应结合分时图，只要股价线跌破昨日收盘价后，依然保持着量价齐跌时，即可确认卖出时机。例如，图 7-2 中的 A 区域，形成了乌云盖顶形态，右侧阴线期间，虽然为一根缩量阴量，但依然保持当前较大的状态，所以应果断卖出股票。

实战注意事项：

（1）在乌云盖顶形态中，通常第二根阴线必须要创出新高，允许阴线存在一定长度的上影线，但必须确保与之前的阳线实体长度保持在相近的水平。如果两根 K 线实体相差较大时，只要是阴线当日形成了明显的放量下跌时，虽然不属于乌云盖顶，仍应确认为卖点。

（2）根据乌云盖顶实战时，原则上是阴线实体越向下深入，越能代表股价的见顶转弱，但必须确保至少保持在深入阳线实体一半以上时，方可确认为乌云盖顶形态。

（3）如果在乌云盖顶形态中，阴线向下完全吞没了阳线实体，则为看涨吞没形态，为乌云盖顶转跌的加强版形态，只要当日表现为大阴量状态，即应卖出股票。因此，乌云盖顶或是看涨吞没判断卖点时，必须结合成交量来判断顶部快速反转的形态。

7.1.3　倒 V 形顶

倒 V 形顶是牛股顶部快速转弱时经常出现的一种 K 线形态，是指 K 线左侧为阳线持续上涨，但右侧却出现了快速持续下跌，由涨转跌时形成一个明显的顶尖，像是一个倒立的英文字母 V，所以叫作倒 V 形顶，又称尖顶。一经出现，即意味着股价快速见顶转跌，应结合成交量的情况，及时卖出股票。

形态要求：

（1）倒 V 形顶往往是出现股价持续快速上涨的高位区，左侧保持着阳线快速上涨，右侧保持着阴线快速下跌，所以确认倒 V 形顶时，至少要有三根 K 线，左侧阳线，右侧阴线，中间可为阳线或阴线，甚至是十字星或实体较小、上影线较长的 K 线。如图 7-3 所示的东睦股份（600114），在持续上涨中，进入 A 区域，K 线先是出现了明显的快速上涨，接着又出现明显的快速下跌，形成了一个英文字母倒立的 V 形状，为倒 V 形顶，这时就要观察量价的表现。

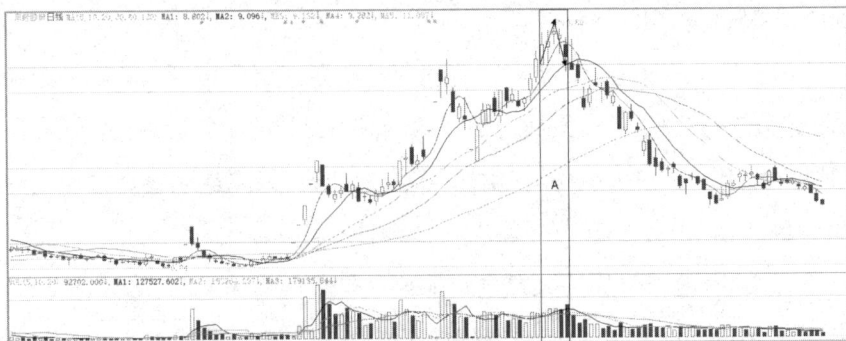

图 7-3 东睦股份－日线图

（2）倒 V 形顶形成顶部快速转弱的卖点时，右侧的阴线当日必须为大阴量状态或持续放量下跌。例如，图 7-3 中 A 区域形成倒 V 形顶期间，右侧表现为持续放量下跌，应果断卖出股票。

实战注意事项：

（1）在倒 V 形顶形态中，如果只有三根 K 线时，往往右侧的阴线，越呈现出下跌状态，即阴线实体较长，甚至跌破左侧的阳线最低点时，越能说明股价快速顶部转跌的强烈。

（2）在倒 V 形顶中，如果顶尖表现为一根上影线较长的 K 线，或是较长的阳线时，只要当日形成了大阴量或是明显阴量的放大时，即应果断在当日收盘前卖出股票，而不一定非要形成了倒 V 形顶后，再来进行操作。

（3）当倒 V 形顶即将形成时，也就是右侧阴线出现时，只要表现为阴量下跌状态，即应根据分时图的形态，符合提前卖出时的分时图量价要求，就要提前果断卖出股票。

7.1.4 三只乌鸦

三只乌鸦，是由持续三根阴线组成的一种 K 线顶部转跌形态。由于这三根阴线出现时，就像三只乌鸦高高站立在枝头，所以叫作三只乌鸦形态。但由于三只乌鸦出现时，说明股价出现了持续下跌，所以是股价顶部转弱的征兆，一旦发现，即应结合成交量的情况，及时卖出股票。

形态要求：

（1）三只乌鸦形成时，必须确保三根呈持续向下运行的阴线，且实体大小相当，或长或短均可，允许存在上影线或下影线。如图 7-4 所示的当代文体明诚（600136），在持续上涨中，进入 A 区域，股价在快速创出新高后，出现了接连三根实体相当的阴线，呈明显持续的下跌状态，为三只乌鸦形态，这时就要及时观察量价表现。

图 7-4　当代文体明诚－日线图

（2）三只乌鸦成为顶部转跌的卖点时，必须确保持续当前水平的阴量，或略有缩量，但不能是明显的大幅减量。例如，图 7-4 中 A 区域 K 线形成三只乌鸦期间，表现为略有缩量的持续阴量下跌，应果断卖出股票。

实战注意事项：

（1）三只乌鸦出现时，一定要确保三根 K 线均为阴线，不管有无影线均可，实体也可长可短，但必须确保实体长短相近，呈节节下降的台阶式状态。

（2）三只乌鸦如果形成顶部转跌的卖点时，必须确保成交量均为阴量，处于较高状态，或小幅缩量状态，不能大幅缩量，且阴线下跌幅度为不明显状态，因为这种状态往往意味着震荡盘整。因此，越是股价短期大幅上涨的高位区出现时，其顶部转跌的愿望越强烈。

（3）如果三只乌鸦出现时，三根 K 线实体长短并不在相近的水平，但只要阴量呈持续放量状态，或是其中一根 K 线期间形成了明显的放量下跌时，就应果断卖出股票，而并不一定非要等到三只乌鸦形成了，或是形成标准的三只乌鸦形态的持续阴量下跌时，再卖出股票。

7.2 牛股见顶的 MACD 启跌形态

当牛股见顶时 K 线顶部形态不明显时，MACD 也会形成一些明显的见顶启跌形态，只要在 MACD 启跌形态期间，达到量价卖点要求时，方可卖出股票，否则就只是一种盘整。

7.2.1 MACD 顶背离期间的金叉不叉

MACD 顶背离，是股价上涨期间经常出现的一种形态，实战中较为常见。由于此时的 MACD 双线是处于持续或震荡向下运行的状态，所以一旦 DIFF 线运行到 DEA 线下方，在向上震荡时未与 DEA 线交叉，即再次转为下跌时，就形成了金叉不叉，意味着 MACD 指标的动能出现大幅偏弱，即 MACD 顶背离结束了，就应结合量价及时卖出股票。

形态要求：

（1）在 MACD 顶背离期间的金叉不叉形态中，MACD 顶背离是指股价在持续上涨的过程中，MACD 双线出现由高位区的持续向下或震荡向下运行。如图 7-5 所示，拉卡拉（300773）在快速上涨中，进入 A 区域，形成了 K 线震荡走高，MACD 双线震荡走低的顶背离，这时就要引起注意。

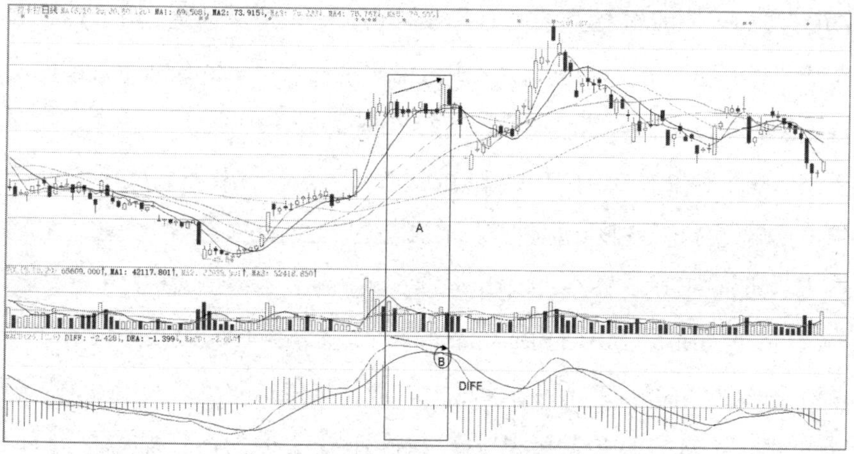

图 7-5　拉卡拉－日线图

（2）在 MACD 顶背离期间的金叉不叉形态中，金叉不叉是指当 DIFF 线在 DEA 线下方运行时，一旦震荡上行时，即将与 DEA 线交叉时，未形成金叉即掉头转为下行。例如，图 7-5 中 A 区域右侧末端的 B 区域，形成了 DIFF 线上行中未与 DEA 线交叉即转头向下的 MACD 金叉不叉形态。

（3）MACD 顶背离期间的金叉不叉形态成为卖点时，也就是判断 MACD 顶背离是否结束时，主要是量价形成阴量下跌即可。例如，图 7-5 中 A 区域最右侧的 K 线，形成了阴线阴量的量价齐跌，综合（1）和（2）的内容，可确认 A 区域右侧末端形成了顶背离结束的 MACD 见顶的启跌形态和量价齐跌卖出信号，应果断卖出股票。

实战注意事项：

（1）在 MACD 顶背离期间的金叉不叉形态中，必须确保股价在快速上涨期间出现 MACD 顶背离，也就是说，金叉不叉是出现在 MACD 顶背离之前时，方可根据金叉不叉时的量价齐跌，来确认顶背离的卖点。

（2）在 MACD 顶背离期间的金叉不叉形态中，金叉不叉中，

DIFF 线向上不能与 DEA 线形成交叉，否则一旦形成金叉，就会对股价起到止跌后的助涨作用，再次跌回 DEA 线下方时，极有可能只是震荡略走弱，难以准确判断股价是否真的走弱。

（3）如果在 MACD 顶背离期间，若是尚未出现金叉不叉时，MACD 双线向下跌破 0 轴时，如非强势的 MACD 顶背离式上涨，只要表现为量价齐跌，就应果断卖出股票。

（4）如果是 MACD 顶背离期间的金叉不叉形态尚未形成时，量价在 MACD 背离状态下形成卖点时，应根据量价卖点来卖出股票，而不要刻意等 MACD 顶背离明显结束时再操作，因为在双线震荡下行、K 线震荡上行的顶背离中，很难判断是双线继续顶背离的震荡向下，还是顶背离结束时与股价同步下行。

7.2.2　DIFF 线高位钝化期间的 CCI 大角度下行

在股价持续上涨的过程中，一旦 MACD 中的 DIFF 线在运行到指标显示区域的高位区后，如果继续上行到显示区域的上沿，出现了沿上沿平行的 DIFF 线高位钝化时，这期间只要 CCI 形成了大角度向下运行，就说明股价趋势形成了顶部快速转弱的启跌信号，这时就应根据成交量的情况，及时卖出股票。

形态要求：

（1）DIFF 线高位钝化，是指当 MACD 双线运行到显示区域的顶部高位区时，一旦 DIFF 线无法继续上行，表现为沿区间上沿平行的状态时，即为 DIFF 线高位钝化。如图 7-6 所示，诺德股份（600110）在持续上涨中，进入 A 区域，DIFF 线上行到指标区间的顶部后，呈平行运行的状态，形成了 DIFF 线高位钝化，这时就要引起注意。

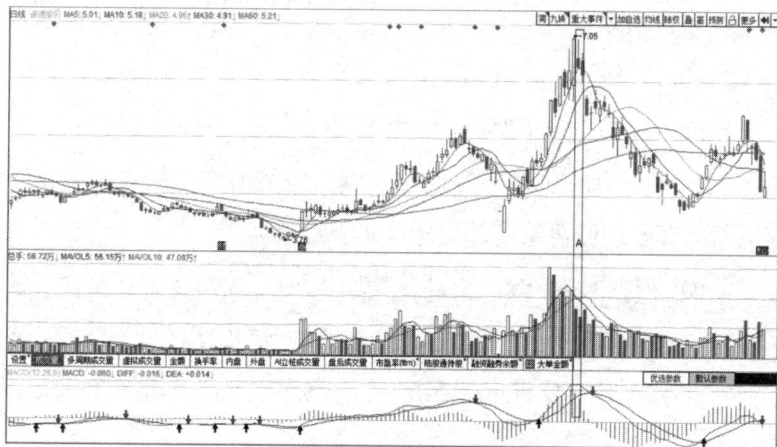

图 7-6　诺德股份 - 日线图 - MACD（同花顺）

（2）CCI 大角度下行，是指 DIFF 线高位钝化期间，CCI 以至少为 60°的水平角度，由上行突然转为向下运行时，即为 CCI 大角度下行，同时形成阴线阴量的量价齐跌。例如，图 7-6 中 A 区域表现为 DIFF 线高位钝化期间，可观察图 7-7 中 CCI 指标的方向，表现为 70°左右的大角度下行，同时形成了持续大量状态的阴量阴线下跌。

图 7-7　诺德股份 - 日线图 - CCI（同花顺）

综合以上两点内容，应在 A 区域及时卖出股票。

实战注意事项：

（1）DIFF 线高位钝化期间的 CCI 大角度下行是两种指标相结合的一种形态，因为当 DIFF 线高位钝化期间，无法真实反映出股价的运行方向，这时必须借助 CCI 的走向来确认趋势方向，所以一旦 CCI 大角度下行出现了，就意味着趋势发生了上涨的逆转。

（2）在根据 DIFF 线高位钝化期间的 CCI 大角度下行判断顶部启跌信号时，一定要确保 MACD 或 CCI 未形成与 K 线运行方向相反的背离走势，否则背离状态下，是无法根据技术指标的方向来判断股价的趋势变化的。

（3）当 DIFF 线高位钝化期间的 CCI 大角度下行出现时，只是两个技术指标组合的一种技术顶的启跌形态，必须结合量价来判断具体卖点，因此，至少要形成了大阴量下跌，或是其他量价卖点时，方可卖出股票。

7.2.3 MACD 高位死叉后双线向下发散

MACD 高位死叉后双线向下发散，是 MACD 指标的两种形态的组合，一旦在股价持续上涨过程中，MACD 双线向上运行到顶部高位区，突然在出现死叉后，又形成双线向下发散的形态时，说明 MACD 指标已形成顶部快速回落的启跌状态，这时就要根据量价的情况来卖出股票。

形态要求：

（1）MACD 高位死叉，是指 MACD 双线在随着股价的持续上涨，运行到指标显示区域的顶部高位区时，上方的 DIFF 线突然转为向下运行，并与 DEA 线形成死叉。如图 7-8 所示，久其软件（002279）在持续上涨中，MACD 运行到指标区域顶部的高位区，先是形成 MACD 死叉，为 MACD 高位死叉。这时就要时刻关注其后的变化。

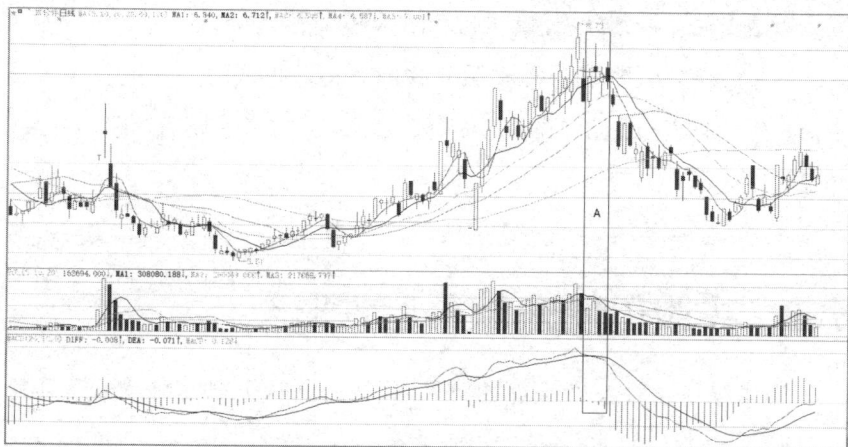

图 7-8 久其软件－日线图

（2）双线向下发散，是指 MACD 高位死叉后，双线呈快速向下远离的状态，也就是双线方向向下，开口持续向外扩张。例如，图 7-8 在 A 区域形成 MACD 高位死叉后，出现双线向下的快速发散，为双线向下发散。这时应及时关注量价形态。

（3）MACD 高位死叉后双线向下发散出现时，只要至少表现为大阴量下跌或持续阴量下跌时，即可卖出股票。例如，图 7-8 中的 A 区域，MACD 高位死叉后双线向下发散期间，右侧形成持续阴量下跌，应及时卖出股票。

实战注意事项：

（1）MACD 高位死叉后双线向下发散是两种 MACD 形态的组合，包括 MACD 高位区发生的死叉，和双线向下发散。判断的关键在于，MACD 死叉形成后，一定要确保双线向下的持续远离。因为只有双线向下发散越明显时，越能证明之前的死叉不是震荡中的无效死叉，且双线明显向下发散，也能证明股价的快速转跌。

（2）MACD 高位死叉后双线向下发散出现时，一定要确保未形成 MACD 顶背离，所以在此期间一定要确保 K 线未持续上涨，已出现震荡下行或下跌，否则就无法证明股价的强势上涨已经结束。

（3）当 MACD 高位死叉后双线向下发散形成时，一定要结合量价形态来判断卖点，如卖点并不明显时，只要保持着大阴量大阴线下跌，即可卖出股票。

7.3 牛股见顶的 MA 启跌形态

当牛股见顶时 K 线顶部如果不明显时，MA 同样可能出现明显的启跌形态，但必须符合量价卖点要求时，方可卖出股票，否则同样是一种盘整。

7.3.1 短期均线死叉

当牛股见顶时，MA 也经常会发出明显的启跌信号，如短期均线死叉，就是指短期均线之间形成的死叉，一旦量价满足了转跌时的表现，即应中止继续持股，果断卖出股票。

形态要求：

短期均线死叉，是指 5 日均线向下与 10 日均线形成的交叉，但如果形成启跌信号时，必须确保为大阴线大阴量下跌，或是满足了量价卖点要求时，方可卖出股票。若是未形成均线死叉时，即形成量价卖点信号，也应及时卖出股票。如图 7-9 所示的建发股份（600153），在持续上涨中，进入 A 区域，最上方的 5 日均线向下与 10 日均线形成交叉，为短期均线死叉的均线启跌形态，同时量价形成了持续放量下跌的卖点，应果断卖出股票。

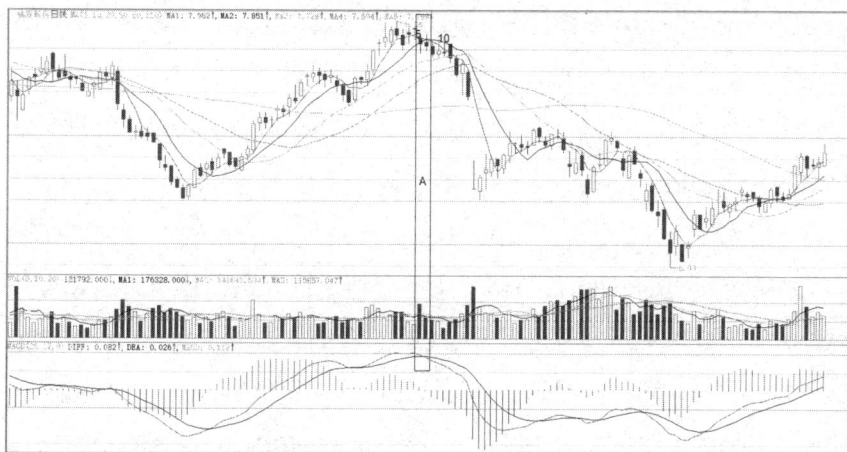

图 7-9　建发股份－日线图

实战注意事项：

（1）根据黄金坑战法操盘时，短期均线死叉并不是牛股见顶时必须出现的顶部形态，而是一种参考，所以在卖股时，一定不要刻意寻找短期均线死叉，然后观察量价卖点来操作股票。

（2）短期均线死叉在黄金坑战法操盘中，主要是指 5 日均线与 10 日均线的向下死叉，因为牛股在最先转跌时，都是最先以这两根均线的向下交叉出现的。只有达到量价卖点要求时，才会造成趋势的反转向下，因股价在上涨趋势的短线调整时，也经常会出现这种看似短期均线死叉的弱势，实为短期均线缠绕的调整状态。

（3）根据黄金坑战法操作牛股时，即使出现短期均线死叉，也必须符合起码大阴量大阴线的下跌时，方可确认为卖点，因为牛股的持续快速上涨，如果不是短时涌现出较大的卖盘，是难以改变当前的强势上涨的。

7.3.2　MA 5 大角度下行

根据均线判断牛股的顶部启跌信号时，均线的顶部快速回落，经常只是表现为短期均线中的 MA 5 出现大角度向下运行，这是因为均线转弱时，最先都是从周期最短的 MA 5 的运行方向改变的，只要 MA 5 是以大角度下行出现，符合量价卖点要求时，即说明趋势开始见顶转弱，就应果断卖出股票。

形态要求：

MA 5 大角度下行时，MA 5 由上行转下行的角度必须至少为 45°时，方为大角度，但同时形成顶部启跌卖点时，必须表现为大阴量大阴线下跌、持续阴量下跌时，或是形成了明显的量价卖点时，方可确认卖出股票的时机。如图 7-10 所示，华资实业（600191）在持续上涨中，A区域 MA 5 在持续上行中突然转为近 50° 水平角度的大角度下行，形成MA 5 大角度下的均线启跌形态，同时出现持续放量下跌的量价卖点，应果断卖出股票。

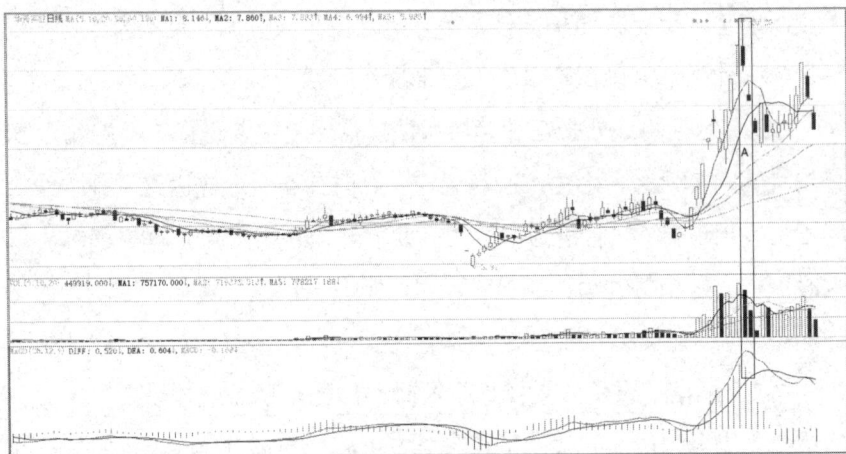

图 7-10　华资实业－日线图

实战注意事项：

（1）MA 5 大角度下行出现时，往往是 5 日均线在持续快速向上运行的过程中，突然转为大角度向下运行，所以，之前股价的持续大幅上涨，通常是判断趋势突然见顶启跌的重要依据。

（2）MA 5 大角度下行出现时，原则上是 5 日均线向下突转的水平角度越大时，越能证明趋势转弱时的强弱，但必须符合量价卖点时，或是形成大阴量大阴线下跌时，方可确认顶部的转弱，才能卖出股票。

（3）MA 5 大角度下行是日线图上 5 日均线形成顶部启跌信号时的征兆，如果观察的是其他短周期图时，这种 MA 5 的向下大角度通常要求更大，至少要保持在 60° 以上时，方可确认。

7.4　实战要点

在黄金坑战法实战中，各种技术指标的见顶启跌形态，只是股价上涨过程中技术指标运行到高位区的自然反应，所以即使技术指标形成了背离，也必须尊重量价卖点确认卖出时机，因为股价在快速见顶回落初期，所有技术指标的反应都不一定能准确反映出趋势变化，并且即使形成了技术顶，仍然需要量价最终进行确认。

7.4.1　技术指标高位运行期间，尊重量价判断启跌卖点

根据黄金坑战法实战过程中，如果在持股过程中，一旦发现股价在持续上涨过程中，技术指标也向上运行到高位区后，往往技术指标由于受到超买情况的影响，就会出现不同程度的钝化表现，甚至形成背离。所以在此期间，应主要尊重量价形态来判断启跌卖点，而不要过于依赖技术指标。因为在技术指标形成或重或轻的钝化期间，量价的变化，才是最能够准确反映出股价趋势变化的依据。

形态要求：

当股价在上涨中，技术指标运行到高位时，往往股价也经过了较大幅度的上涨，所以这种状态下，即使技术指标出现了背离，量价的明显变化也会如实反映出股价的趋势变化。量价的明显卖点形态表现为：明显阴量下跌、高位放量滞涨、顶背离结束时的阴量下跌，或是大阴量

大阴线下跌，只要出现其中任意一种量价形态时，即应果断卖出股票。如图 7-11 所示，ST 创兴（600193）在均线与股价持续上行的过程中，进入 A 区域，无论短期均线向下，或是 MACD 中上方 DIFF 线的下行均不明显，但量价表现为明显放量下跌的启跌卖点，所以应尊重量价快速变弱的情况，果断卖出股票。

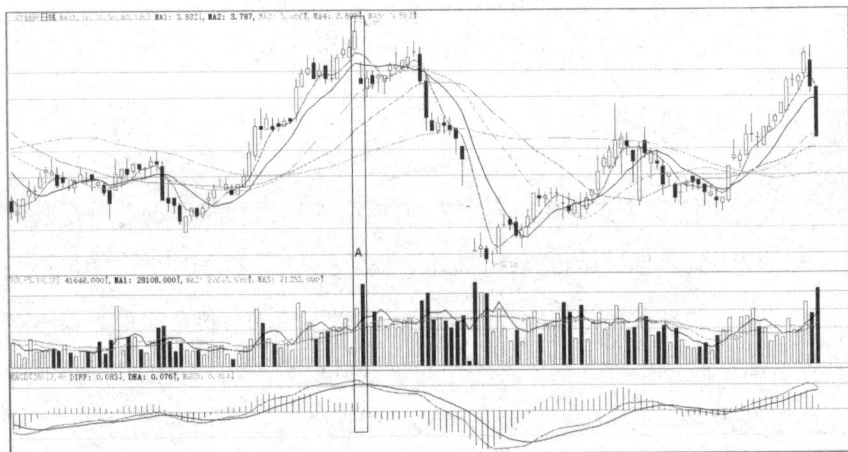

图 7-11　ST 创兴－日线图

实战注意事项：

（1）技术指标高位运行期间，如果技术指标未发生背离，就要格外引起注意了，因为在常态下，技术指标在高位区运行，就意味着一轮明显的上涨走势即将结束，所以卖出股票时，应以量价的突然变化来确认启跌卖点，因为量价齐跌的出现能够更真实地反映出股票由上涨转为快速下跌的状态。

（2）当技术指标运行到高位区期间，若是发生了背离，对于牛股而言，一旦出现背离结束，或是技术指标转为空头趋势，阴量下跌出现，则往往是背离结束的时机，所以也必须尊重量价来判断启跌卖点。

7.4.2 顶背离期间大阴量下跌，果断卖出

在黄金坑战法实战期间，一定要谨防出现MACD顶背离，因为中小盘牛股在这种快速上涨趋势中，一旦发生背离，就会呈现一种顶背离式上涨，股价在短期内的持续上涨特征明显，一旦出现量价卖点不明显的大阴量下跌时，通常意味着背离式上涨已经结束，所以应及时选择卖出股票。

形态要求：

顶背离期间大阴量下跌出现时，往往是在股价上行、MACD下行或震荡下行的顶背离期间，也就是股价在上涨到高位区时，出现阴量与之前阳量水平相当的大量状态时，K线由阳线转为较长的阴线下跌，甚至是上影线较长实体较短的阳线时，只要大阴量成立，就意味着盘中是以卖出股票为主，应果断确认背离已结束，卖出股票。如图7-12所示，明阳电路（300739）在持续上涨中，进入A区域，出现K线震荡走高、MACD中DIFF线高点不断降低的MACD顶背离，但在A区域右侧最后一根阴线时，形成了当前较高水平的大阴线大阴量下跌，说明背离已结束，应果断卖出股票。

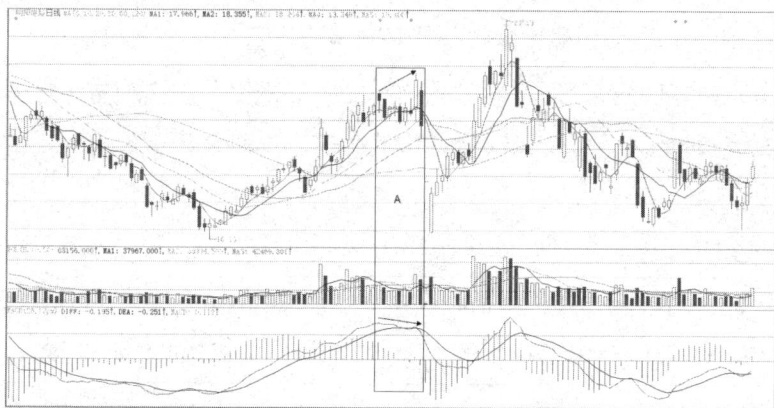

图7-12 明阳电路-日线图

实战注意事项：

（1）顶背离期间大阴量下跌，是判断顶背离结束的一个方法，因为即使在强势明显的情况下，若是顶背离时出现股价的阴线大阴量下跌，则往往意味着技术指标与股价的同步向下，即背离已经结束，所以只要此期间为大阴量状态，看似未构成卖点，但因为此时顶背离已结束，趋势即会由此转弱，所以应果断卖出股票。

（2）顶背离期间的大阴量下跌，在通常情况下，K线也会表现为较长的阴线，在特殊情况下，也会表现为上影线较长实体较短的阳线，只能说明收盘价高于开盘价，不能说明依然为涨势，因为长上影线即代表快速冲高回落的下跌，所以也意味着顶背离已经结束，应以卖出股票为主。

（3）在顶背离期间出现的大阴量下跌，主要是通过MACD来判断，但如果期间出现双线在背离状态下跌破0轴，只要表现为阴量下跌，即可证明趋势已经快速转弱，而不要非等到看清顶背离结束时再出现大阴量下跌卖出股票。

7.4.3　日线图启跌的分时图量价齐跌，坚决清仓

日线图启跌的分时图量价齐跌，属于一种日线图与分时图结合分析行情时的提前卖出股票的情况，是利用日线图上的量价齐跌初期，尚未形成量价卖点时，通过分时图的极弱状态来提前预判趋势由极强快速转为极弱的方法，所以一旦在实战中遇到这种情况，就应果断清仓出局。

形态要求：

（1）日线图启跌，是指股价在持续上涨的高位区，突然开盘即出现明显的阴量状态的量价齐跌。如图7-13所示，福日电子（600203）在日线图上，K线持续上涨中，进入高位区的A区域，虽然是直接以涨停开盘，但在尾盘表现为打开涨停后的突然阴量阴线的量价齐跌，就要及时观察当日的分时图。

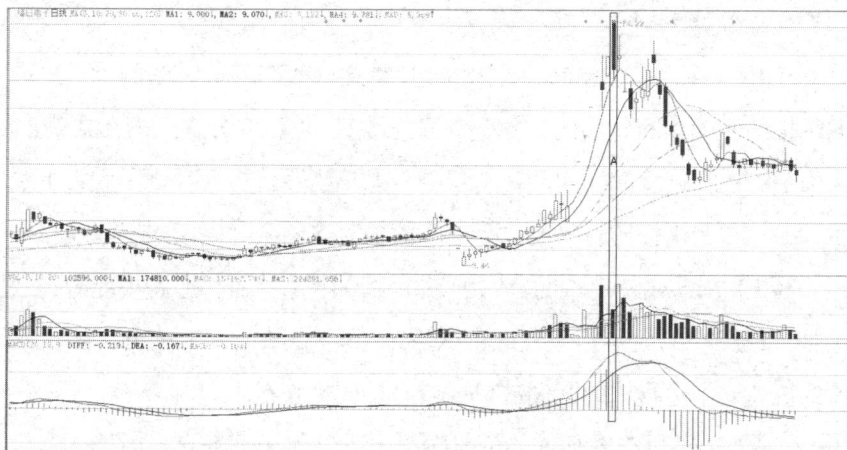

图 7-13　福日电子－日线图

（2）分时图量价齐跌，是指分时图上，股价线出现快速下行时，形成较多、较长的分时量柱。例如，图 7-13 中日线图 A 区域出现一字涨停后，在尾盘突然打开一字板时，出现量价齐跌，当日分时图上，即图 7-14 福日电子 2020 年 3 月 11 日分时走势图的情况，发现这只股票在尾盘期间，打开一字涨停板后的 A 区域，股价线形成了明显的以 90° 左右的大角度快速下行，并出现明显的量柱极长的区间放量，符合提前卖出条件的分时图量价齐跌，应果断卖出股票。

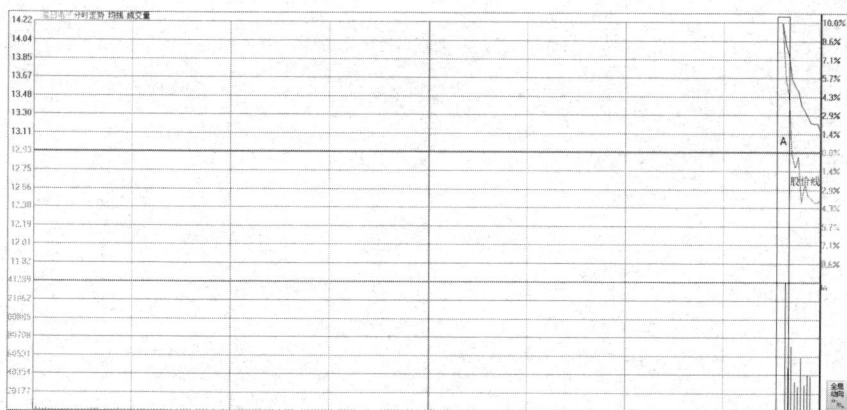

图 7-14　福日电子－2020 年 3 月 11 日分时走势图

实战注意事项：

（1）日线图启跌的分时图量价齐跌是日线图与分时图两种长短周期图相结合的判断行情的方法，大多发生在早盘 30 分钟之内，或是 10 点到 10 点 30 分之间，因此在看盘中，尤其当股价短期经过了大幅上涨后，一定要严格按照看盘要求，不能放松对这两个时间段的看盘观察。

（2）在日线图启跌的分时图量价齐跌中，有两种形态不能忽视：一是日线图上的阴量持续变长的 K 线持续下行状态；二是分时图上股价线快速向下运行中的区间放量或分时量柱极长状态。

（3）如果日线图启跌的分时图量价齐跌是出现在早盘时，一定要注意分时图是否形成了股价线大幅高开、平开或低开状态下的快速低走的冲高回落形态，因为如果是股价线向下的角度不明显，尤其是日线图股价在涨幅不大的情况下，通常这种情况只是盘中的短时整理，只要开盘后量能很快出现了明显缩减，就不要轻易卖出股票。

第 8 章
卖点信号：顶部形态转弱的卖股征兆

在黄金坑战法中，卖股与买股期间的概念是完全不同的，因为卖股时不一定非要要求形成了技术顶，只要在高位区发现股价无法再继续上涨时，或形成量价齐跌时，就是卖股的最佳时机。但是，在不同的技术形态下，量价齐跌的具体表现也会略有不同，必须一一了解，才能做到胸有成竹，把握好真正的卖点。

8.1　量价与牛股顶部的关系

当牛股在持续上涨状态下，一旦转为弱势，就必须首先从量价的突然变化中反映出来，因为量才是促成股价变化的根本，所以确认卖点时，量价突变形态往往是最终的参考依据。

8.1.1　量价齐跌是牛股顶部转弱的启跌信号

当牛股结束快速上涨转为下跌时，由于盘中积累的获利筹码较多，所以主力在出货时多数是以快速出货为主。因此，牛股顶部转弱时都会表现为明显的大量状态的量价齐跌，就会形成卖出股票的信号。

牛股顶部转弱的量价齐跌表现：

（1）首先是成交量保持较高量柱水平的大阴量状态，其次是 K 线表现为大阴线或上影线较长的阴线，主要表现为明显放量下跌或持续放量下跌。如图 8-1 所示，欧菲光（002456）在持续上涨中，A 区域表现为一根阴线，明显放量的阴量柱，为明显放量下跌，表明牛股已出现顶部快速转弱，应果断卖出股票。

（2）当牛股顶部转弱时，如果是主力隐藏快速出货时，成交量表现为明显的大阴量，K 线表现为具有较长上影线的阳线或阴十字星。如图 8-2 所示，紫光国微（002049）在持续上涨中，进入 A 区域，K 线形成了一根上影线与下影线极长、实体极短的阳线，但成交量为一根小幅放量的阴量柱，为主力隐藏快速出货的征兆，也是牛股顶部快速转弱时的启跌信号，应果断卖出股票。

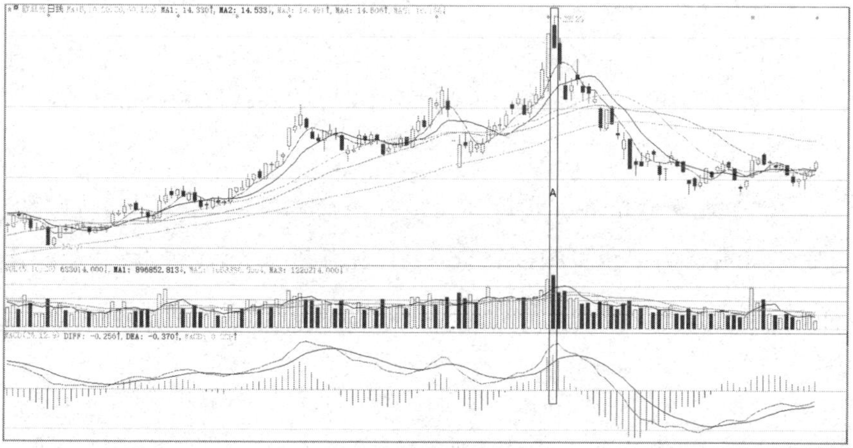

图 8-1 欧菲光－日线图

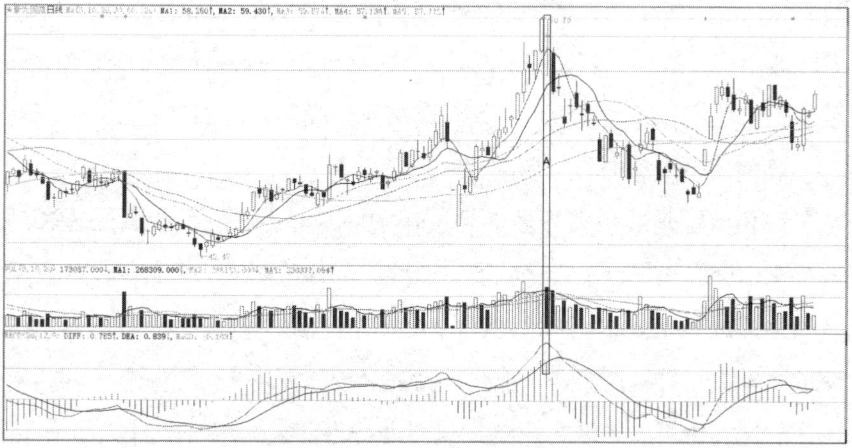

图 8-2 紫光国微－日线图

实战注意事项：

（1）当牛股顶部转跌时，量价齐升主要表现为明显放量下跌和持续阴量下跌两种形态，但在特殊情况下，也会表现为阳线、大阴量下跌，这往往是一种主力隐藏出货的征兆，只是收盘价未跌破开盘价，但同样要引起格外注意。

（2）如果牛股在快速上涨阶段表现为顶背离式上涨，一旦结束上涨转跌时，技术指标会与 K 线表现为同步向下运行，此期间的量价齐跌或会表现为成交阴量放大不明显的情况，但同样属于量价齐跌的一种，也应引起注意。

（3）如果量价齐跌表现为大阴量状态的阳线时，即使收盘接近了阳线实体上方，也证明盘中卖出量是大于买入量的，同样要引起注意，一旦次日低开时放量下跌，说明牛股已中止上涨，形成了顶部快速转跌。

8.1.2　高位放量滞涨是牛股筑顶的信号

高位放量滞涨，是牛股在上涨到高位区时，由于主力是维持股价在高位区的大举出货，所以这种形态往往是牛股筑顶的阶段，但一只股票既然出现了筑顶，就意味着再难上涨，所以是牛股即将由顶部开始转跌前的信号，一经发现，也应果断逢高卖出股票。

高位放量滞涨的具体要求：

高位滞涨是股价在短期内经过一定幅度的上涨后，在高位区 K 线保持在相近的水平，呈震荡状态，K 线为阳线或阴线，允许期间出现短时的上冲或下跌，只要 K 线实体保持在相近的水平即可；放量是指成交量柱呈明显的量柱变长，或是保持在当前较高水平的长量柱，可以表现为阴量，也可以表现为阳量，只要保持当前较大水平即可。如图 8-3 所示，智慧松德（300173），经过短期持续快速的上涨，进入 A 区域的高位区，K 线出现了阴线阳线互现的震荡滞涨，成交量为阴量与阳量互有的大量状态，为高位放量滞涨，说明牛股已出现筑顶，应及时逢高卖出股票。

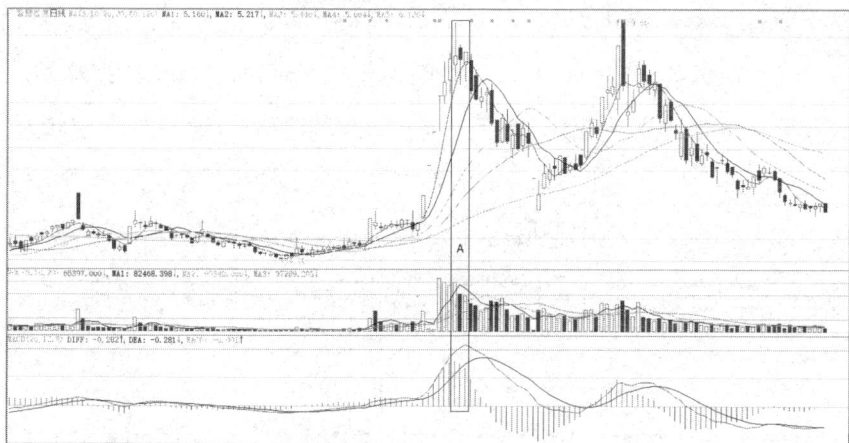

图 8-3　智慧松德－日线图

实战注意事项：

（1）高位放量滞涨是主力隐藏出货的一种形态，主要是主力为了避免被大多数散户发现自己在出货，从而大举抛售，导致跟风资金依然在积极买入，所以 99% 以上的这种形态，都是牛股筑顶期间的信号。

（2）高位放量滞涨期间，往往中小盘股的震荡时间并不长，一般保持在 3 ~ 5 个交易日，而中大盘股震荡滞涨的时间略长。

（3）高位震荡形成后，股价并不一定会立刻下跌，有时也会有再次冲高的行为，但往往时间较短，涨幅有限，所以一旦在高位放量滞涨时卖出股票后，短期不要再轻易买回来。

8.1.3　缩量上涨是牛股即将见顶的信号

当牛股在持续上涨中，一旦出现了缩量上涨，就说明股价的上涨未得到市场资金的跟风买入，所以造成成交量的缩减，因此缩量上涨的出现，意味着市场资金开始谨慎，不再看多这只股票的上涨，所以是股价即将见顶的信号，其后一旦出现量价齐跌时，就应及时卖出股票。

具体要求：

（1）缩量上涨出现时，若是即将见顶的信号时，不能出现涨停，收盘通常不会表现为涨停阳线；成交量表现为阳量，明显较之前的量柱短。如图 8-4 所示，四方达（300179）在持续上涨中，A 区域表现为持续阳线上涨，收盘未出现涨停，但成交阳量却表现为明显的持续大幅缩量状态，为缩量上涨，是牛股即将见顶的信号，一定要引起注意。

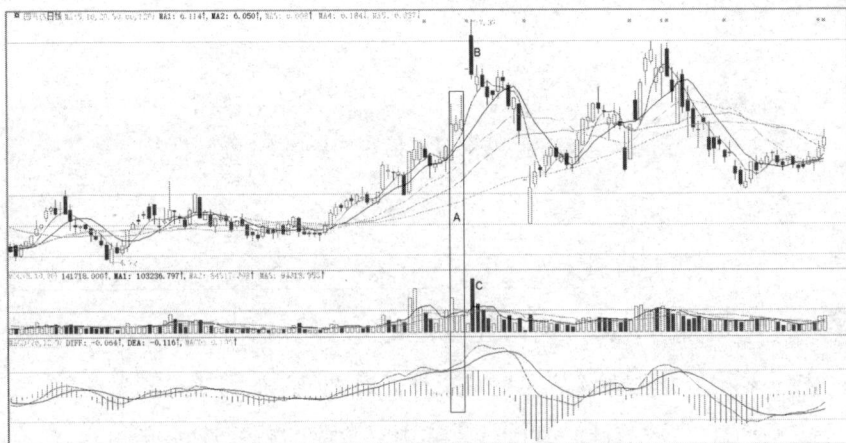

图 8-4 四方达－日线图

（2）缩量上涨出现后，只有形成了明显放量下跌、持续放量下跌、高位放量滞涨等量价卖点时，方可卖出股票。例如，图 8-4 中 A 区域出现缩量上涨后的 B 区域，K 线形成一根大阴线，C 区域为一根明显放量的大阴量柱，为明显放量下跌的卖点信号，应果断卖出股票。

实战注意事项：

（1）缩量上涨通常出现在牛股大幅上涨后，所以如果是根据黄金坑战法买入一只股票不久，涨幅尚不大时出现，只要其后又恢复了量价齐升时，则为上涨中短时的间歇，是主力筹码高度集中的表现，应安心持股。

（2）在实战中，缩量上涨的出现，必须引起高度重视，因小盘股在转跌时往往是迅速的，所以必须在缩量上涨后时刻关注量价卖点对上涨趋势的破坏。

（3）如果缩量上涨时为涨停阳线，或是一字涨停板，则是由于股价快速涨停导致的无法成交，成交量大幅缩减，此时并非即将见顶的信号，是股价保持强势上涨的情况，应安心持股。

8.2 牛股见顶的量价卖点信号

当牛股出现见顶回落时，无论技术指标是否形成了顶部形态，只要是量价形态出现了突变的卖点，就要果断卖出股票。

8.2.1 明显放量下跌，牛股快速见顶转跌的信号

明显放量下跌，是绝大多数股票快速见顶转跌时的信号，因为所有的主力都希望在股价高位区快速出货，锁定利润。因此，当股价在上涨的高位区，一旦出现明显放量下跌时，就意味着股价出现快速见顶转跌，应果断卖出股票。

明显放量下跌具体要求：

明显放量中的成交量柱为阴量，高于之前的阳量柱；下跌是指 K 线为下跌状态，表现为上影线较长的阴线或较长的中长阴线，甚至是上影线极长的阳线或十字星。如图 8-5 所示，舒泰神（300204）在持续上涨的高位区，A 区域出现一根极长的阴线，成交量也表现为一根明显极长的放量阴量柱，为明显放量下跌，是牛股快速见顶转跌的信号，应果断卖出股票。

图 8-5　舒泰神－日线图

实战注意事项：

（1）明显放量下跌期间，不一定技术指标会出现明显的顶部转弱形态，如 MACD、BOLL，或是 5 日均线转下行等，但通常技术指标只要是不表现为背离的情况下，一般均已运行到高位区。如果恰好形成了技术指标的顶部转跌形态时，则更应及时卖出股票。

（2）在明显放量下跌形态中，有一种更为强烈的下跌形态，就是巨星下跌，也就是阴量柱明显要长于之前的量柱水平，甚至是达到天量阴量。所以在日线图上形成了阴线阴量下跌时，一定要结合分时图区间放量的股价线大角度下行，即满足提前卖出要求时，应及时在下跌初期果断卖出股票。

8.2.2　持续阴量下跌，牛股持续转跌的见顶信号

持续阴量下跌出现时，相对于明显放量下跌而言，只是说明下跌的时间被略微延长了，但下跌的强度并不弱势。因为在持续的阴量下跌中，虽然单根阴线的下跌幅度，和单根阴量的程度看似不大，但叠加到一起后，其明显放量下跌的程度往往会更大。因此，一旦牛股在上涨中出现了持续阴量下跌时，就意味着牛股出现了持续转跌的顶部转跌信号，

应果断卖出股票。

持续阴量下跌具体要求：

（1）持续阴量下跌出现时，成交量为至少两根阴量柱，通常略短于前期的阳量柱；K 线表现为至少两根阴线，呈持续下跌状态。如图 8-6 所示，美亚柏科（300188）在持续上涨的高位区，A 区域出现了两根下跌阴线，成交量表现为略短的阴量，为持续阴量下跌形态，说明牛股出现持续转跌的见顶信号，应及时卖出股票。

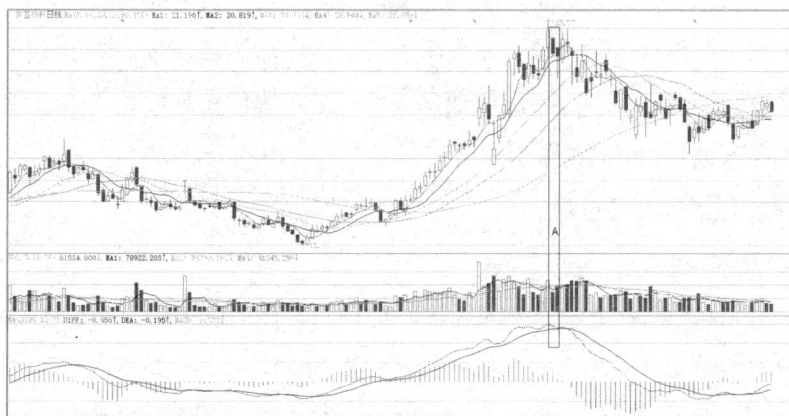

图 8-6　美亚柏科－日线图

（2）持续阴量下跌出现时，最佳的卖点是最后一根阴量下跌的当日收盘前，即确认为持续阴量下跌时。如图 8-6 中 A 区域形成持续阴量下跌时，最佳卖点即是右侧阴线阴量下跌当日收盘前。

实战注意事项：

（1）持续阴量下跌出现时，成交量多数时候不会超过之前的量柱，依然保持相对的大量状态，但必须确保至少有两根阴量柱和两根阴线时，方可确认为持续转跌的见顶卖出信号。

（2）在持续阴量下跌形态中，允许后一根阴量与前一根阴量比较，呈缩量状态，但通常不会缩量太严重，否则就有可能形成高位震荡滞涨的盘整。

（3）持续阴量下跌出现期间，如果是第一根阴量缩减的程度较大时，并持续保持着缩量状态，只要持续时间较长时，如3～5个交易日，同样应确认为持续阴量下跌，应果断卖出股票。但这种情况大多数会出现在一些中大盘股的顶部转跌时。

8.2.3　高位放量滞涨，牛股转跌前的见顶信号

当牛股在持续上涨中，一旦出现了高位放量滞涨，就说明股价在高位区成交量大的情况下股价未上涨，属于一种量价诡异的情况，因为量大必然会推动股价上涨，不上涨就说明盘中的卖盘较重，造成股价未能上涨。因此，高位放量滞涨通常是主力维持股价在高位区震荡隐藏出货的见顶信号，目的是吸引跟风资金买入其卖出的筹码。所以一旦出现，就要及时逢高卖出股票。

具体要求：

（1）高位放量滞涨中的高位，是指股价在上涨中进入高位区，滞涨则是股价出现了中止上涨后的震荡，K线可阴可阳，保持在一个相近的水平。如图8-7所示，东方电热（300217）在持续上涨的高位区，K线明显形成了震荡止涨。这时就要及时观察成交量的情况。

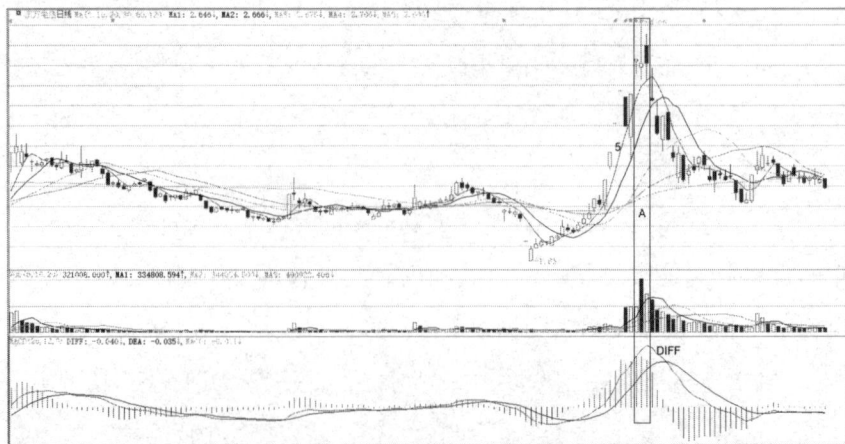

图 8-7　东方电热－日线图

（2）高位放量滞涨中的放量，是指成交量柱明显出现要高于之前的量柱水平，或是保持在当前量能较高的大量水平，可为阴量，也可为阳量。例如，图 8-7 中 A 区域下方的成交量区域，明显为量柱较长的放量状态。综合上一点内容，可确认 A 区域为放量滞涨。

（3）高位放量滞涨形成后的具体卖点，理想的卖点是逢高果断卖出，或是不计较股价短期的波动，及时获利了结。例如，图 8-7 中 A 区域放量滞涨期间，应在最右侧 K 线冲高回落时卖出股票。

实战注意事项：

（1）高位放量滞涨形成之前，股价必须有过一段明显的短期快速上涨时，方可确认股价为转跌前的筑顶信号。

（2）高位放量滞涨期间，允许 K 线存在短时冲高甚至创出新高点的快速回落，也就是上影线较长；同时也允许 K 线实体存在较长下影线的快速探底回升。但 K 线实体，应始终保持在一个相近的水平位置。

（3）高位放量滞涨形成时，如果股价涨幅并不大，且均为阳量时，则不应卖出股票，这种情况往往是牛股上涨期间的空中快速加油的停歇，是主力短暂停歇的表现。

8.2.4　阴量下跌，顶背离上涨结束的见顶信号

阴量下跌通常不会构成卖点，因为阴量下跌中对量能的要求不高，但如果在牛股上涨期间，表现为顶背离上涨时，一旦出现了阴量下跌时，MACD 与 K 线表现为同步向下运行时，说明之前的一轮快速上涨已经结束了，所以是顶背离上涨结束时的股价见顶信号，只要出现阴量下跌，就应果断卖出股票。

具体要求：

（1）阴量下跌，只要 K 线表现为阴线，成交量表现为阴量，即可确认。如图 8-8 所示，中国巨石（600176）中的 B 区域，K 线表现为阴线下跌状态时，成交量表现为阴量，为阴量下跌。

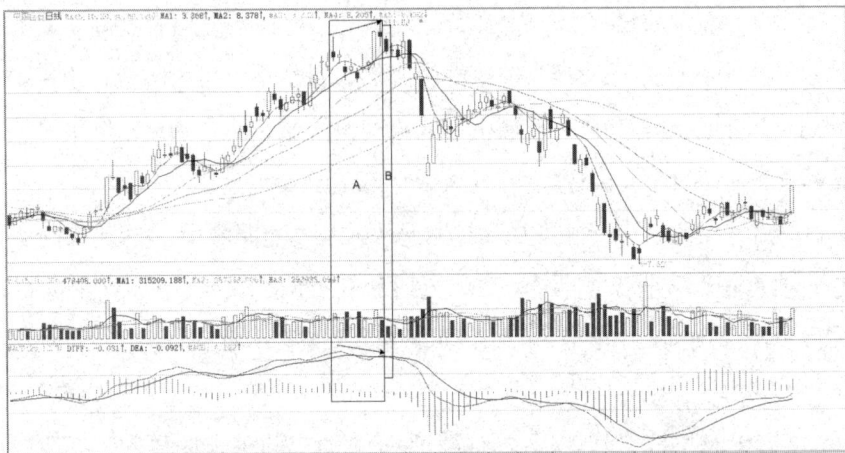

图 8-8　中国巨石－日线图

（2）如果阴量下跌构成量价卖点时，必须确保股价之前的快速上涨中，MACD 出现了双线持续向下或震荡向下，即形成了顶背离。一旦 MACD 与 K 线同步向下时，出现阴量下跌时，即为卖点。例如，图 8-8 中 B 区域出现阴量下跌之前的 A 区域，表现为 K 线震荡上行、MACD 双线震荡下行，为 MACD 顶背离形态。

综合以上两点内容，可确认 B 区域为 MACD 顶背离结束时的量价卖点，应果断卖出股票。

实战注意事项：

（1）阴量下跌属于顶背离上涨结束时的一种量价卖点形态，如果 K 线与 MACD 未形成顶背离时，则不可单独以阴量下跌来确认股价已见顶，更不可轻易卖出股票，因健康整理状态的缩量下跌时，也会呈现小阴量下跌。

（2）通常情况下，如果中大盘股形成顶背离上涨时，背离结束时的阴量下跌中，阴量柱会表现为明显较短，其后也并不一定会即刻转跌，还会出现反复在高位震荡。这主要是由于主力持仓筹码数量较大，难以在短时间内出完货，必须通过反复高位震荡，以完成出货。

（3）如果是中小盘股，尤其是根据黄金坑捕捉到的黑马股，一旦顶背离上涨结束时，阴量下跌中的阴量柱往往相对要长些，但必须确保 MACD 与 K 线为同步下行时，方可确认为卖点。

8.3　不明显的牛股顶部转弱信号

当牛股出现顶部转弱时，如果量价卖点不明显时，一定要结合技术指标与量价变化来确认卖出时机，因为这些看似不明显的顶部转弱信号，往往是量价与其他技术指标同时快速转弱的共振，"杀伤力"同样是巨大的。

8.3.1　技术指标上行渐缓或高位钝化的大阴量下跌

根据黄金坑战法操盘过程中，持股中经常会出现股价转跌，5 日均线上行中依然保持渐缓上行的状态，或是 MACD 中 DIFF 线出现高位钝化。也就是股价看似依然处于上涨状态，但又未出现明显的量价卖点，可一旦形成了量能未达到放量的大阴量下跌时，同样说明股价出现快速的见顶转弱，也应及时卖出股票。

具体要求：

（1）技术指标上行渐缓或高位钝化出现期间，往往 5 日均线依然保持上行渐缓或持续上行的状态，或是 DIFF 线形成了沿区间上沿平行的高位钝化，甚至是 MACD 依然保持高位区上行的上涨状态，即丝毫看不出股价有转弱的迹象。如图 8-9 所示，方直科技（300235）在持续上涨的 B 区域，DIFF 线明显上行到区间顶部时，在高位钝化后转为略下行，同时 K 线附近的 MA 5 出现上行渐缓的平行状态，所以符合技术指标上行渐缓或高位钝化的技术形态，这时就要及时观察量价变化。

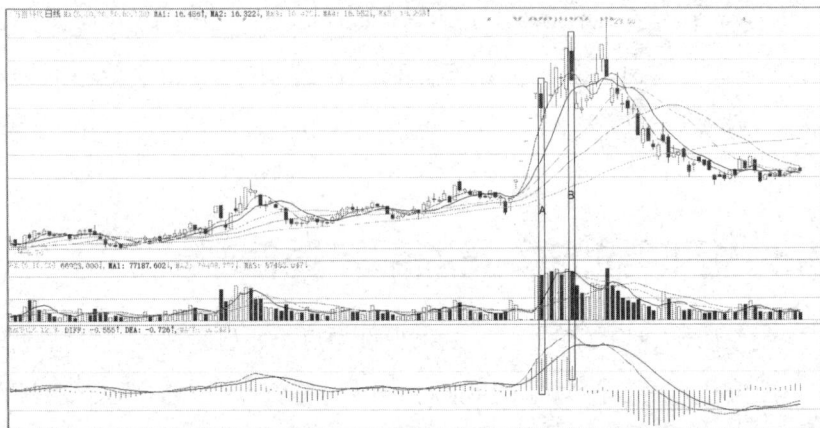

图8-9　方直科技－日线图

（2）技术指标上行渐缓或高位钝化期间，大阴量下跌是指阴量保持当前较高水平的大阴量柱，但又短于之前的阳量柱，也就是放量不明显，只要K线表现为大阴线下跌，或是长上影线的阴线下跌，即应卖出股票。例如，图8-9中B区域，成交量表现为一根当前大量水平的大阴量柱，K线为阴线下跌，为大阴量下跌。

综合以上两点内容，可确认B区域形成了技术指标上行渐缓或高位钝化的大阴量下跌，应果断在当日收盘前卖出股票。事实上，对于这只股票而言，在A区域形成了小幅阴量放大的阴线下跌时，已构成明显放量下跌，即应卖出股票，而不一定非要等到B区域时再卖出。

实战注意事项：

（1）技术指标上行渐缓或高位钝化的大阴量下跌形成期间，往往各种技术指标依然保持着看似健康的上涨态势，但大阴量下跌时的大阴量又未构成明显放量下跌中的放量，所以属于一种顶部形态与顶部卖点同样不明显的卖点。因此，只要是持股出现明显的短期大幅上涨后，即应果断卖出。

（2）技术指标上行渐缓或高位钝化的大阴量下跌出现时，并不一定非要构成整个上涨趋势的卖点，但起码是阶段性高点的见顶信号。因此，只要在大幅获利的情况下，要么清仓卖出，要么采取漏斗式资金管理方法，卖出成本所占的股票数量，只留有获利资金持股，一旦再次转弱时，也应果断清仓出局。

（3）技术指标上行渐缓或高位钝化的大阴量下跌期间，不要刻意在意阴线是否为大阴线，甚至 K 线是否跌破了 5 日均线，再来卖出，因为牛股转弱往往是极快的，稍一迟疑极有可能错过最佳的卖出时机。

8.3.2　MACD 双线跌破 0 轴的阴量下跌

MACD 双线跌破 0 轴的阴量下跌，同样是一种 MACD 顶背离的卖点，是股价在顶背离上涨过程中，当看似 MACD 顶背离并未结束时，可一旦 MACD 双线跌破了 0 轴，则往往意味着进入空头趋势，所以只要 MACD 双线跌破 0 轴期间，表现为阴量下跌，就能证明顶背离已经结束，就要果断卖出股票。

具体要求：

（1）MACD 双线跌破 0 轴的阴量下跌形成期间，必须表现为股价持续上涨或震荡上涨、MACD 双线持续下行或震荡下行的 MACD 顶背离。如图 8-10 所示，喜临门（603008）中 B 区域，K 线形成震荡上行、MACD 震荡下行的 MACD 顶背离，这时就要及时观察量价表现。

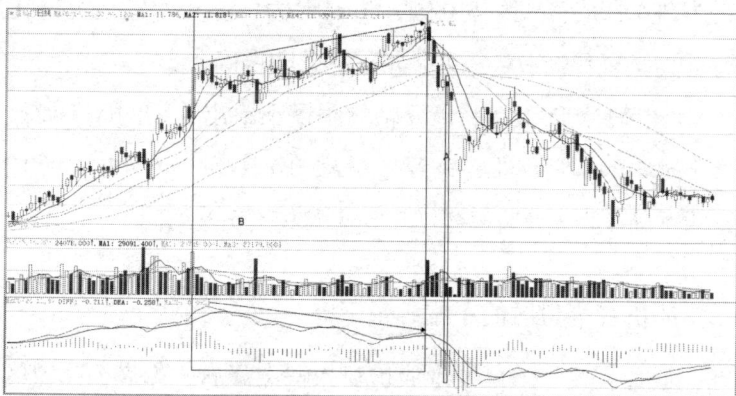

图 8-10　喜临门－日线图

（2）MACD双线跌破0轴的阴量下跌出现时，阴量下跌表现为K线为阴线，成交量为阴量，但必须确保此时MACD双线跌破0轴，方可确认为MACD顶背离结束时的卖点。例如，图8-10中B区域后的A区域，MACD双线出现相继跌破0轴期间，为阴量阴线下跌，说明趋势已转为下跌，应坚决卖出股票。

事实上对于这只股票而言，A区域的MACD双线跌破0轴的阴量下跌，只是最后的"逃命"卖点，而最佳卖点是B区域右侧第一根阴线期间，形成了明显的大阴量下跌，为明显放量下跌，此时才是最理想的卖点。

实战注意事项：

（1）MACD双线跌破0轴的阴量下跌是根据MACD这一指标的趋势转为空头弱势时，结合量价判断顶背离结束的一种卖点，所以大多数情况下，会出现在盘子略大的股票在顶背离上涨时，因小盘股如非大牛股，难以出现这种过头的顶背离上涨，而即使形成，往往也是持续两段的快速上涨行情时，所以在短线操盘时，一般早在第一段行情尾端即卖出股票，不会一路持有到最后的顶部。

（2）MACD双线跌破0轴的阴量下跌出现时，判断的关键是MACD与股价顶背离上涨中，双线跌破0轴，但在大多数情况下，只要是发现DIFF线已跌破0轴，未表现为水平小幅震荡，即可确认MACD顶背离已经结束，只要阴量下跌，即可确认卖点。

（3）在MACD双线跌破0轴的阴量下跌出现期间，不要过于纠结阴量下跌中的阴量大小，只要是MACD双线跌破0轴时向下的方向明确，即可确认为顶背离已经结束，应果断卖出股票。

8.3.3　股价在高位区的小幅缩量下跌

在持股过程中，一旦发现股价在大幅上涨后，如果在高位区出现小幅缩量下跌时，就要引起注意，因为这种看似阴量的小幅缩量，实则

并非小量，而是当前大量状态的阴量下跌，如果 K 线也表现为大阴线
或长上影线的下跌，同样说明持续上涨已经结束，应果断卖出大部分仓
位股票，其后一旦持续量价齐跌时，即清仓出局。

具体要求：

（1）股价在高位区的小幅缩量下跌出现时，通常是股价在经过持
续上涨的高位区，小幅缩量下跌中的成交阴量，必须保持在当前量能较
高水平的大量状态，阴量柱略短于之前的阳量柱；K 线为大阴线或长上
影线的阳线下跌。如图 8-11 所示，东华软件（002065）在持续上涨中，
无论是 A 区域还是 B 区域中的 1 区域和 2 区域，均出现数次阴量缩减
的 K 线震荡下跌。

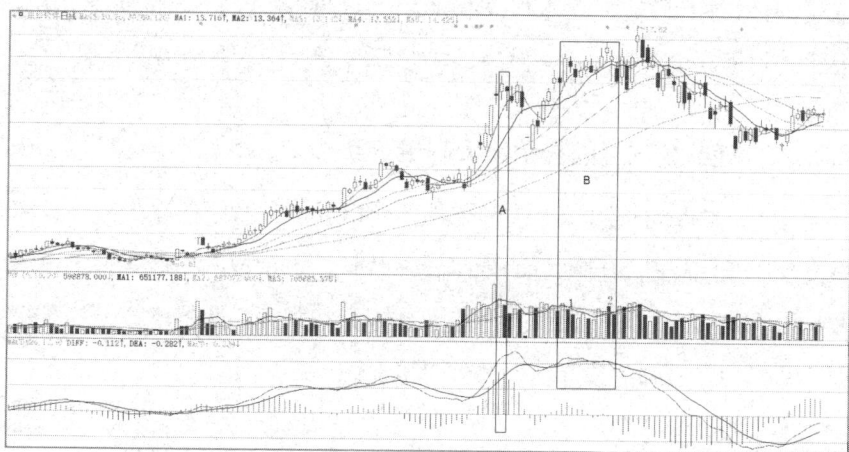

图 8-11　东华软件－日线图

（2）股价在高位区的小幅缩量下跌出现时，最佳的操盘策略是先
行卖出大部分仓位的股票，其后一旦再次量价齐跌时，即可确认持续阴
量下跌，应果断清仓出局。例如，图 8-11 中 A 区域、B 区域高位区的
小幅缩量下跌的下一个交易日的阴线阴量下跌时，应卖出大部分仓位的
股票，而在 B 区域中 1 区域或 2 区域时，再清仓出局。但由于 B 区域
形成了明显的 MACD 在高位区震荡的量价高位震荡滞涨，所以事实上

在 B 区域时，应采取逢高清仓出局的策略。

实战注意事项：

（1）股价在高位区的小幅缩量下跌出现时，往往越是在短期大幅上涨的高位区出现时，其后快速转跌的概率越大，所以是漏斗式仓位管理中减仓操作的最佳时机。

（2）在判断股价在高位区的小幅缩量下跌是否为转跌信号时，一定要注意小幅缩量下跌时的量能水平，通常为当前的大量水平，所以越是小量状态的小幅缩量，转跌的信号越不可信。

（3）如果股价在高位区的小幅缩量下跌出现后，未持续出现阴量下跌，而是转为量价齐升的上涨，则说明只是盘中的快速洗盘，可继续持股，但往往其后的涨幅通常也不会大，也要时刻谨防股价的突然转跌，因此大阴线或长上影线的下跌时，一定要选择卖出大部分仓位的股票。

8.3.4　MA 5 附近的长阴线大阴量下跌

MA 5 附近的长阴线大阴量下跌，是指股价在持续上涨中，一旦突然出现了长阴线在 5 日附近的大阴量下跌时，不管技术指标或是 5 日均线是否已经转跌，均应果断卖出股票。因为长阴线大阴量下跌是一种短期"杀伤力"极强的顶部转弱时的量价形态。

具体要求：

MA 5 附近的长阴线大阴量下跌出现时，往往股价已经历了一段明显的快速上涨，是在高位区出现了较长的阴线，K 线是位于 5 日均线附近，可在 5 日均线上方或下方，也可以是 5 日均线从中穿过阴线；成交量柱表现为当前较高水平的阴量柱。如图 8-12 所示，巨化股份（600160）在持续上涨中，进入 A 区域，K 线在阴线状态下，保持在 MA 5 上方附近，成交量为当前较高水平的大阴量，为 MA 5 附近的长阴线大阴量下跌，应果断卖出股票。

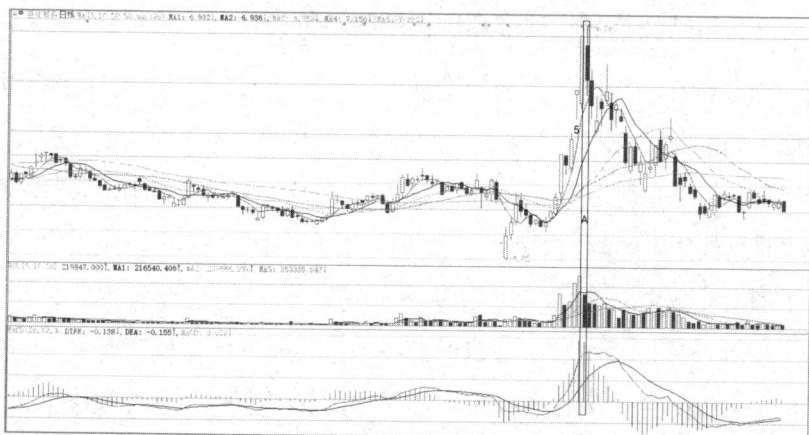

图 8-12　巨化股份－日线图

实战注意事项：

（1）MA 5 附近的长阴线大阴量下跌出现时，往往长阴线位于 5 日均线上方时，5 日均线会保持大角度上行的状态，短期转跌的技术形态不明显，但长阴线往往是创新高后的快速回落，所以卖出股票时，可结合分时图来确认股价快速由强转弱时的时机。

（2）MA 5 附近的长阴线大阴量下跌，如果是 5 日均线从中穿过长阴线，同样表明股价的快速转弱，也应果断卖出股票。

（3）如果 MA 5 附近的长阴线大阴量下跌出现时，长阴线在 5 日均线下方时，通常阴线的长度会略短，这时一定要提防 K 线为跌停阴线，所以必须结合分时图来判断趋势的快速转弱，提早卖出股票。

8.4　提前卖出的顶部快速启跌信号

当牛股在持续快速上涨过程中，一旦出现快速转弱，往往也会如当初的上涨一样十分迅猛，所以必须学会如何在股价快速转弱初期，及时把握住提前卖出时机，以便在涨跌停板制度下，能够及时逃过大跌，保住收益。

8.4.1　日线图信号：顶部启跌初期的量价齐跌

当股价在持续快速上涨的过程中，一旦进入高位区，在顶部转弱初期，如果提前卖出股票时，一定要确保日线图上表现为阴量下跌时，K线可以暂时表现为阳线，这时就要引起注意。所以提前卖出股票的基础，是日线图上的阴量下跌。

具体要求：

提前卖出股票时，必须确保日线图上，股价是在短期大幅上涨的高位区，成交量只要表现为阴量，K线可表现为阴线，或冲高快速回落的阳线。如图 8-13 所示，华资实业（600191）在日线图上，A区域开盘后，股价在快速冲高中出现回落，成交量也转为阴量，符合提前卖出股票时的日线图要求，这时就要及时观察分时图上的情况，只要形成了提前卖出的分时图要求，即应果断提前卖出股票。起码在这种情况下，当日收盘前也应卖出股票。

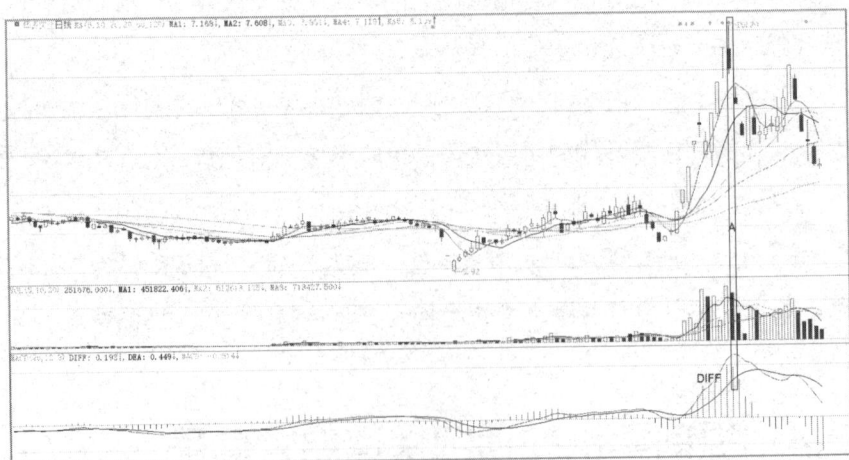

图 8-13　华资实业－日线图

实战注意事项：

（1）提前卖出股票时，日线图的形态是基础，因为在黄金坑战法中，捕捉的都是黑马股，而黑马股只有短期内经过大幅上涨后，才最容易迅速出现顶部回落，也就是快速转跌的欲望更强，所以选择提前卖出股票时，日线图上之前的大幅上涨是黑马股顶部快速启跌的关键。

（2）在黄金坑战法中，通过选股后买入的股票，即使再弱的启涨，也很难出现中途"夭折"，除非遇到短期强烈的外部信息干扰，甚至是极大的系统性风险，所以在日线图顶部启跌初期的量价齐跌出现时，至少股价的涨幅也会达到 50% ～ 60%，除非是中大盘，才会涨幅略小，但至少也在 40% 左右。

（3）在选择提前卖出时，日线图上的顶部启跌初期的量价齐跌形态，只是一个股价快速顶部转跌的征兆，具体能否提前卖出，还必须根据分时图上的快速转弱形态来确定。

8.4.2　分时图信号：股价线大角度下行的区间放量

当一只股票在短期大幅上涨后，日线图上表现出顶部启跌初期的量价齐跌征兆时，分时图上必须形成明显的股价线大角度下行的区间放量，这时才会构成提前卖出的分时图量价卖点。

具体要求：

（1）股价线大角度下行的区间放量，最明显的形态表现为：股价大幅高开后快速大角度下行，股价线向下的角度至少保持在 60 度，同时区间放量。如图 8-14 所示为紫江企业（600210）2020 年 2 月 27 日分时走势图，股价在 A 区域明显高开后，开盘后的 B 区域出现股价线以接近直线的角度向下运行，同时区间放量。只要分时图形成这种高开快速高走时，日线图满足提前卖出要求时，就应果断提前卖出股票。

（2）股价线大角度下行的区间放量，另一种略弱的表现为：小幅高开或平开后小幅上行，即转为股价线至少保持在 60° 的大角度下行，同时区间放量。如图 8-15 所示的华资实业（600191）中，B 区域股价平开后，出现短时快速震荡冲向高，A 区域出现回落时，股价线是以 90° 左右的大角度下行，同时区域放量，若是日线图符合提前卖出时，即应果断提前卖出股票。

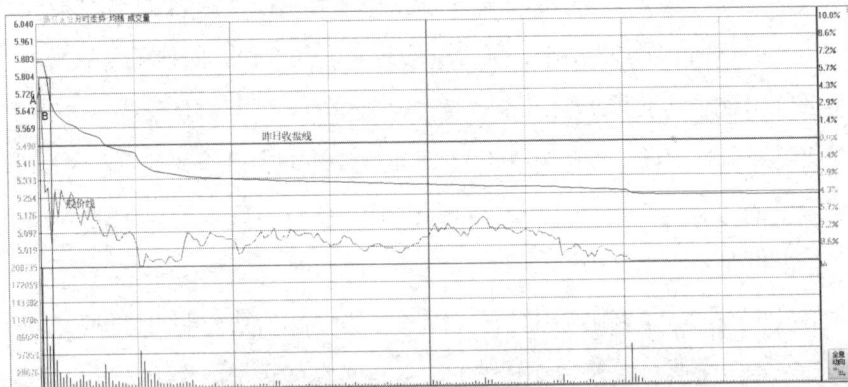

图 8-14　紫江企业－2020 年 2 月 27 日分时走势图

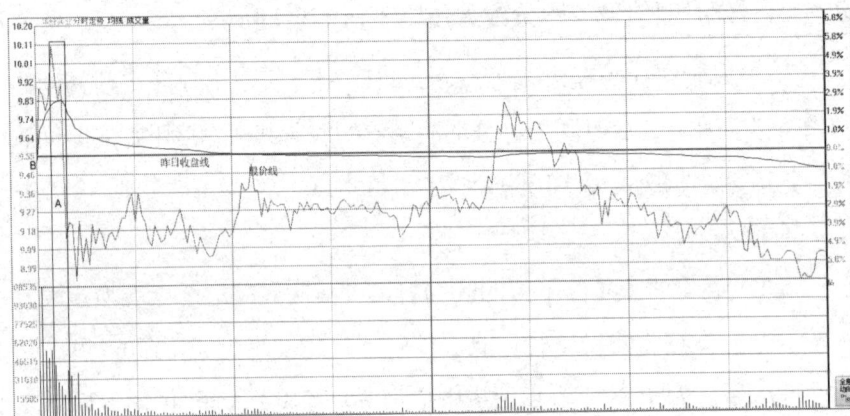

图 8-15　华资实业－2020 年 4 月 9 日分时走势图

（3）股价线大角度下行的区间放量，最弱的表现为：低开后，股价线至少保持在 60° 的大角度快速向下运行，同时区间放量。如图 8-16 所示为西藏药业（600211）2020 年 1 月 22 日分时走势图，A 区域股价在低开后的 B 区域，股价线虽然向下时表现为震荡，但整体向下的角度接近 70° 左右，为低开股价线大角度下行的快速低走，且为区间放量，所以只要日线图符合提前卖出要求时，即应果断提前卖出股票。

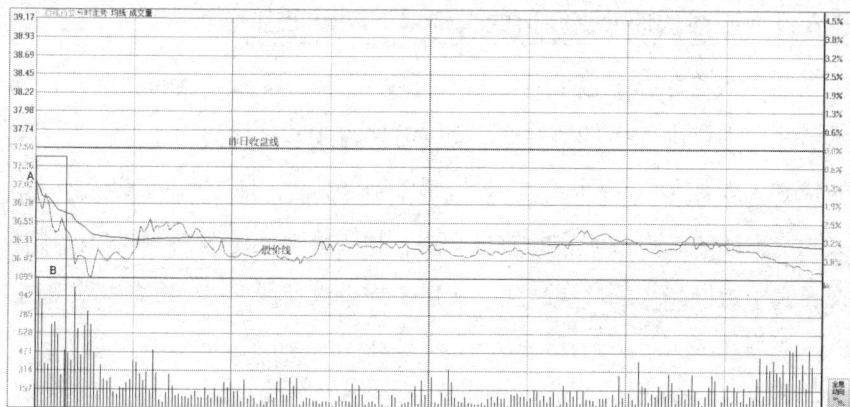

图 8-16　西藏药业 - 2020 年 1 月 22 日分时走势图

实战注意事项：

（1）股价线大角度下行的区间放量出现在分时图上时，必须确保日线图上形成了顶部启跌初期的量价齐跌，方可提前卖出股票。

（2）股价线大角度下行的区间放量出现时，开盘后股价线大角度下行是股价迅速走弱的征兆，但有时也会在开盘后出现略上行或震荡，然后转为大角度下行。但必须确保股价线向下的角度至少在 60°，原则上是向下角度越大，短期快速转跌的欲望越强烈。

（3）当分时图上出现股价线大角度下行的区间放量时，必须确保形成区间放量，这一点炒股软件上会即时提示区间放量的程度和大小，但在判断时，只要发现股价线大角度下行期间，分时量柱线保持在极长的状态时，即可确认为区间放量下跌。

8.5　实战要点

在量价卖点实战期间，标准的量价卖点和不明显的卖点，虽然能够更全面地概述出股价短期的快速转弱，但是仍然存在一些特殊的情况，一旦出现，其后 90% 以上会转为弱势，所以一定要牢记。

8.5.1　K 线快速冲高回落的大阴量下跌要卖出

根据黄金坑战法操作中，在持股过程中一旦在上涨的高位区，虽然各技术指标中的短期指标线，如 DIFF 线或 5 日均线，均保持着上涨的状态，但如果 K 线出现快速冲高回落的下跌，成交量也表现为一根大阴量，即使未形成明显的放量下跌，也应果断卖出股票。因为这种情况，属于短期趋势的快速转弱，所以不应继续持股。

具体要求：

K 线快速冲高回落的大阴量下跌形成卖点时，通常是股价短期经过了较大幅度的上涨后，K 线为大阴线，或是上影线极长实体较短的阴线或阳线，成交量为保持当前大量水平的大阴量柱，与之前的阳量柱保持长短相近或高于之前的量柱水平。如图 8-17 所示的太龙药业（600222）在持续上涨中，进入 A 区域，K 线表现为一根直接高开后快速回落的大阴线下跌，同时量能表现为一根明显极长的巨星阴量柱，为 K 线快速冲高回落的大阴量下跌，应果断根据当日分时图的弱势，提前卖出股票。

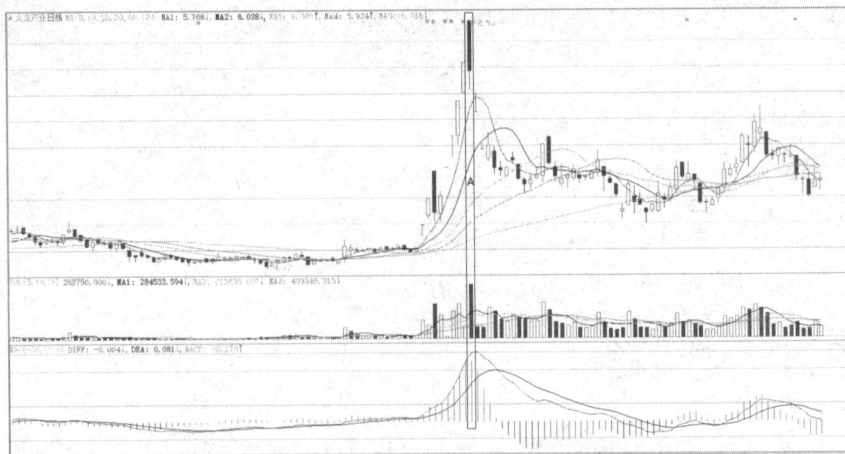

图 8-17　太龙药业－日线图

实战注意事项：

（1）K 线快速冲高回落的大阴量下跌成为卖点时，往往是股价短期大幅上涨的高位区出现，多数才是转跌的征兆，但不一定会即刻持续转跌，可能还会出现短时的冲高，才会形成明显的卖点。但 K 线快速冲高回落的大阴量下跌出现后，起码意味着一段持续快速上涨的受阻，所以应卖出股票。

（2）当 K 线快速冲高回落的大阴量下跌出现时，如果发现股价涨幅不是十分大时，也可采取漏斗式仓位管理的方法，先行卖出大部分股票数量，待其后再次转弱或形成明显卖点时，再清仓卖出。

（3）如果 K 线快速冲高回落的大阴量下跌出现时，K 线表现为一根阳线时，同样不要忽视，因为涨势依然会持续，因为成交量表现为大阴量柱，即说明盘中是以卖出为主，只不过当日的收盘价是在开盘价之上，并不能证明依然为强势，所以也要卖出。

8.5.2　K 线在 MA 5 上方上行的大阴量下跌要卖出

根据黄金坑战法操作中，如果技术指标均保持上涨状态时，一旦发现 K 线虽依然运行在 5 日均线上方，但表现为一根大阴线时，若是出现了大阴量下跌，同样说明股价短期的快速转弱，所以尽管此时未形成明显放量下跌的卖点，也应及时卖出股票。

具体要求：

K 线在 MA 5 上方上行的大阴量下跌出现时，往往是股价经过大幅上涨后的高位区，各技术指标依然保持上行状态，K 线在 5 日均线上方呈实体较长的中长阴线，成交量表现为一根与之前量能水平相近的大阴量，即应卖出股票。如图 8-18 所示，金鹰股份（600232）在持续上涨中，进入 A 区域，K 线依然在 MA 5 上方继续上行，表现为阴线下跌，但下方成交量显示为一根明显为当前较高水平的大阴量，为 K 线在 MA 5 上方上行的大阴量下跌，应果断根据当日分时图的弱势，卖出股票，起码也要在当日收盘前卖出。

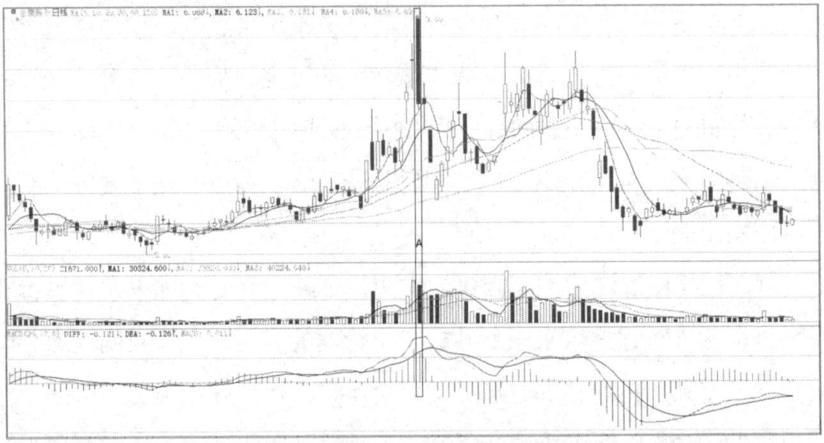

图 8-18　金鹰股份－日线图

实战注意事项：

（1）K 线在 MA 5 上方上行的大阴量下跌形成期间，往往是股价在经过大幅上涨后出现时，方可卖出股票，因只有此时的大阴量才会保持当前较高的量能水平，伴随着大阴线的出现，"杀伤力"十分强大。

（2）当 K 线在 MA 5 上方上行的大阴量下跌出现时，往往短期指标线依然保持持续上行的状态，如 DIFF 线或 5 日均线，所以此期间的技术指标见顶形态不明显，可忽略技术指标的顶部转跌形态，只通过量价来确认卖点。

（3）在判断 K 线在 MA 5 上方上行的大阴量下跌形态时，有两个关键的因素：一是大幅上涨的高位区；二是大阴线大阴量下跌。只要同时满足这两个条件，即应果断卖出股票。

8.5.3　K 线跌破 MA 5 的缩量跌停要卖出

根据黄金坑战法实战时，一旦在持股中发现股价在持续上涨的高位区，各技术指标依然保持着强势状态时，如果 K 线出现了突然跌破 5 日均线，为光脚阴线时，就要小心了，一定要及时观察分时图，若符合提前卖出的要求时，就一定要中止持股，及时卖出。

具体要求：

（1）K 线跌破 MA 5 的缩量跌停出现时，往往是股价在大幅上涨的强势状态时，突然出现低开低走低收，或是高开后大幅走低后低收，且收盘是以跌停价收盘。如图 8-19 所示，指南针（300803）在持续大幅上涨中，进入 A 区域，突然出现一根低开在 MA 5 下方略冲高低走低收的阴线，且为光脚阴线，观察发现是跌停收盘。这类形态的股票，不要非等到跌停时再决定操作，而应在当日大幅低开时即观察分时图的情况。

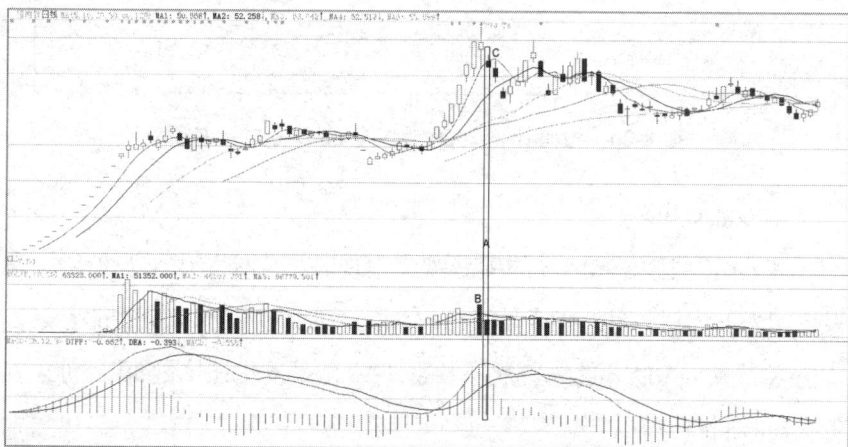

图 8-19　指南针－日线图

（2）K 线跌破 MA 5 的缩量跌停出现时，往往是股价开盘即快速下跌的状态，所以具体的卖点时机把握，往往在开盘 30 分钟内，一经发现开盘弱势，即应果断卖出股票，而不要非等到形态形成时再决定，因为跌停状态下是难以卖出股票的。例如，图 8-19 中 A 区域的分时图情况，即图 8-20 中的情况，观察发现，当日股价直接在昨日收盘线下方大幅低开后，略震荡走高即形成区间放量的股价线大角度下行，应果断提前卖出股票。

如果是早盘投资者未卖出股票，则一定要在图 8-19 中 A 区域形成

K线跌破 MA 5 的缩量跌停后的下一个交易日的 C 区域，果断在量价齐跌时卖出股票。

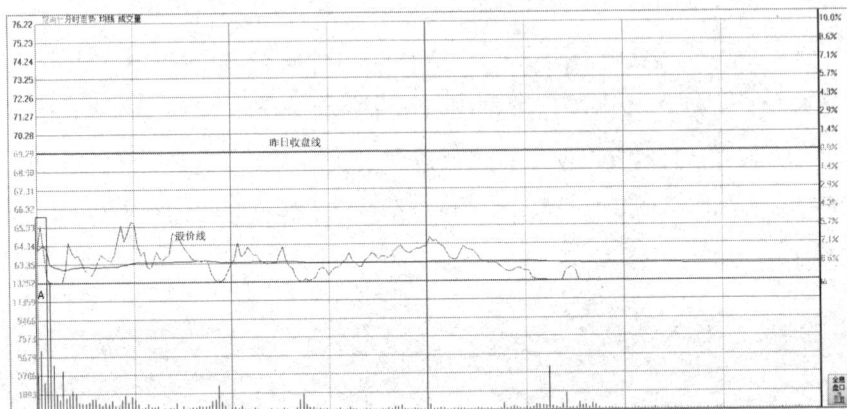

图 8-20　指南针 – 2020 年 2 月 26 日分时走势图

实战注意事项：

（1）K 线跌破 MA 5 的缩量跌停出现时，主要是由于股价的快速跌停引发的缩量，因此在持股时，一定不要忽视对早盘 30 分钟的看盘，因为 K 线跌破 MA 5 的缩量跌停几乎 99% 都是发生在早盘 30 分钟之内的极短时间内。

（2）有一种 K 线跌破 MA 5 的缩量跌停特殊情况，就是股票在停牌状态下，盘中突然出现复牌，然后快速形成了 K 线跌破 MA 5 的缩量跌停。所以，一旦持股在持续大幅上涨后，若是出现短时的停牌，就要时刻关注复牌时间，以防复牌后出现 K 线跌破 MA 5 的缩量跌停，好及时卖出股票。

（3）K 线跌破 MA 5 的缩量跌停出现时，最佳的卖点是股价开盘即形成弱势时，也就是未跌停前，如果错过了最佳卖点，也应在当日跌停价上挂单卖出，若是未成交，当日一旦打开跌停板时，或是其后的交易日未直接以跌停开盘时，除非表现为极强状态时，均应果断卖出股票。

8.5.4　大阴线被 5 日均线贯穿的量价齐跌要卖出

根据黄金坑战法实战时，一旦在持股过程中，发现股价在持续上涨过程中，突然表现为快速下跌，形成一根大阴线，并跌破 5 日均线时，依然保持量价齐跌时，就说明形成了大阴线被 5 日均线贯穿的量价齐跌，股价已经快速转弱，应及时卖出股票。

具体要求：

（1）大阴线被 5 日均线贯穿的量价齐跌出现时，是日线图上股价在持续上涨中，突然出现一根高开快速低走的阴线，并快速跌破 5 日均线，依然保持量价齐跌状态。如图 8-21 所示的南纺股份（600250）日线图上，持续上涨中进入 A 区域，形成了一根大阴线，5 日均线从中穿过阴线实体，一直保持阴线下跌状态，成交量为明显的阴量格外放大，形成大阴线被 5 日均线贯穿的量价齐跌，这类形态的股票，应在当日即表现出快速量价齐跌时，及时观察分时图寻找提前卖出时机。

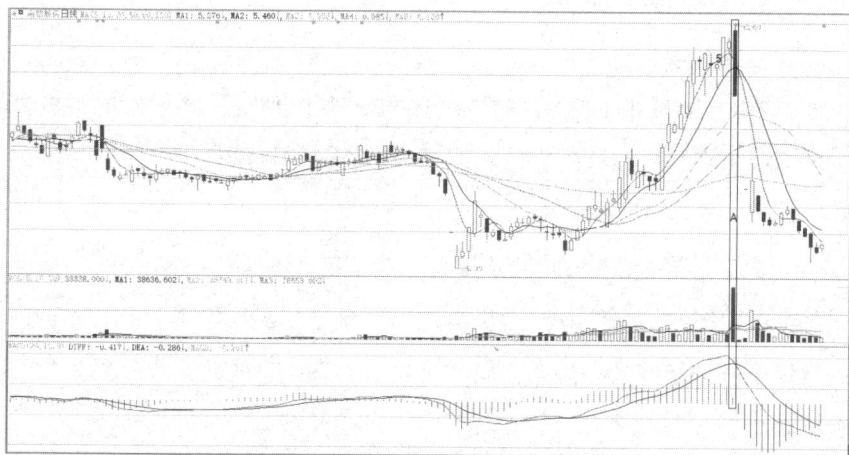

图 8-21　南纺股份－日线图

（2）判断大阴线被 5 日均线贯穿的量价齐跌形态及卖出时机时，应以日线图上 K 线阴线跌破 5 日均线为依据，同时一定要结合分时图上弱势状态的量价齐跌来确认卖点。如图 8-22 所示，即是图 8-11 中

A 区域当日的分时图走势，发现股价线在小幅高开后，即以 70° 左右的大角度下行，快速跌破了昨日收盘线，依然保持这种状态，且形成区间放量，即应果断卖出股票。即使错过了最佳卖出时机，也应在 C 区域、D 区域、F 区域，发现股价线一上涨即形成大角度向下，且未有效突破昨日收盘线时，选择卖出股票。

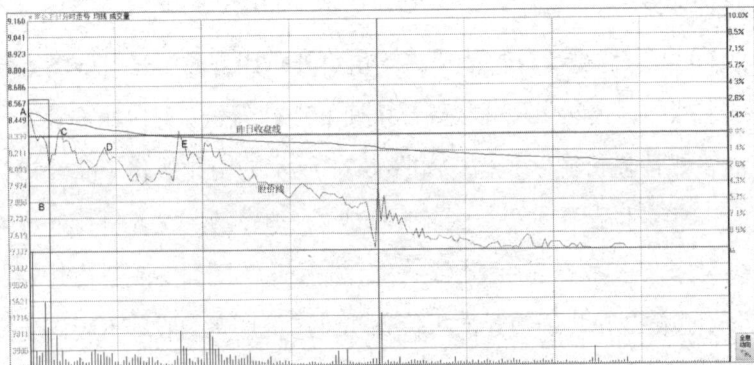

图 8-22　南纺股份 – 2020 年 4 月 9 日分时走势图

实战注意事项：

（1）大阴线被 5 日均线贯穿的量价齐跌出现时，必须确保股价在短期大幅上涨的高位区，突然出现了股价高开的持续低走低收，并确保 5 日均线从中贯穿阴线实体。

（2）大阴线被 5 日均线贯穿的量价齐跌形成期间，如果 5 日均线只是穿过阴线的上影线时，则说明是大幅低开在 5 日均线下方的弱势，同样也是一种量价卖点形态，只要是量价齐跌状态成立，也应果断卖出股票。

（3）大阴线被 5 日均线贯穿的量价齐跌出现时，最佳的卖出时机：K 线跌破 5 日均线后，依然保持量价齐跌状态时，必须结合分时图来判断卖出时机。但如果开盘即形成了提前卖出股票的弱势时，如高开大幅低走的区间放量时，同样要及时卖出股票，而不要非等到股价跌破了 5 日均线后依然量价齐跌时再卖出。

第 *9* 章
实战：黄金坑战法交易攻略与技巧

　　根据黄金坑战法实战前，一定要在了解了全部黄金坑战法的基础知识后，明白了实战交易策略、交易原则、交易纪律、仓位管理，以及交易技巧，才能灵活运用好黄金坑战法，最终通过这一战法的准确操作，短期实现巨大收益。

9.1 交易策略

在黄金坑战法实战中，交易策略是在交易前必须要明晰的内容，因为只有在正确的策略下进行交易，才能在确保交易成功的基础上，尽量减少失误和使收益最大化。

9.1.1 去弱择强交易策略

去弱择强是买入股票时的一种交易策略，是指在买入股票时，目标股如果有多只股票时，在同等条件下，一定要选择其中表现最强势的股票来操作，放弃相对表现弱势的股票。这种交易就是去弱择强的交易策略。

具体要求：

（1）去弱，是放弃相对弱势的黄金坑形态和启涨形态的股票，主要表现为黄金坑形成期间，应尽量放弃初期的底部回升形态和买点，选择强势的突破黄金坑时的买点买入；或是两只股票买入形态和买点相同时，舍弃买入形态和买点相对较弱的股票。如图 9-1 所示，鸿达兴业（002002）中 A 区域均表现为长期弱势震荡，B 区域出现黄金坑并形成底部回升阶段，属于黄金坑初成期间，所以应在其后 C 区域出现双线快速分离、开口形喇叭口的突破黄金坑时的量价齐升时再买入，这就是黄金坑买点时的去弱。同样是突破买点和黄金坑买入形态的 C 区域，如图 9-1 中的 C 区域开口形喇叭口形成时出现明显的迟缓向外扩张，表

明这只股票突破黄金坑时表现相对弱，应放弃这只股票，选择强势突破
黄金坑的如图 9-2 协鑫能科（002015）中 C 区域的强势突破的股票来买
入，这就是同样买入形态与买点时的去弱。

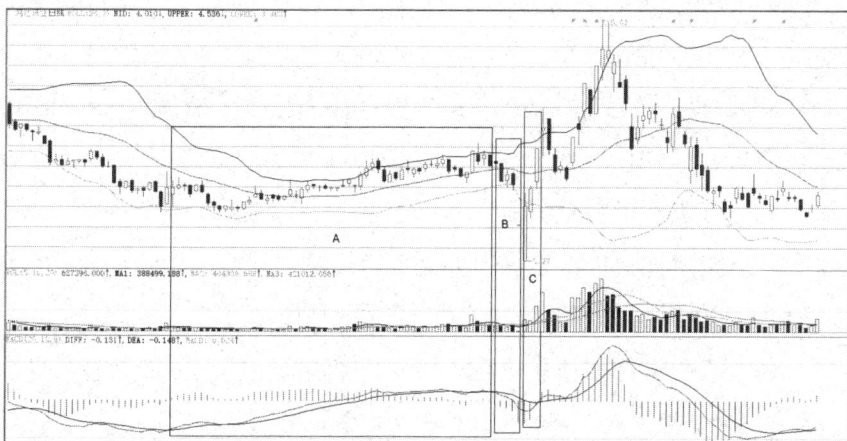

图 9-1　鸿达兴业－日线图

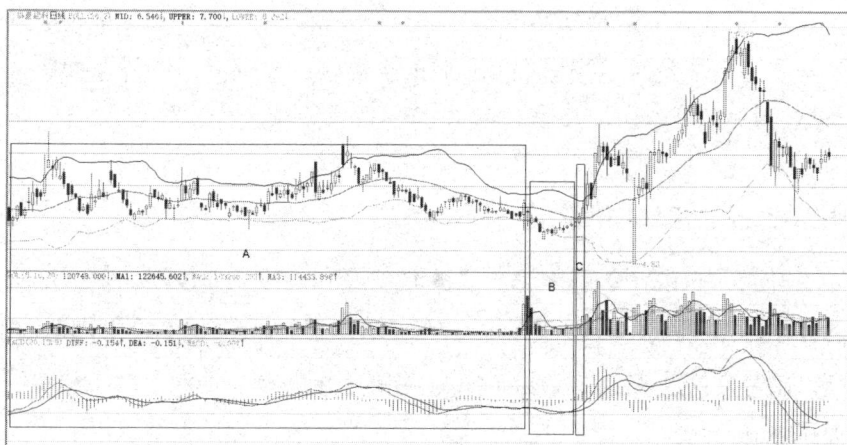

图 9-2　协鑫能科－日线图

（2）择强，是指尽量选择黄金坑形态标准的股票，并在走出黄金
坑时，选择突破买点来操作，或是同样两只股票，选择那只黄金坑买入

形态与买点更强势的来买入。例如，图 9-2 中 B 区域缓慢走出黄金坑的底部回升后，C 区域开口形喇叭口明显向外扩张期间、MACD 明显双线向上远离的量价齐升，黄金坑突破形态和突破买点标准，说明这只股票黄金坑形态和突破点十分明显。同样，与图 9-1 中突破黄金坑的 C 区域，开口形喇叭口上轨向外扩张不明显、MACD 刚刚形成 0 轴附近的金叉，双线向上远离不明显，所以选择在图 9-2 C 区域买入，就属于一种择强。

实战注意事项：

（1）在去弱择强交易策略下，一定要首先选择黄金坑形态形成前的弱势震荡时间长的股票，因为越是弱势震荡时间长，一旦启动，往往黄金坑形态更明显和标准。

（2）在去弱择强交易策略指导下，去弱择强还包括买点的强弱。因为从黄金坑的买入形态看，包括一个底部回升时的建仓买点和突破黄金坑买点。相对来讲，建仓买点时股价趋势转强较弱，突破买点时趋势转强特征明显，所以应尽量选择在强势突破买点时再操作。

（3）在去弱择强交易策略下，一旦突破黄金坑买点后失败，前期建仓者一定要及时止损出局。其后的突破买点勉强时，同样不要急于参与。

9.1.2 趋势交易策略

在黄金坑战法实战中，一定要时刻遵守趋势交易策略，因为趋势的变化在操盘的各个环节出现时，都意味着股票改变了原有的短期运行，所以趋势交易是黄金坑战法中不可忽视的交易策略，应时刻尊重趋势的变化来操作。

具体要求：

（1）在趋势交易策略中，最明显的是买入股票时，只有通过买入形态和买点形成期间，股价的趋势明显变为强势时，再来操作。如图 9-3 所示，东信和平（002017）中 A 区域形成黄金坑底的下跌，其后回升时表现为相对幅度较大的震荡上行，同时 MACD 双线尚未突破 0 轴，所以属于黄金坑底部回升的趋势强势不明显，应尽量不操作，因趋势转强不明显，即使参与也是轻仓买入。到了 B 区域，MACD 双线明显向上远离期间，形成了开口形喇叭口中股价明显放量状态的涨停阳线，但右侧表现为阴线，且此时 MACD 下方的 DEA 线未突破 0 轴，表明趋势仍未彻底转强，所以应在 C 区域股价略回落后，形成一根缩量涨停阳线时，MACD 双线完全突破 0 轴后再买入，因为此时趋势已彻底转为上涨，这就是趋势交易的买入策略。

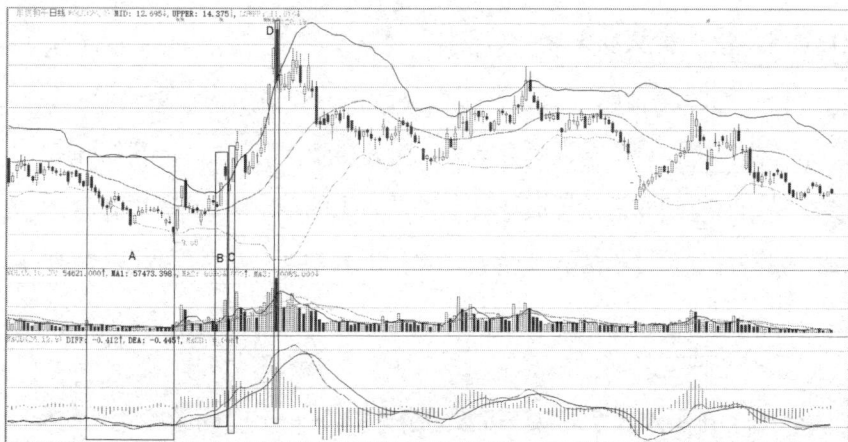

图 9-3　东信和平－日线图

（2）如果在卖出股票时，趋势即使向下变化不明显时，但只要量价卖点明显，就说明短期趋势已变弱，应及时卖出股票。例如，图 9-3 中 D 区域，虽然开口形喇叭口依然表现为持续向外扩张、MACD 双线只是出现略缓的上行，但量价表现为明显放量的长阴线下跌，说明短期趋势已变弱，应果断卖出股票。这就趋势交易的卖出策略。

实战注意事项：

（1）在趋势交易策略指导下，要想在交易时趋势能够出现明显变化，也就是转强特征明显，一定要在选股阶段，即严格按照选股时的技术面与基本面要求去选股，以确保买入交易时的黄金坑形态明显。

（2）如果在趋势交易策略下，当股价在选股阶段同样表现为长期弱势震荡时，启涨时未出现黄金坑，但股价转强特征明显时，如开口形喇叭口的量价齐升，同样要及时买入，而不一定非要等黄金坑出现后再操作。

（3）在趋势交易策略下，买入交易一定要遵守去弱择强和慢一步操作的交易策略，卖出交易时一定要遵守快一步的交易策略，这样才能准确把握好趋势的变化。

9.1.3　快一步交易策略

快一步交易策略，主要体现在股票符合提前买入的要求时，这时一定要快，应在启涨初期的强势启动时及时买入，不错过牛股。但快一步交易策略也同样适用于股票符合提前卖出的要求时，这时的快一步交易，能够及时躲过趋势快速转弱，卖在下跌初期，从而实现最终的收益最大化。

具体要求：

（1）在买入股票的快一步交易策略中，一定要确保形成了黄金坑形态，多数是在突破黄金坑时表现为强势，符合了日线图的量价齐升，以及分时图的超强特征时，再来买入交易。如图9-4所示的*ST中捷（002021），在A区域形成了长期弱势震荡中的黄金坑形态及底部缓慢回升，若是在B区域突破黄金坑时，明显表现为一字涨停的向上突破，属于强势突破，因此应结合B区域最右侧的阳线，即一字板打开的次日，也就是图9-5中分时图的强弱来快一步买入操作。通过观察图9-5发现，A区域出现股价线大角度上行的区间放量，应及时提前买入股票。这就是买入股票时的快一步操作策略和行为。

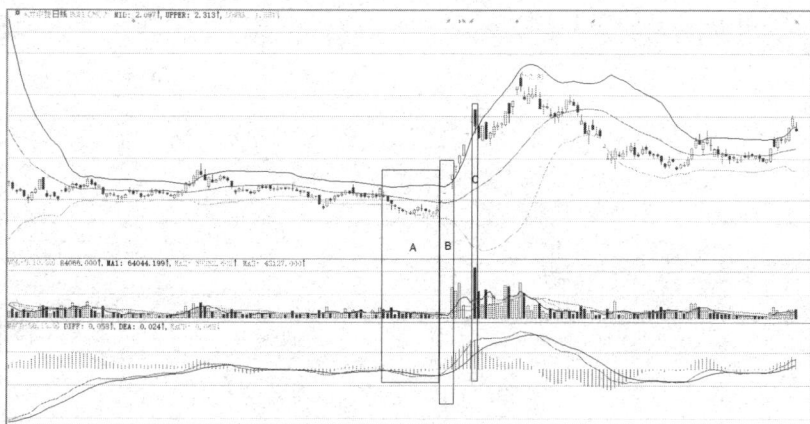

图 9-4　*ST 中捷－日线图

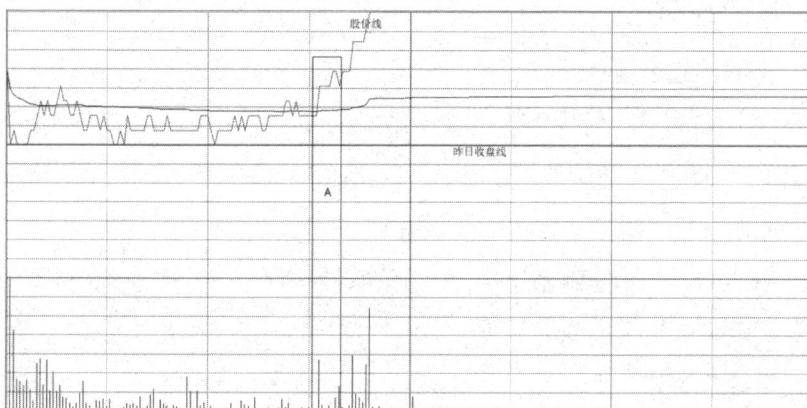

图 9-5　*ST 中捷－2019 年 11 月 21 日分时走势图

（2）在卖出股票的快一步交易策略中，一定要在启跌初期，日线图上形成量价齐跌初期，分时图上也表现出区间放量的股价线快速转弱形态时，再来提前卖出交易。例如，图 9-4 中 B 区域买入股票后，在持续快速上涨中，进入 C 区域，表现为量价齐跌，这从图 9-6 当日的分时图可看到，明显 A 区域在开盘时，股价表现为大幅高开后快速回落的股价线以几近直线的大角度下行，B 区域为一根极长的量柱线，为区间放量，所以应在 A 区域股价线直线下行期间，果断提前卖出股票。这就是卖出股票时的快一步交易。

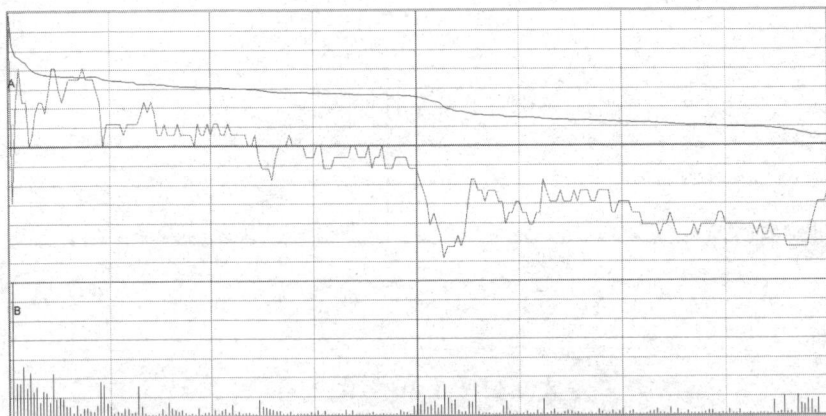

图 9-6　*ST 中捷－2019 年 12 月 6 日分时走势图

实战注意事项：

（1）快一步交易策略主要包括两方面的内容：买入交易与卖出交易。因此，在黄金坑实战操作时，一定要在操作一只股票时，引起注意，并在持股过程中时刻坚守这一交易策略。

（2）投资者在根据快一步交易策略操作时，一定要准确把握好提前买入与提前卖出的要求，所以快一步交易的策略，实质上是买入时抢在股价强势涨停前的买入，卖出交易时赶在跌停前的提前卖出，或是卖在股价快速转弱的初期。

（3）如果在快一步操作中，卖出股票时出现了卖早的情况，也不要轻易再买回来；买入时若是出现买早的情况，只要下一个交易日发现股价未强势突破，而是转为弱势震荡时，一定要止损出局。

9.1.4　慢一步交易策略

慢一步交易策略，在黄金坑战法中，主要体现在买入股票时，因为不是所有的黄金坑启涨形态的股票，都会表现为极强的状态，这是由于股价由弱突然转强时，有时候主力会表现为犹豫，出现试探性上涨，以测试上行的压力。所以，只要不是股价在突破黄金坑时，未表现为极强的状态时，一定要采取慢一步交易的策略，以确保买入后股价能够真正表现为强势，降低盲目买入的失败概率。

具体要求：

在慢一步交易策略中，主要是股价在突破黄金坑时，未表现为强势涨停等快速突破形态，所以成交量这时表现为阳量的量能放大不明显，或是量能形成巨量阳量等时，一定要确保在下一个交易日，表现为量能充足的明显放量或巨星上涨后的持续大阳量上涨时，方可买入股票。如图 9-7 所示，登海种业（002041）在 A 区域出现弱势震荡中的黄金坑下跌后，B 区域出现黄金坑底部的缓慢回升，这时不妨慢一步交易，因为在此期间 MACD 双线依然在 0 轴以下为弱势，BOLL 也刚刚形成了收口形喇叭口。但到了 C 区域，股价继续震荡走强中，在最右侧一根 K 线时，才表现为突破 BOLL 上轨的开口形喇叭口，且 MACD 双线突破 0 轴，所以应在 C 区域最右侧的阳线明显持续放量上涨的收盘前，再买入股票。这种操作，就是慢一步交易策略下的买入行为。

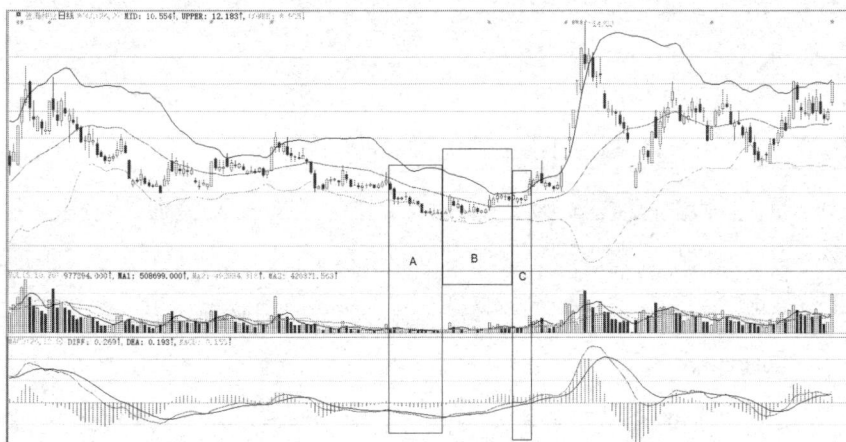

图 9-7　登海种业－日线图

实战注意事项：

（1）在实战中采取慢一步交易时，一定要首先确保黄金坑买入形态的成立，但如果股价在长期弱势震荡中未出现黄金坑即启动上涨时，更要引起注意，一定要确保突破形态成立时的量价不明显时，采取慢一步交易，待量价突破明显时再买入股票。

（2）在慢一步交易策略下，主要表现为突破点不明显的情况，所以，所有的量价突破买点不明显时，甚至是勉强时，都要按照这一交易策略来执行。

（3）如果在卖出股票时，不应按照慢一步交易策略来执行，因为股价转跌时往往是迅速的，一慢就容易错过最佳时机，所以即使卖早了，也不应再接回来。

9.2　交易原则

在黄金坑战法实战过程中，交易原则是在投资者进行交易时必须遵守的，因为任何实战技术都有其一定的原则，原则是能够进行交易的保障，所有与原则背道而驰的交易，都是不正确，也是最容易引发操作失误的。

9.2.1　原则一：量能不足的突破黄金坑不交易

量能不足的突破黄金坑不交易，是一条买入交易原则，是指当突破黄金坑的量价买点表现为量能不足的情况时，不应急于买入交易，而应采取慢一步的交易策略，直到量价齐升明显时再来操作。

具体要求：

量能不足的突破黄金坑出现时，必须确保黄金坑形态的成立，这就要求在选股阶段，股价必须符合黄金坑出现前的技术条件，呈现出长期弱势震荡的走势。当黄金坑形成期间，量能不足是在量价突破黄金坑时买点的成交量不足，而非走出黄金坑时的底部回升期间的量能不足。

如图 9-8 所示，思美传媒（002712）在弱势震荡中，在 A 区域出现了黄金坑的快速下跌，B 区域的缓慢回升期间，虽然出现了股价一路上行的突破 A 区域左侧的黄金坑出现时的下跌平台，BOLL 也表现为上轨、下轨向外扩张不够强烈的开口形喇叭口，MACD 也表现为金叉后快速向上分散的形态，但股价在持续走高中，成交量始终未能有效放大，所以属于量能不足的突破黄金坑买点，这时应保持观望，不可贸然买入。

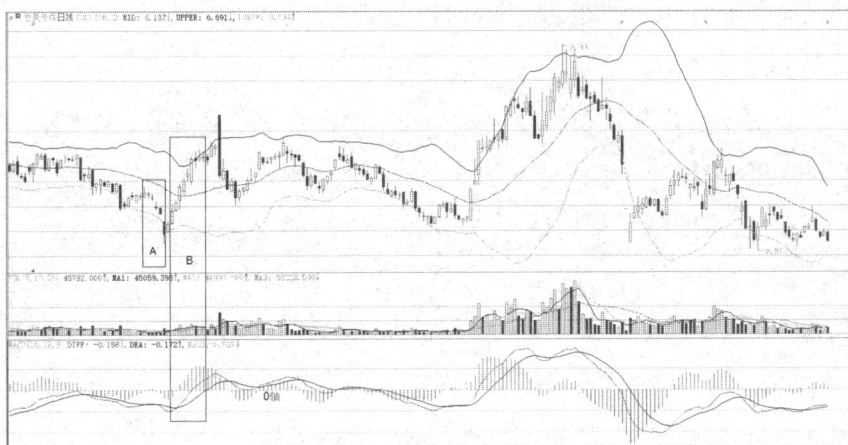

图 9-8　思美传媒 – 日线图

实战注意事项：

（1）量能不足的突破黄金坑出现时，主要是出现在突破黄金坑时的量价形态，表现为成交阳量的量能不足，而不是黄金坑底部回升阶段的量能不足，在实战中一定要分清这一点。

（2）量能不足的突破黄金坑一旦出现，就说明股价由弱转强时未得到成交量的支持，所以通常是股价震荡走高的表现，因此不可贸然买入股票，以免提前买在主力的震仓阶段。

（3）在走出黄金坑的底部回升启涨阶段，多数情况下量价都会表现为量能不足，所以这时只是轻仓的建仓点，对于投资者来说，也可以不选择在此阶段建仓，直到突破黄金坑时未表现为量不足时再重仓操作。

9.2.2　原则二：巨量上涨的突破黄金坑不交易

巨量上涨的突破黄金坑，是指黄金坑形态成立后，股价突破黄金坑时的量价形态表现为量能过大时，说明股价的上涨引来了众多的跟风资金，但同时也表明底部低位获利筹码的大批兑现利润的离场，股价上涨的压力依然很大，主要是主力筹码不够集中导致的，其后99%股价会出现回落震荡，所以不应贸然买入交易。一定要等到能够持续这种大量状态的上涨时，再来买入。否则就应以持币观望为主。

具体要求：

巨量上涨的突破黄金坑出现时，必须确保突破黄金坑形态的成立，只是在量价突破买点出现时，成交量表现为一根极长的阳量柱，通常要明显超过之前弱势时的量柱水平，达到至少成交量区域的一半以上时，甚至是天量阳量时，方可确认巨量上涨的突破黄金坑，这时一定要坚持慢一步交易的策略，遵守不买入的交易原则。如图9-9所示，兔宝宝（002043）在A区域形成弱势震荡中快速下跌的黄金坑后，股价出现了黄金坑底部回升，到B区域形成MACD在0轴上的死叉不死和突破上轨的开口形喇叭口时，成交量却表现为持续小阳量状态的突然出现一根高于之前所有量柱水平的阳量，为巨量上涨，所以不可贸然买入，只有其后C区域依然表现为大量水平的持续上涨时，方可买入。

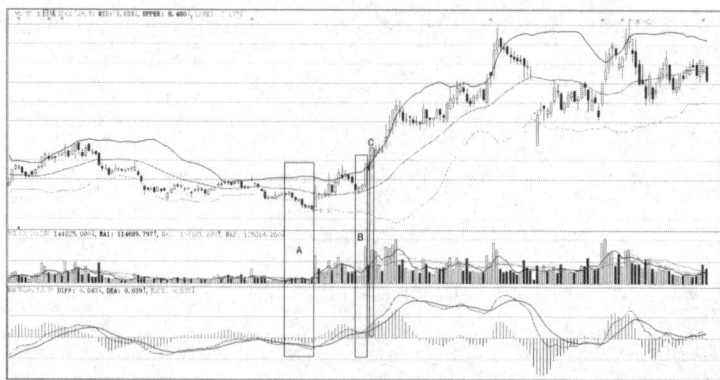

图9-9　兔宝宝－日线图

实战注意事项：

（1）在判断巨量上涨的突破黄金坑形态时，主要是突破黄金坑时的量价表现为巨量上涨，所以必须确保突破黄金坑形态的成立，因为在黄金坑战法中，黄金坑形态与突破黄金坑形态是交易与否的基础。

（2）当巨量上涨的突破黄金坑出现时，主要是突破黄金坑时的量价形态，表现为明显放量上涨中的量能过大，属于股价转强时不健康的量价表现，所以不应交易。

（3）当巨量上涨的突破黄金坑出现时，一定要遵守慢一步交易策略，只有在其后表现为持续阳量大量状态的持续放量上涨时，方可交易，否则应采取一直不交易的态度。

9.2.3　原则三：高位趋势不明朗时坚决卖出

高位趋势不明朗，是指当根据黄金坑形态与突破黄金坑的量价信号买入一只股票后，一旦股价在持续快速上涨中进入高位区，股价表现为中止上涨的状态，但又未转为下跌时，也就是股价运行的方向不明朗时，一定要坚持坚决卖出的交易原则，因为继续持股已经无法实现获利，所以应落袋为安。

具体要求：

高位趋势不明朗，往往出现在股价持续上涨的高位区，形成了高位震荡滞涨，成交量也通常会表现为当前较高水平的量能，量价多为高位放量滞涨状态，所以一定要坚持坚决卖出的交易原则。如图 9-10所示，美年健康（002044）在持续上涨中，当进入 A 区域的高位区后，虽然均线依然保持明显的上行状态，MACD 双线也在高位区表现为持续上行，但股价却表现为高位震荡，成交量虽然放大不明显，但为当前的大量水平，所以股价的高位震荡，说明在高位区的趋势出现不明朗，应坚决卖出股票。

图 9-10　美年健康－日线图

实战注意事项：

（1）在判断高位趋势不明朗时，主要通过 K 线的趋势来判断，只要发现 K 线无法持续上涨，表现为震荡滞涨时，成交量也表现为当前的大量水平时，即可确认，就应坚持及时卖出股票的交易原则。

（2）高位趋势不明朗的交易原则，是应对股价转弱前的一种相对缓慢筑顶形态的交易原则，所以此时的参考依据主要是量价表现为高位放量滞涨或高位大量滞涨，其他指标的判断往往是次要的，包括 5 日均线的方向变化。

9.2.4　原则四：强势突破黄金坑，提前买入

强势突破黄金坑，是股价走出黄金坑后快速上涨的一种表现，因为一旦出现这种强势突破，就说明牛股已快速启动加速上涨，所以必须坚持提前买入的交易原则。

具体要求：

强势突破黄金坑出现时，有两种强势突破的方式：一种是突破黄金坑的强势技术形态，如 BOLL 突破上轨的开口形喇叭口；另一种是量价的强势突破，主要表现为涨停阳线的量价齐升期间，分时图上表现为区间放量的股价线大角度上行。这两种形态同时出现时，才会构

成提前买入的要求。如图 9-11 所示，海特高新（002023）在弱势震荡中进入 D 区域，形成了明显的黄金坑，且在 A 段走势表现为黄金坑底部的缓慢回升，但在 B 区域股价突破前期黄金坑下跌前的 E 区域平台时，股价表现为涨停阳线，且形成了开口形喇叭口，MACD 也形成了金叉后双线向上发散，且突破了 0 轴，所以 B 区域的突破完全符合提前买入股票时的日线图强势突破。在操作时，应根据当日的分时图，即图 9-12 中 A 区域股价在高开状态的大角度上行中 B 区域的区间放量，果断提前买入股票。

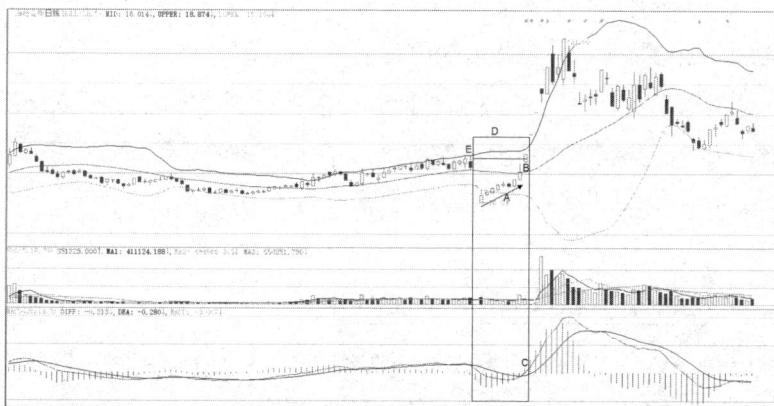

图 9-11　海特高新 - 日线图

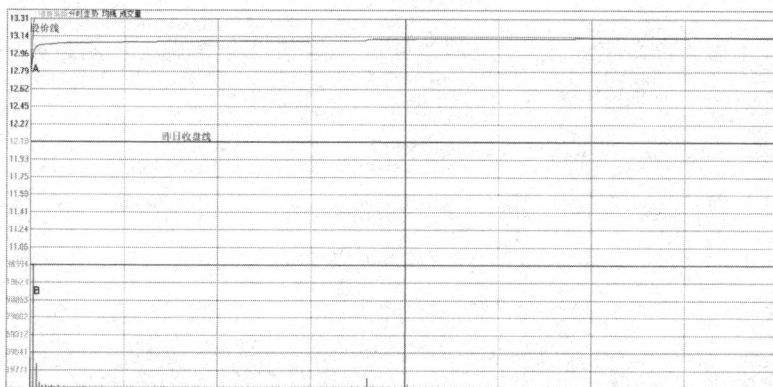

图 9-12　海特高新 - 2020 年 2 月 14 日分时走势图

实战注意事项：

（1）强势突破黄金坑出现时，多数时候会表现为突破黄金坑的技术指标形态和量价强势形态，所以在提前买入操作时，一定要通过观察日线图，分时图上形成了快速涨停前再来提前买入，不要刻意在意日线图上的明显放量，只要不表现为短时的突发巨量即可。

（2）在判断强势突破黄金坑时，通常技术形态的强势突破，是股价回到黄金坑出现前的下跌平台时，才会构成突破黄金坑。但股价强势突破时，也可能表现为在走出黄金坑时，突然表现为快速涨停，此时的股价往往还未到达黄金坑下跌的平台处，但股价强势的快速涨停已能表明快速上涨的坚决，所以也应及时提前买入股票。

（3）在寻找提前买入的时机时，投资者应在黄金坑底部回升期间，即通过观察分时图的表现来捕捉战机，尤其是股价回升到了黄金坑下跌前的平台附近时，这种日线图的强势突破黄金坑最容易出现。

9.2.5 原则五：巨量下跌，提前卖出

巨量下跌，是指在根据黄金坑形态买入一只股票后，一旦在持股过程中，量价突然表现为巨量下跌时，说明短期趋势已快速转弱，应尊重趋势交易策略，坚持提前卖出股票的交易原则。

具体要求：

巨量下跌主要是出现在持股阶段，股价在持续快速的上涨过程中，量价突然表现为明显高于之前量柱水平的成交阴量柱，甚至达到了天量阴量；K线呈阴线下跌，或实体较长的大阴线，或上影线极长的阴线。一旦出现，就应在日线图量价齐跌状态下，分时图上形成弱势状态时，提前卖出股票。如图9-13所示，横店东磁（002056）在持续快速上涨中，A区域在高开时突然出现了快速上冲，转量价齐跌时，即应观察分时图的情况下，即图9-14中的情况，明显股价表现为大幅高开后的快速上行并封在涨停板，但打开涨停板后的A区域，表现为股价线大角度下

行的区间放量，所以应果断在 A 区域提前卖出股票。

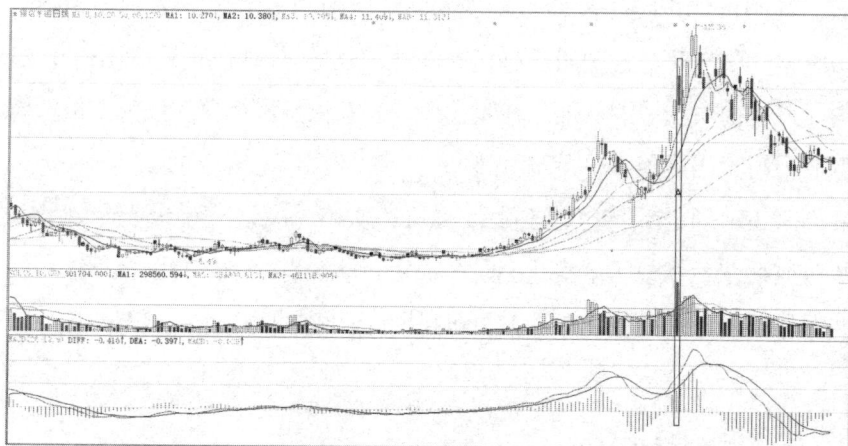

图 9-13　横店东磁－日线图

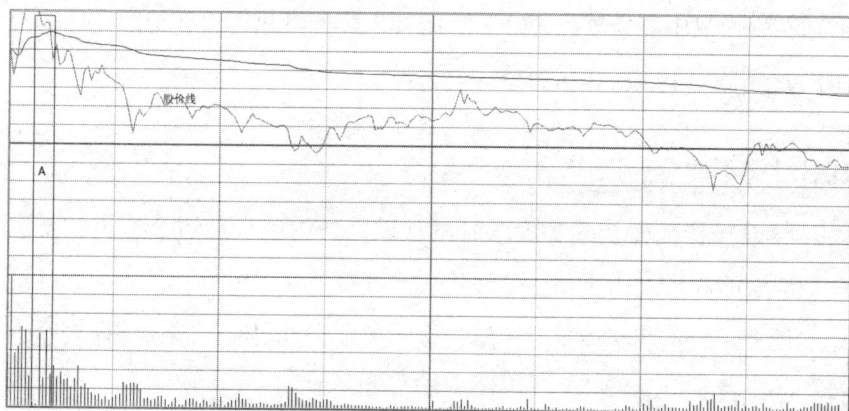

图 9-14　横店东磁－2020 年 2 月 19 日

实战注意事项：

（1）巨量下跌、提前卖出的交易原则，往往是在股价经过一定幅度的快速上涨过程中突然出现的格外放量下跌时，所采取的提前卖出操作。所以在实战时，持股者一定要在持股过程中时刻留意量价整理是否为健康的整理状态。一旦发现量价不健康时，就要及时中止继续持股。

（2）在巨量下跌、提前卖出的交易原则下，一定要确保成交量为较大的阴量柱，同时K线也表现为阴线，因为一旦K线表现为阳线、成交量为阴量时，说明股价已止跌回升，只是买入量尚小于卖出量，这时不应提前卖出股票，而应在收盘前，只有依然保持着阴量为巨量状态时，方可卖出股票。

（3）一旦持股者根据巨量下跌提前卖出了股票，就不要再买回来，即使其后依然恢复了上涨也会时间极短，涨幅有限。只有巨量下跌期间形成了空中加油的形态时，方可再买回来，否则就应保持观望。

9.3　交易纪律

交易纪律，在黄金坑战法的交易过程中是不能违背的规定，投资者在实际操盘中应像战士遵守军队纪律一样严格执行，在纪律允许的范围内去交易，才能最终获利持久收益。

9.3.1　不要全仓操作

全仓操作，就是买卖股票时喜欢以账户内的全部资金买入和卖出一只股票的操作。由于黄金坑战法属于捕捉黑马股的操作，操作的往往是短期大牛股，获利通常更丰厚，因此更要在操盘时严格遵守不要全仓操作的纪律。

全仓操作的危害：

一旦在判断黄金坑形态及突破黄金坑形态时出现失误，全仓操作就会加重这种投资行为，造成亏损加大。全仓操作的行为又会无形中滋生赌博心理和追涨杀跌等行为，难以再根据黄金坑的正确操盘理念和步骤进行操作，造成屡战屡赔的长期亏损。所以，即使突破黄金坑形态时的突破点表现得再强势时，也应克服全仓操作的不良习惯，只按照要求重仓操作。如图9-15所示，德美化工（002054）在长期弱势震荡中的

A 区域，股价和 MACD 形成了明显的黄金坑底部回升形态，其后的 B 区域形成 MACD 双线快速向上发散时，BOLL 也形成了开口形喇叭口，并出现持续放量上涨。但即使技术熟练的投资者，也不可全仓操作，因为如果对 BOLL 指标运用不熟练，就只是在 B 区域发现了开口形喇叭口的初期形态，却未看清这种 A 区域向下开口中的波带极度扩张中再度出现的开口形喇叭口，并非快速启涨，只是加剧震荡的表现，只有波带极窄状态下的开口形喇叭口，才是股价上涨时的征兆，所以全仓操作很容易在买入后遇到股价震荡转弱的情况，一旦反应不及时，很容易出现亏损，进一步影响技术的正确发挥，造成持续亏损，并由此而去追涨杀跌。

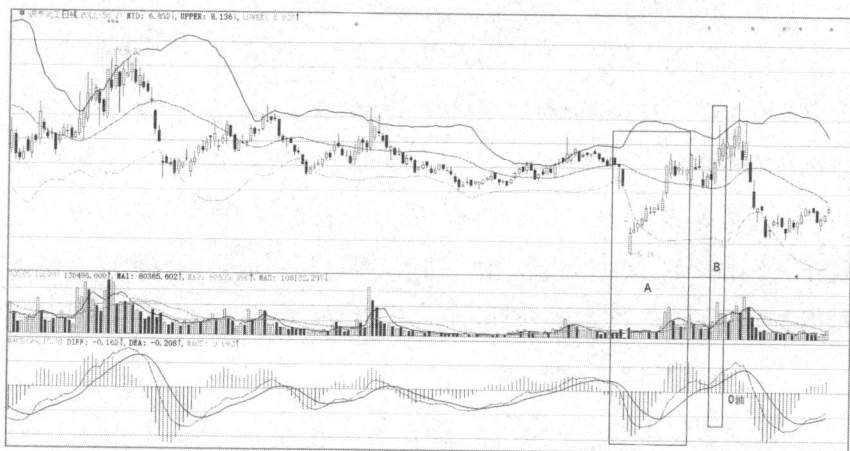

图 9-15　德美化工－日线图

克服全仓操作的方法：

（1）在黄金坑战法实战时，不要总是想着买入后能够获利多少，而要首先想到投资的风险，因为任何一种操盘技术都存在一定的缺点，同时也会存在因人为原因造成的客观判断失误的情况，这样就不会去全仓操作了。

（2）克服全仓操作的另一种方法，就是做到不要总盯盘和克服内心的贪婪，因为总盯盘就会看到强势股，从而滋生内心的贪婪，抱着赌博心理去实战，就容易全仓操作。所以，要想克服全仓操作，一定要遵守不要总盯盘和克服贪婪的纪律。

9.3.2 不要总盯盘

盯盘是投资者必须做的一件事情，因为不盯盘就无法观察到股价的强弱，但盯盘不等同于总盯盘，只要在几个重要的时间点去看盘，就完全可以掌握股价趋势变化的动向，提防意外变盘情况的发生。所以，要想严格遵守不要总盯盘的纪律，就要明白盘中几个重要的看盘时间点。

正确的盯盘时间：

（1）早盘，是指上午开盘后 30 分钟内，因为这一时间内往往是多空多方争夺最激烈的时刻，早盘最容易形成快速转强与快速转弱的变盘点。如图 9-16 所示的神州泰岳（300002）2010 年 4 月 7 日分时走势图上，在早盘的开盘后 30 分钟内，股价表现为大幅高开后水平震荡，且在 B 区域表现为股价线大角度上行，A 区域形成区间放量，一旦这种形态出现在日线图突破黄金坑时，即是提前买入的时机，所以看盘时一定不能忽略对早盘的观察。

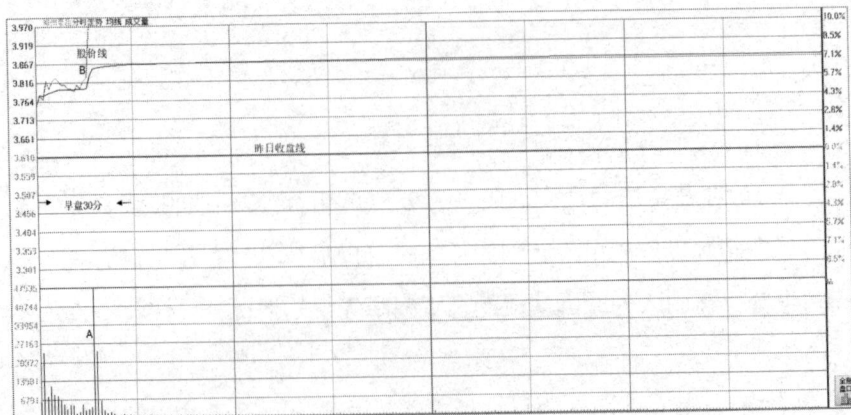

图 9-16 神州泰岳 - 2010 年 4 月 7 日分时走势图

（2）10 点，是指 10 点至 10 点 30 分。一只股票，无论开盘后表现如何，只有到了 10 点以后，其运行才会真实地反映出当天的趋势，所以 10 点至 10 点 30 分是最容易看出股价当天趋势真实走向的时间，是不容忽视的看盘时间点。如图 9-17 所示为莱美药业（300006）2020 年 2 月 4 日的分时走势图，股价在高开后表现为震荡走低，但向下一遇到昨日收盘线，即震荡走高，在进入 A 区域的 10 点至 10 点 30 分期间，股价线表现为在开盘价之上的震荡上行，说明当日的强势特征，若是日线图符合黄金坑突破形态的买点要求时，10 点至 10 点 30 分 A 区域的表现形态，即是买入时机。如果持股中出现这种形态，也应坚定持股。因此，不可忽视 10 点至 10 点 30 分这一时间段的看盘。

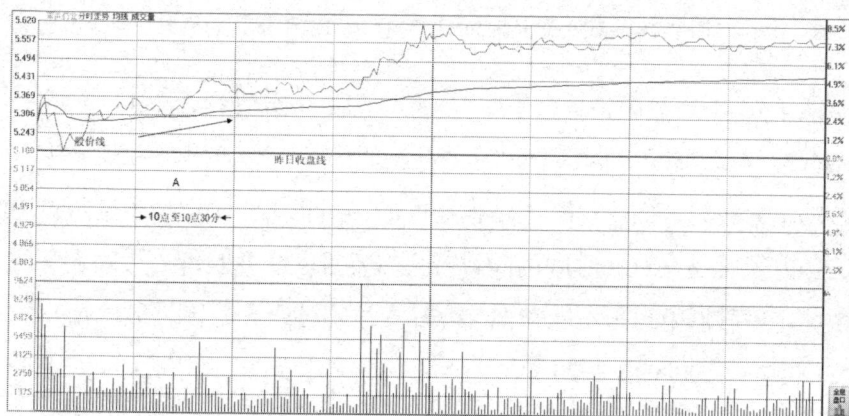

图 9-17 莱美药业 - 2020 年 2 月 4 日分时走势图

（3）午后开盘 30 分，是指午后开盘 30 分钟内，即 13 点至 13 点 30 分的时间段。因经过一个上午及中午的休息，多空双方中的一方，最容易选择这一时间突然发动攻势，所以也是最容易出现变盘的时间点。如图 9-18 所示为南风股份（300004）2019 年 11 月 12 日的分时走势图，在午后开盘 30 分钟内，股价线在继续维持上午的横盘强势整理状态后，突然出现 A 区域的股价线大角度上行，B 区域形成区间放量，所以一旦日线图形成了突破黄金坑时，或是持股中出现，可进行买入操作或加仓买入操作。因此，看盘时一定不能忽视了午后开盘 30 分钟这一时间段。

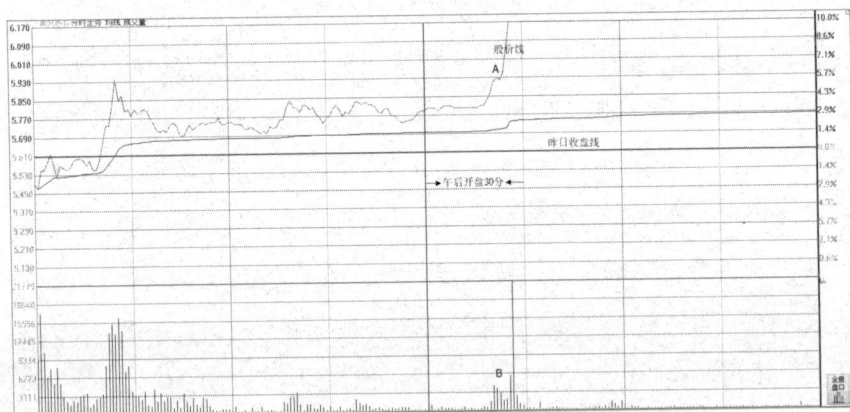

图 9-18　南风股份 - 2019 年 11 月 12 日分时走势图

（4）午后盘中，是指午后的 14 点前后 30 分钟内，即 13 点 45 分左右至 14 点 15 分，因这一时间内，经过了几乎全天的争夺后，多空双方都十分疲惫，而这一时间段也是人最容易犯困的时间，多空双方中的一方很容易在这一时间内向对方突然发难，改变股价全天的走势。因此，午后盘中也是不能忽视的容易变盘的时间点。如图 9-19 所示为安科生物（300009）2020 年 2 月 5 日的分时走势图，在午后 14 点前后 30 分钟的 A 区域，虽然股价线保持着小幅震荡上行，但之前 B 区域明显出现股价线一定幅度的快速上行，也就是 B 区域已经结束了上午股价线保持在昨日收盘线上方附近的整理，股价已转强，所以一旦日线图在突破黄金坑时，分时图表现为这种形态时，即应买入股票。持股中发现时，也应安心持股。因此，看盘时也不能忽视午后盘中这一时间段。

（5）尾盘，是指收盘前 30 分钟内，即 14 点 30 分至 15 点之前。因收盘价关系到次日的开盘价，所以多空双方最喜欢在一只股票收盘前突然向对方发难，打对方一个措手不及，当对方反应过来时，股价已收盘，难以再改变走势。因此，收盘 30 分钟内也是最容易变盘的时间点。

如图 9-20 所示为探路者（300005）2019 年 12 月 19 日的分时走势图，在整个交易日内，股价线始终保持在昨日收盘线附近反复小幅震荡，下方量能均衡，但进入尾盘 30 分钟后，股价在向上震荡上行，出现了尾盘的明显持续震荡上涨，下方量能持续放量，表明当日的整理已经结束，如果日线图表现为突破黄金坑时，尾盘这种持续震荡放量上涨的形态，就成为买入股票的时机。若是持股中表现为这种形态，同样可以安心持股。所以在看盘中不能忽略尾盘这一时间段。

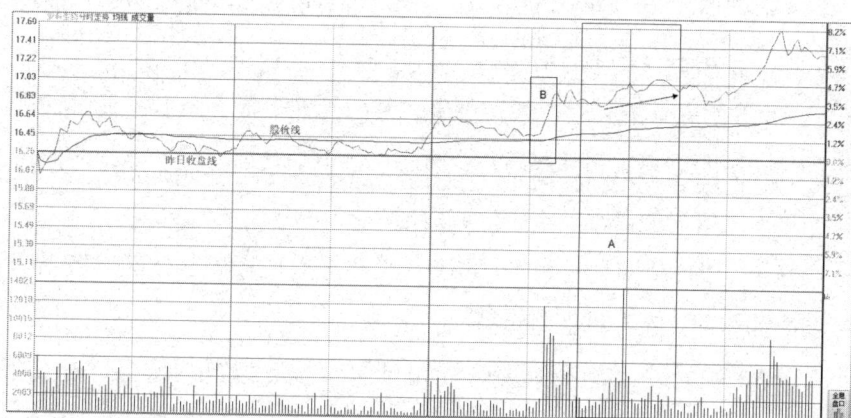

图 9-19　安科生物－2020 年 2 月 5 日分时走势图

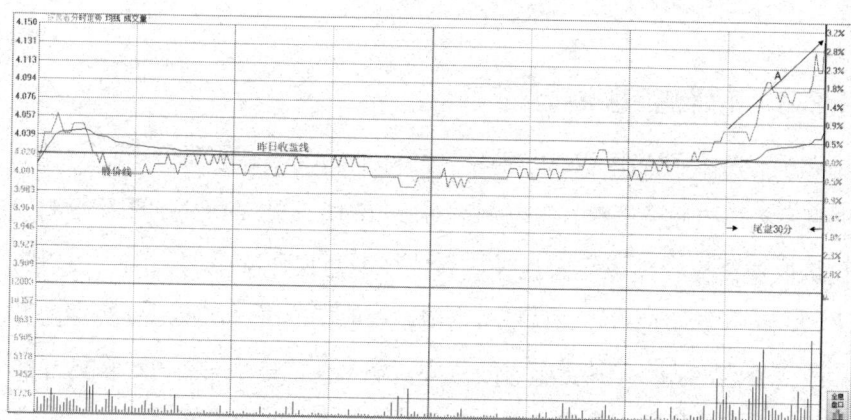

图 9-20　探路者－2019 年 12 月 19 日分时走势图

克服总盯盘的方法：

（1）要想克服总盯盘的不良习惯，首先要明白 5 个重要的看盘时间点，这样才能在买股、持股与卖股期间，抓住最容易变盘的时间点观察，就不会总盯盘了。如买股与卖股时最重要的早盘 30 分钟，是最容易形成提前买入与提前卖出时机的时间。

（2）克服总盯盘的不良习惯，就要在选股阶段开始做起，尽量选择收盘后或节假日去操作，这样就不会总去留意龙虎榜了，更有利于集中精力去选股。因为黄金坑战法属于捕捉黑马股的操作，一只黑马股在蛰伏期间，是不会轻易启动的。

（3）如果是选股后，观察黄金坑突破形态期间，只要把握好 5 个看盘时间点即可观察到强势与否，若是突破黄金坑时，只要 5 个时间点期间不出现快速变盘，就不会形成提前买入时机。

（4）如果是持股期间，只要在 5 个重要时间段内，依然保持强势或健康的整理状态，就应坚定持股。

（5）卖股时，应特别留意早盘的开盘状态，以确认是否为弱势。同时在其余 4 个时间段内，只要不形成快速转弱，就应持股，一旦变盘，应果断卖出。因为只要不是早盘出现的快速转弱，通常其他几个时间段内，很难一蹴而就表现为极度的转弱形态的。

9.3.3 不要靠消息交易

消息分利好消息和利空消息，利好消息容易刺激股价上涨，利空消息容易造成股价下跌，所以消息对股价的短期走势产生的明显影响，也是很多投资者在短线操盘时容易依靠消息操作的主要原因。但事实上，无论利空还是利好消息是否出现，一般情况下，都很难在短期内真正改变股价走势。尤其黄金坑战法中，消息往往是不重要的，因此在操盘中一定要严格遵守不靠消息交易的纪律。

消息对股价的真正影响：

由于黄金坑战法属于捕捉黑马股的操作，所以短期消息的出现，多数时候是没有意义的，因为黑马股启动前，股价都经历了较长时间的弱势整理，一旦启涨，除非对上市公司出现了突发的几乎是毁灭性的利空消息，否则很难撼动其上涨趋势。

因为所有潜在的利空，若是对上市公司基本面构成严重威胁，就不会出现启动了。而出现大幅上涨期间的所有利好，几乎都会成为主力出货的最佳时机。

图 9-21 所示为同花顺研究中心在 2020 年 3 月 9 日发布的一条利好消息，为对美出口的口罩产品实施了免除关税，对所有口罩生产厂商都是一个利好，因为疫情期间，口罩为紧俏商品，尤其在疫情期间难以全面复工的情况下。但仔细分析就会明白，无论市场如何需求，口罩生产厂家是难以实现口罩超出日常产量的情况的，只不过不会积压产品，且对美出口的口罩免除关税，意味着厂家的利益增厚，所以通常情况下是短期利好的消息。

但在黄金坑战法操作股票时，具有口罩概念的如图 9-22 所示的延江股份（300658），很容易就可以看出，这只股票早就在 2019 年即形成了长期的弱势，且刚好在 2020 年 1 月底到 2 月初期间的 A 区域出现了一个明显的黄金坑形态，只不过在黄金坑底部回升时，恰好是 2020 年 2 月初国内因疫情原因，口罩出现了一罩难求，所以这种黄金坑回升时表现为持续强势，如果不是长期关注股市的投资者，往往会因疫情出现而忽略这种黄金坑回升加强势突破的形态。

在其后图 9-21 中 2020 年 3 月 9 日同花顺研究中心在发布利好消息时，也就是图 9-22 中 B 区域，当日虽然股价直接涨停，如果投资者是根据消息来操作，其后 C 区域买入股票，则其后 D 区域就会短期出现大幅亏损。

因为在利好公布时，国内疫情已得到了有效控制，口罩的大幅短缺已经缓解，所以这一时间，往往是主力借利好大举出货的时机。普通投资者若是根据消息操作，势必会造成亏损。而一旦割肉卖出，却发现，虽然国内疫情得到了有效控制，但国际疫情却并未出现好转，所以对于口罩生产企业，同样是一种利好，但消息在此期间却未出现，这也是图 9-22 中 D 区域其后股价再次出现持续上涨的原因，但如果其后随着全球疫情的快速发展，尤其是美国疫情的不断发展，一旦再发布利好消息，反而又会成为主力借机出货的时机，而从当前的股价涨幅看，已从之前的低位平台的 11 元左右快速上涨到 42 元多，一旦投资者根据消息再次接盘，则随着全球疫情的渐缓，必然会成为高位接盘侠，因为再大的利好，也难以支撑股价如此的涨幅，所以高位接盘后必然会导致长期被套。

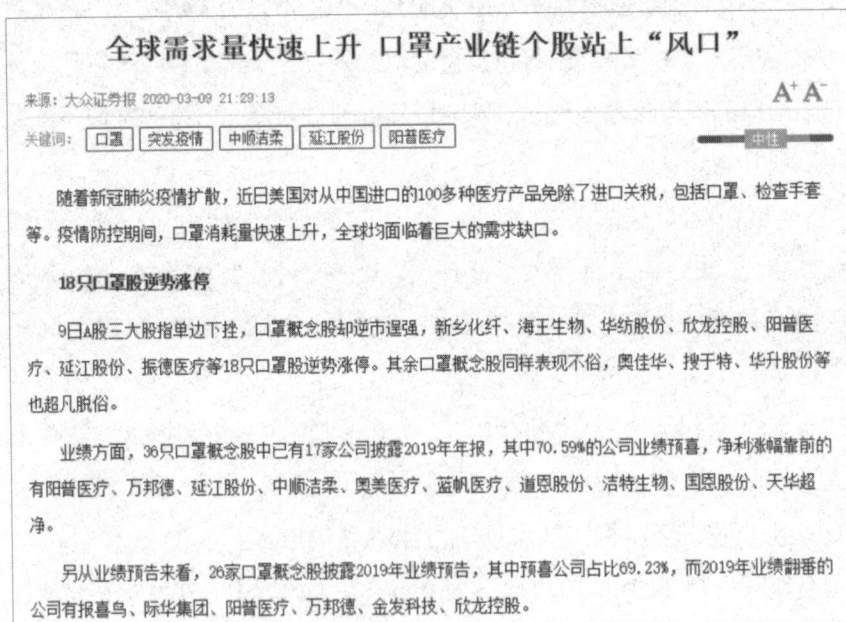

全球需求量快速上升 口罩产业链个股站上"风口"

来源：大众证券报 2020-03-09 21:29:13 　　　　　　　　　　　A⁺A⁻

关键词： 口罩 　 突发疫情 　 中顺洁柔 　 延江股份 　 阳普医疗 　　　　　　　中性

　　随着新冠肺炎疫情扩散，近日美国对从中国进口的100多种医疗产品免除了进口关税，包括口罩、检查手套等。疫情防控期间，口罩消耗量快速上升，全球均面临着巨大的需求缺口。

18只口罩股逆势涨停

　　9日A股三大股指单边下挫，口罩概念股却逆市逞强，新乡化纤、海王生物、华纺股份、欣龙控股、阳普医疗、延江股份、振德医疗等18只口罩股逆势涨停。其余口罩概念股同样表现不俗，奥佳华、搜于特、华升股份等也超凡脱俗。

　　业绩方面，36只口罩概念股中已有17家公司披露2019年年报，其中70.59%的公司业绩预喜，净利涨幅靠前的有阳普医疗、万邦德、延江股份、中顺洁柔、奥美医疗、蓝帆医疗、道恩股份、洁特生物、国恩股份、天华超净。

　　另从业绩预告来看，26家口罩概念股披露2019年业绩预告，其中预喜公司占比69.23%，而2019年业绩翻番的公司有报喜鸟、际华集团、阳普医疗、万邦德、金发科技、欣龙控股。

图 9-21　同花顺研究中心

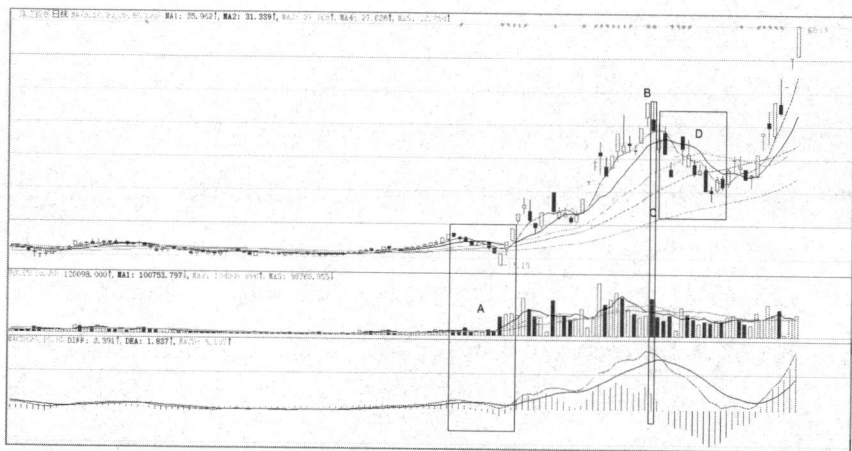

图 9-22　延江股份－日线图

识别消息准确与否的方法：

（1）一般的利空与利好消息，如股东减持公司股票，或是公司中大单的利好，事实上都是上市公司经营过程中的常事，属于正常的消息。基本上这类消息出现时，根本无须在意。

（2）从消息对上市公司经营的实质上分析，只有那些真正能够在一定时间内影响上市公司的正常生产和经营的事件，才能构成重大利空或利好。如 2020 年初疫情对中国的影响，虽然疫情在短时间内明显地得以控制，但起码一段时间内对大型餐饮、娱乐等行业，就会形成利空。而随着国外疫情的持续蔓延，国内生产口罩、呼吸机等医疗产品的企业，必然会形成利好，但这并不能影响上市公司的生产经营实质，因为上市公司的产能在不增加设备的条件下，是难以得到明显提升的，只是不会形成库存。

（3）重组或收购等消息，属于上市公司在生产和经营过程中一种正常的行为，利好与利空并存，普通投资者难以只根据消息来捕捉牛股，所以对这类消息同样可以忽略，只根据技术面＋基本面来选择黄金坑牛股即可。

9.3.4 克服贪婪

贪婪是人类的本性，是一个人与生俱来的，但作为股票投资者来说，因为贪婪会影响自己的投资行为，所以根据黄金坑战法进行股票操作期间，一定要努力克服贪婪，严格遵守不贪婪的纪律。

贪婪的后果：

贪婪能够让投资者放松对黄金坑战法的各种要求，形成选股、买股、持股与卖股的不认真，并且在贪婪的欲望下，产生加大仓位追涨杀跌的行为，从而造成长期亏损。因此，操盘时一定要克服贪婪。如图 9-23 所示的富满电子（300671），如果根据 A 区域突破黄金坑时买入了股票，经过其后股价短期快速上涨后的 B 区域，股价已经出现短时翻倍，若是心存贪婪，在 B 区域明显为持续阴量下跌状态时，发现阴量出现缩减，股价转为实体较小的阳线，就心存侥幸认为涨势可能未结束，则势必其后的继续持股会出现持续减少收益，甚至是原本起码利润在 80% 左右的情况下，只是坐了过山车，甚至是亏损，则必然会影响正常的投资，若是再贪婪心不死，则很容易在追涨杀跌中持续亏损。所以黄金坑战法操盘中一定要克服贪婪。

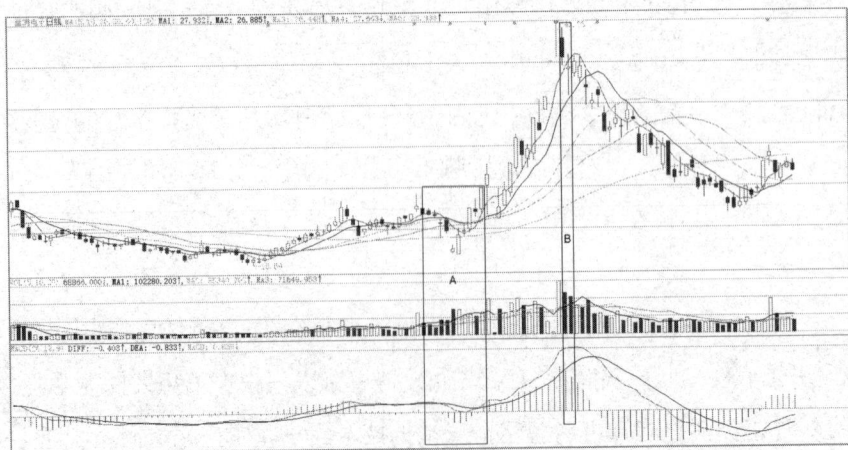

图 9-23 富满电子－日线图

克服贪婪的方法：

（1）认真学习黄金坑战法的各个环节，如选股、买股、持股、卖股等其中每一个环节的具体要求，并严格按照各个环节的具体要求去执行，不要放松要求的执行和落实，这样就可以用具体战法要求来约束自己，养成良好的操盘习惯。

（2）在黄金坑战法的各个环节，尤其在买股与卖股的环节，一定要按照要求来执行，要始终抱着宁可错过也不错买的买股原则，买股时采取慢一步交易策略，卖股时坚持宁可卖早也不卖晚的快一步交易策略。

（3）将黄金坑战法的交易纪律逐条写在一张纸上，放于操作时的计算机前，每次只要一坐在计算机前即可看到，这样在不断提醒自己的情况下，就不容易滋生贪婪了。

9.3.5 操作失败后果断止损

根据黄金坑战法操盘时，如果操作出现了失误或是出现操作失败的情况后，一定要敢于在第一时间内承认这种失误或失败，果断止损出局，中止所有操作。只有这样，才能将损失降低到最低的水平。

止损的具体要求：

（1）止损主要出现在买股阶段，大多在底部回升点的建仓点时，最容易出现，这时由于仓位较轻，所以只要发现股价在回升时未出现突破黄金坑，即应止损。如图 9-24 所示的赛意信息（300687），如在 A 区域根据黄金坑底部回升形成后的 B 区域形成均线多头之初和双线刚刚突破 0 轴向上小幅发散的持续放量上涨买入了股票，其后发现股价震荡走低时，一定要及时止损卖出，因为一旦走弱就会造成大幅亏损。只有在其后的 C 区域再次形成黄金坑回升时，D 区域均线明显向上发散、MACD 双线快速向上分离时，量价持续放量上涨时，方可再买入股票。

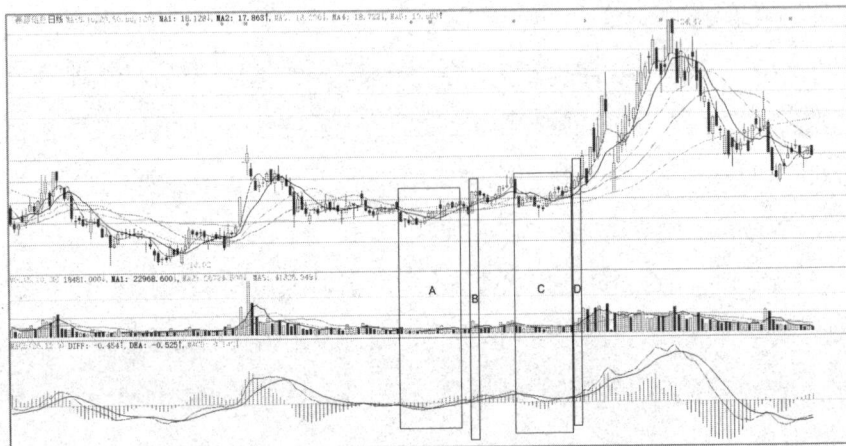

图 9-24　赛意信息－日线图

（2）如果买股失误出现在突破黄金坑阶段时，多数是由于突破形态不明显或量价突破点不明显或量能过大造成的，这时只要发现突破黄金坑后，股价没有形成持续上行，即应止损出局。例如，图 9-24 中之所以在 B 区域买入时会出现失误，事实上是因为当时看似持续放量上涨，但明显第一根阳量可确认明显放量，但第二根却缩减到之前小量水平，所以才造成失败，只有第二根阳量依然能保持在第一根整理量能放大不多的情况下，再保持这种量能水平时，持续放量上涨才更为明显。如 D 区域为持续变长的阳量放大、股价上涨，所以相对于买点的判断，是最容易出现买股失误的，一定要认真区分，失误后及时止损，以避免更大的亏损出现。

正确的止损方式：

（1）无论是在黄金坑底部回升阶段还是突破黄金坑时买入了股票，只要在买入后发现股价未如期展开上涨，如走出黄金坑后的回升时，只要中止继续上行，甚至是跌破了黄金坑底时，即应果断止损出局。

（2）如果根据突破黄金坑时买入了股票，一旦发现股价突破后又出现快速或持续回落，就说明未快速转强，也应果断卖出股票止损出局。

（3）由于黄金坑战法是捕捉黑马股的操作，所以只要在买入一只股票后，发现未如期持续快速上涨时，即应止损出局。

9.3.6　不补仓

补仓是投资者在操盘中经常使用的一种摊低持股成本的方法，但由于黄金坑战法属于一种捕捉黑马股的操盘方法，所以一旦买入股票后出现了股价跌破买入成本后依然在下跌时，就说明这只股票未启动快速上涨。因此，在黄金坑战法的实战中，一定要拒绝补仓，始终遵守不补仓的纪律。

补仓与加仓的区别：

补仓与加仓的最大不同，在于买股成本不同。补仓是指买入股票后，股价在跌破买入成本价后依然呈下跌的走势时，以低于成本的价格再买入股票。而加仓是指买入一只股票后，股价因加速上涨，及时以高于持股成本的价格再买入股票。可见，加仓属于追高买入，补仓属于就低买入。如图 9-25 所示，盛弘股份（300693）在长期弱势震荡中，A 区域出现了明显的黄金坑，右侧缓慢回升中，进入 B 区域表现为均线多头之初、双线突破 0 轴的上行，若是买入股票后，一旦其后小幅震荡走低时，也不要补仓以摊低成本，因再走弱就会加重亏损。只有 C 区域表现为快速加速上涨时，方可加仓操作。这就是黄金坑战法中加仓与补仓在实战中最大的区别，即股价低于成本时坚决不补仓，只有在获利状态下出现加速上涨时才允许加仓。

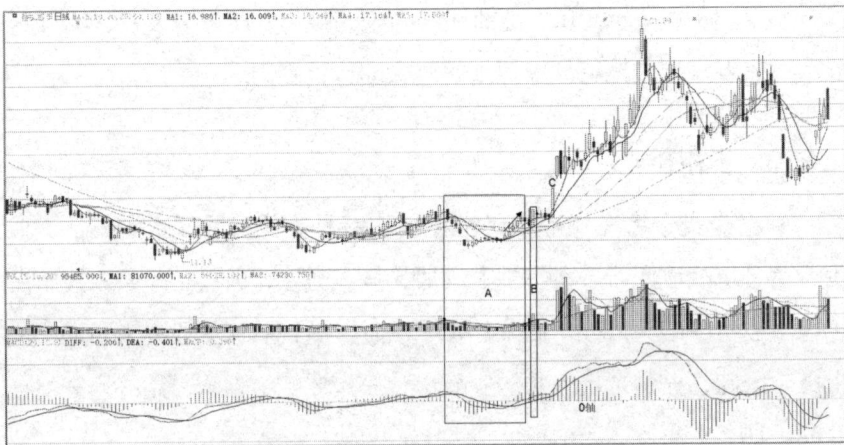

图 9-25　盛弘股份－日线图

克服不补仓的方法：

（1）投资者根据黄金坑战法实战时，一定要从概念上分清加仓与补仓的不同，因为只有正确理解后，才能明白加仓与补仓的不同。并时刻保持着清醒的头脑，一旦买入后股价走弱时，就要及时止损。

（2）明白补仓行为，事实上是一种放任之前错误操作或操作失败后继续放大错误的一种行为，一旦股价在补仓后未回升，则必然会加剧亏损。在这种风险意识下再去操盘，就不会轻易补仓了。

（3）在操盘时一定要克服贪婪，这样一旦买股失败后，就不会心存贪婪，在贪婪的欲望下产生补仓的冲动。

9.4　仓位管理

在实战交易时，仓位管理同样是最重要的，就像与人搏斗时出拳一定要学会有轻有重，这样才能在战术指导下获得胜利。

9.4.1　倒金字塔形仓位管理

倒金字塔形仓位是黄金坑战法实战中一种重要的仓位管理方法，

　　这是由于在黄金坑形态中，存在两类买点：一是走出黄金坑的底部回升阶段的建仓买点；二是突破黄金坑的重仓点或加仓点。为了不错过快速启动的牛股，所以应采取倒金字塔形的仓位管理。

　　具体要求：

　　走出黄金坑的回升阶段，应以建仓为主，可随着股价的持续上涨，缓慢建仓买入。一旦形成突破黄金坑时，就应重仓买入。由于这种买入股票的方法是随着股价的缓慢回升逐渐加重持股仓位，就像一座倒立的金字塔，仓位在不断加重，所以叫作倒金字塔形仓位。如图 9-26 当升科技（300073）在 A 区域长期弱势震荡中，B 区域形成了一个跌破 A 区域平台的黄金坑，B 区域创出新低 18.51 元后的右侧出现小阳量小阳线的底部缓慢回升，此时可以少量资金逐渐随股价回升缓慢建仓。到了 C 区域，出现 MACD 双线相继突破 0 轴、开口形喇叭口时 K 线突破上轨，持续温和放量中突然明显放量上涨时，可半仓参与，其后的 D 区域，MACD 在 0 轴上方形成死叉不死、BOLL 开口形喇叭口明显极度扩张，明显放量上涨的量价齐升时，可根据分时图的强势状态，加仓操作。这样就完成了由轻仓到重仓的逐渐买入股票，为买入时的倒金字塔形仓位管理方法。

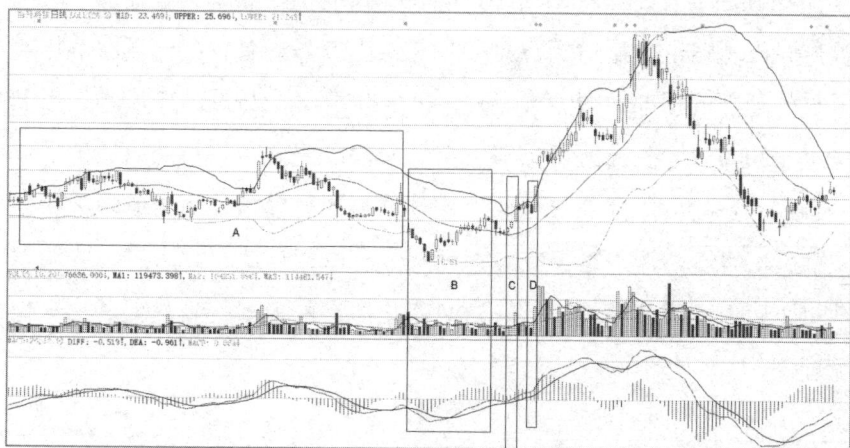

图 9-26　当升科技 - 日线图

实战注意事项：

（1）倒金字塔形仓位是一种买入股票时的仓位管理方法，是一种随着股价走出黄金坑后缓慢回升过程中加重仓位的操作，所以在倒金字塔形仓位管理中，千万不可在股价走出黄金坑的股价缓慢回升中出现下跌时去补仓操作，反而应在这种情况下，果断止损出局。

（2）根据倒金字塔形仓位管理方法操作时，一旦出现突破黄金坑的形态及突破买点时，就要一次性实现重仓买入，结束买入操作。只有在其后的快速上涨中出现加仓点时，方可具体按照加减法仓位管理去加仓与减仓操作。

9.4.2　漏斗形仓位管理

在黄金坑战法实战时，漏斗形仓位管理是卖出股票时所采取的一种仓位管理方法，是在持股的过程中，一旦发现股票有走弱的迹象时，即卖出大部分仓位，而后一旦形成顶部或顶部转弱时，再清仓卖出股票。因为这种仓位管理方法，就像一个漏斗在不断降低持股，所以叫作漏斗形仓位管理。

具体要求：

在漏斗形仓位管理方法中，必须在持股中，当股价上涨到一定幅度后，出现略低于量价卖点时，最先卖出较多的仓位，一旦股价形成明显的顶部或顶部转弱的卖点时，再清仓卖出。如图9-27所示，金利华电（300069）在A区域形成黄金坑并出现突破黄金坑买入股票后，一旦在其后持续上涨的B区域，出现略低于之前量能水平的较大状态量柱、K线震荡滞涨时，应减去大部分仓位，到其后C区域形成明显放量下跌时，果断清仓出局。这种卖出股票的方式，就是漏斗形仓位管理。

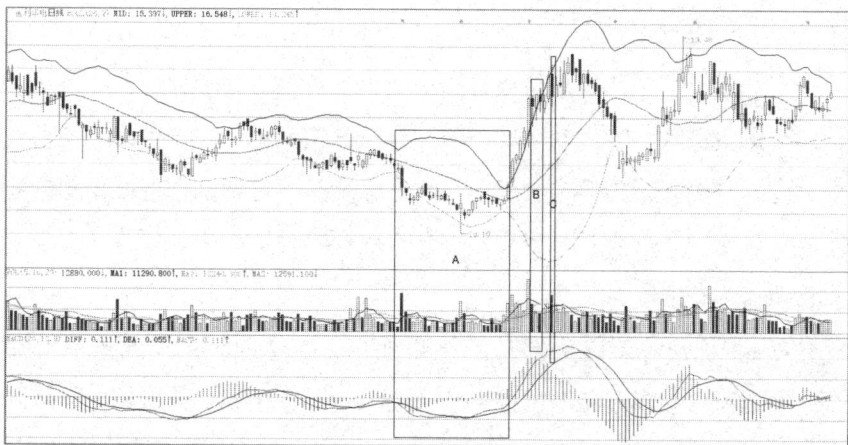

图 9-27　金利华电 – 日线图

实战注意事项：

（1）漏斗形仓位管理是卖出股票时的一种仓位管理方法，也就意味着在持股的过程中，尤其是股价在经过一定涨幅的上涨后，形成一种略弱于量价卖点时，再开始减仓。但如果形成了明显的顶部或顶部转弱的卖点时，应一次性果断清仓。

（2）在漏斗形仓位管理方法中，如果股价在短期大幅上涨过程中，分时图呈现出弱势整理的健康状态时，同样应卖出大部分持股仓位，因为大幅上涨的高位区，一旦股价呈弱势整理，往往说明上涨的动力出现衰竭，所以在大幅获利的情况下，应卖出相当于买入资金量仓位的股票，只保留盈利的资金继续持股，这样持股的压力会小。

（3）漏斗形仓位管理的卖股仓位策略，与买股期间的倒金字塔形仓位管理方法截然相反，同时首次卖出股票时的仓位是较重的，而倒金字塔形仓位管理方法中的首次建仓买入时是轻仓的。这就是股票操作中买股与卖股的最大不同。

9.4.3 加减法仓位管理

加减法仓位管理，是持股过程中一种加仓与减仓的仓位管理方法。但由于黄金坑战法捕捉的是黑马股，所以在实战中并不一定会出现加仓与减仓的时机，因为黑马股形成时的上涨往往是迅速的，持续强势的。所以一旦出现，就要及时把握住加仓与减仓的时机。

具体要求：

（1）加法。实施条件是股价必须在持股中表现为平开或高开后快速区间放量的高走，当涨幅达到3%甚至是直接在3%以上高开时，依然保持快速高走时，果断加仓买入。如图9-28所示的奥克股份（300082），若是在A区域形成黄金后的缓慢回升和突破时买入股票，在其后的B区域，当股价略高开时呈现量价齐升时，可根据当日分时图，即图9-29中，股价在小幅高开的横盘小幅震荡中，一旦进入A区域出现区间放量的股价线大角度上行时，即应果断加仓买入。这种操作，就是加减法仓位管理中加仓的加法操作。

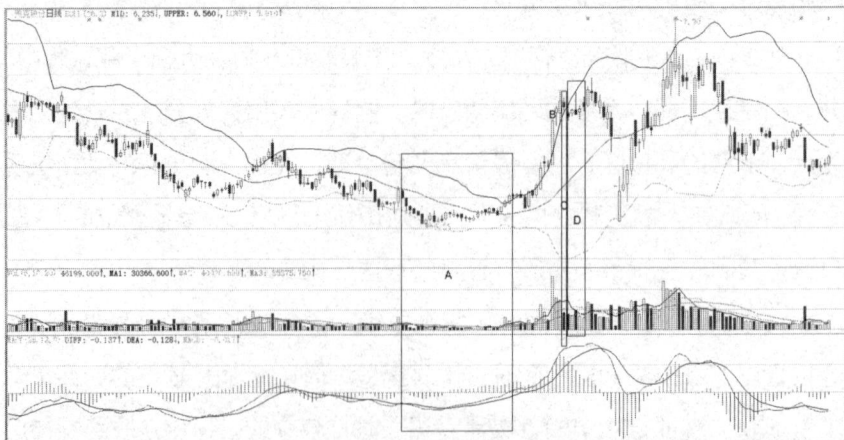

图 9-28 奥克股份－日线图

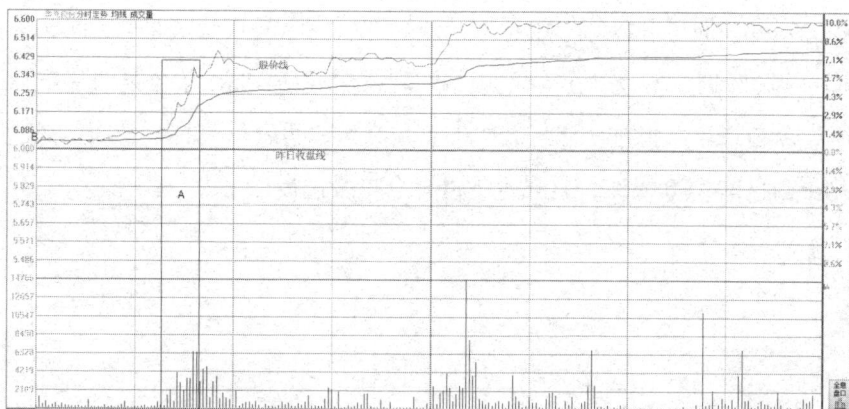

图 9-29　奥克股份－2020 年 1 月 2 日分时走势图

（2）减法。一旦实施加仓后，其后的任何一个交易日，只要股价形成弱势时，哪怕只是弱势整理，就应减掉加仓买入时的股票数量。如图 9-28 中，若是在 B 区域完成加法中的加仓操作后，其后的 C 区域，也就是图 9-30 的分时走势图，可以发现，当日明显在开盘后的 A 区域，出现低开快速低走的弱势震荡，同时区间量能较大，所以应及时卖出图 9-28 中 B 区域买入的股票数量，甚至到了尾盘时再卖出大部分股票。而到了图 9-28 中 D 区域形成了高位放量滞涨时，就应果断清仓出局。图 9-30 中 A 区域的卖出，即是加减法仓位中减法操作的减法，而当日尾盘或是图 9-28 中 D 区域的卖股行为，则属于漏斗形仓位管理的卖股方法。

实战注意事项：

（1）在加减法仓位管理方法中，一定要把握好加减仓位的时机，在快速高开高走的强势中加仓，在突然转弱的低走时果断减仓。

（2）如果在按照加减法仓位管理具体实战时，一旦完成减法后，发现股价形成了符合漏斗式仓位管理中的略弱于量价卖点时，应继续减仓。若形成了卖点时，应果断清仓。

（3）在加减法仓位管理方法中，允许投资者全仓操作，但买入时机一定要在股价开盘即形成了平开或高开后的区间放量快速高走时，涨幅达到 3% 时加仓买入，只是当日一旦涨幅超过 7%，甚至是快速涨停时，就要毫不犹豫地卖出加仓时的仓位数量，也就是这种全仓操作只适用于当日的 T+0 操作，再强也不可全仓持股过夜。

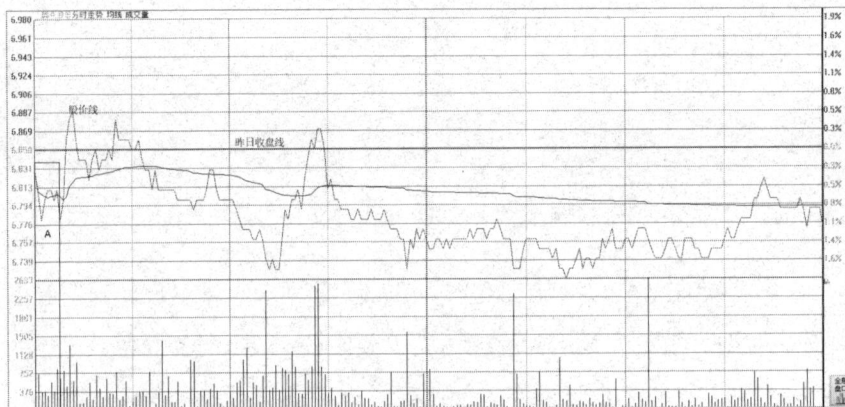

图 9-30　奥克股份 - 2020 年 1 月 7 日分时走势图

9.5　交易技巧

任何炒股技术都有其技巧，技巧是在不断实战中总结出来的，是最大化避免交易失败和实现最大化交易成功的保障。

9.5.1　技巧一：突破黄金坑的量价齐升，重仓买入

突破黄金坑的量价齐升，是一种股价强势启动的形态，一旦出现时，就应采取重仓买入，并一直持有到顶部或顶部转跌时再卖出股票，期间不要轻易卖出股票，以实现短期重仓投入的最终快速获利。但在具体操作时，必须明确几点要求，以免操作失败。

具体要求：

（1）突破黄金坑，是指黄金坑的突破形态，判断时应在选股基

础上，尽量结合 MACD 与 BOLL 或均线形态进行确认。如 BOLL 开口形喇叭口、均线多头排列初期、MACD 双线震荡期间突然向下分离后的 DIFF 线快速回升金叉后双线向上发散等形态，只要有两种形态同时出现，则更能确保突破黄金坑形态的成立。如图 9-31 所示，数字政通 (300075) 在长期弱势宽幅震荡中，进入 A 区域，K 线出现了快速下跌创新低的黄金坑，并在右侧 C 区域出现快速回升，B 区域 MACD 也形成了一个明显的 DIFF 线向下震荡的坑，BOLL 形成了明显的开口形喇叭口，K 线突破 BOLL 上轨，所以为突破黄金坑的技术形态，这时就要观察量价形态，以确认是否可买入。

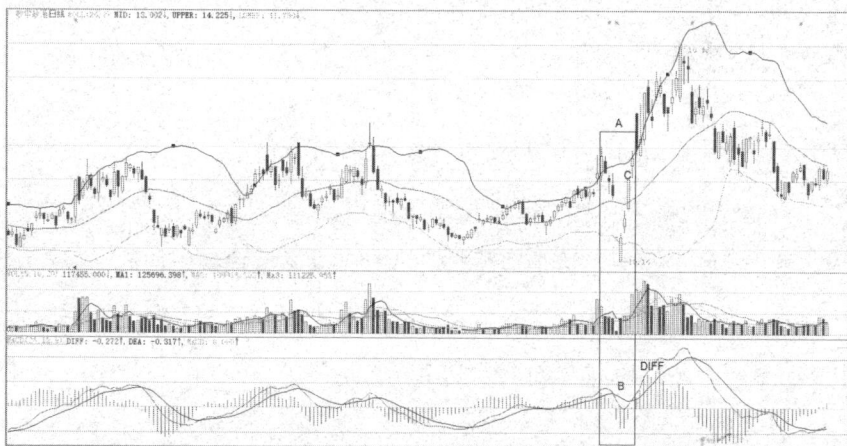

图 9-31　数字政通－日线图

（2）量价齐升，是指突破黄金坑时，形成明显放量上涨、持续放量上涨中任意一种时，即可确认为量价齐升，或是符合了提前买入股票的要求时，再重仓买入。例如图 9-31 中 A 区域，当突破黄金坑形态形成期间，量价为持续温和阳量中的明显放量上涨，为明显放量上涨的量价齐升。

综合以上两点内容，可确认为 C 区域黄金坑出现后，底部回升中转为快速上涨的突破黄金坑形态的量价齐跌，应果断重仓买入股票。

实战注意事项：

（1）根据突破黄金坑的量价齐升重仓买入股票时，一定要确保至少有两个指标出现了突破黄金坑形态，同时表现为明显放量上涨、持续放量上涨中任意一种量价形态时，再重仓买入。

（2）如果突破黄金坑的量价齐升出现时，股价未完全回到黄金坑出现时的下跌前平台时，只要是以快速涨停出现时，同样可确认符合提前买入条件的突破黄金坑的量价齐升，应重仓买入。

（3）根据突破黄金坑的量价齐升重仓买入股票时，一定要确保未形成量价齐升中的量能过大或过小的情况，除非是股价出现快速涨停，否则均应保持观望。但巨量快速涨停出现时，应引起注意，持续观察后再决定是否操作。

9.5.2 技巧二：高位区的量价齐跌，果断清仓

高位区的量价齐跌，是指在持股过程中，一旦发现股价经过快速大幅的上涨后，于高位区形成量价齐跌时，就不要再继续持股，果断卖出股票清仓出局。因为高位区的量价齐跌出现，代表着大幅上涨后股价快速转跌的开始，必须果断清仓以落袋为安。

具体要求：

高位区的量价齐跌出现时，必须确保股价短期出现快速的大幅上涨，股价是在高位区出现量价齐跌，在此期间即使在量价齐跌中未形成明显放量下跌，只是形成大量状态的阴量、阴线下跌时，只要能够持续，即应果断清仓。如图 9-32 所示，荃银高科（300087）在 B 区域出现黄金坑缓慢回升的突破黄金坑后，一旦买入股票，在持续股中股价运行到大幅上涨的高位区 A 区域，K 线表现为快速冲高回落的上影线极长的阳线后，又出现一根下跌阴线，成交量表现为明显放量下跌的持续大阴量下跌，所以即使未在 A 区域左侧大阴量明显放量的冲高回落中因为收于阳线，未卖出股票，也应在右侧阴线当日直接阴量阴线低开时，即

图 9-33 中的分时走势图情况，即开盘 A 区域表现出的大幅低开并快速低走的区间放量时，果断清仓出局，因为此时开盘即形成了图 9-32 中日线的高位区的量价齐跌。

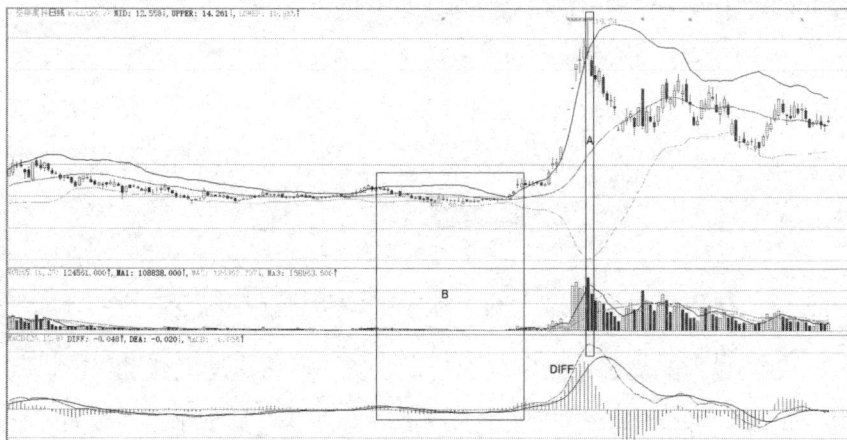

图 9-32　荃银高科－日线图

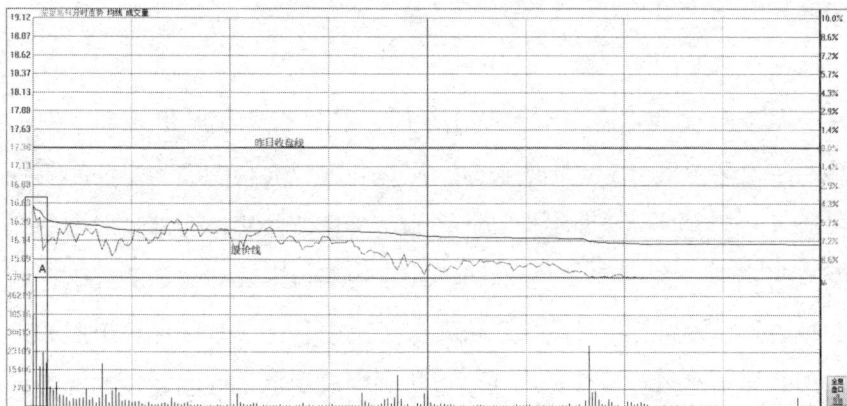

图 9-33　荃银高科－2020 年 1 月 15 日分时走势图

实战注意事项：

（1）高位区的量价齐跌出现时，越是股价短期快速上涨的幅度大时，量价齐跌越能说明股价的快速转跌，所以只要是当前较高水平的大阴量柱、阴线下跌，就要果断清仓出局。

（2）高位区的量价齐跌出现时，如果持续阴量下跌的幅度并不十分明显时，也应果断清仓卖出股票，因为持续阴量下跌中的阴量柱若是累积到一起后，其卖出量也同样是十分大的。

（3）当高位区的量价齐跌出现时，如果量柱表现为大阴量，即使表现为阳线，也应果断清仓出局，因为阳线未变为阴线，只是说明当前的价格未跌破开盘价，而大阴量柱的出现说明盘中是以卖出股票为主，所以是一种主力出货时更为隐藏的形态。

9.5.3 技巧三：量能过大的上涨中继调整，坚决减仓

量能过大的上涨中继调整，是指股价在持续快速上涨过程中，即使未形成明显的顶部或顶部转跌的形态，但量价却出现了当前较大的量能水平，虽然未形成明显卖点，即使后市只是确认上涨中继的短线调整，但往往也是股价在高位区出现巨大分歧，所以应坚决减仓，卖出大部分股票。

具体要求：

量能过大的上涨中继调整出现时，往往出现在股价短期大幅上涨的高位区，量价卖点不明显时，只是表现较大状态的阴量柱的阴线快速下跌，这时一定要根据漏斗形仓位管理方法卖出大部分股票。如图9-34所示，长信科技（300088）A区域明显形成黄金坑的突破，若此时买入了股票，在其后的均线多头上涨中，进入B区域，虽然股价在震荡中MA依然表现为均线多头排列中的短期均线略震荡的缠绕，且为均线多头上涨趋势成立的首次回调，可确认在99%的情况下，这种调整幅度都不会太大，99%为上涨中继，但在B区域却出现明显的两根持续放大状态的阴量，属于量能过大的股价小幅下跌，应采取及时减仓，以防止即使概率极低的1%的向下变盘出现。只有到了其后的C区域均线再次变为多头排列时、下方MACD中双线明显向上快速远

离时，表现为持续放量上涨时，方可再恢复重仓持股，否则就应清仓出局。

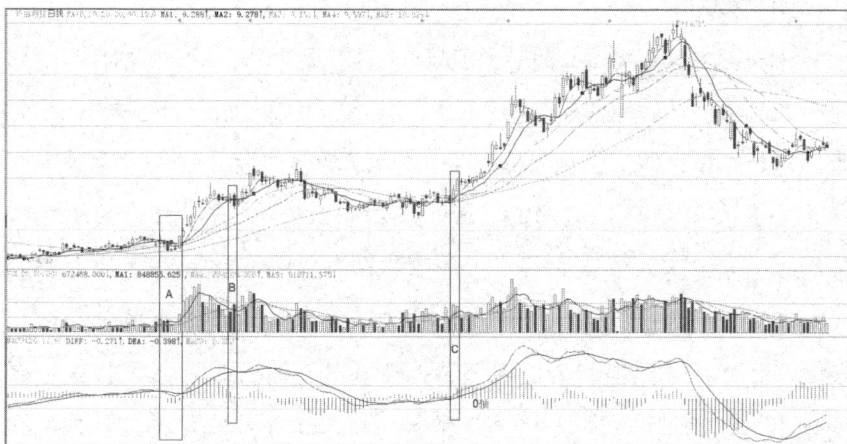

图 9-34　长信科技 – 日线图

实战注意事项：

（1）量能过大的上涨中继调整出现时，只要根据量价关系中的股价在高位区，突然出现量能放大状态的量价齐跌，即可确认减仓时机，因为上涨中继调整不在其后恢复上涨时是无法确认的。

（2）量能过大的上涨中继调整形成时，一定要在不太明显的量价齐跌时，果断减仓操作，但如果股价短期出现翻倍走势时，也可以采取清仓出局的方法，或是直接将成本数量的股票卖出，只保持盈利仓位的持股，但其后一旦再次转弱时，就不要再持股，应果断落袋为安，锁定利润。

9.5.4　技巧四：未突破黄金坑的底部回升，不可重仓

未突破黄金坑的底部回升，是指当技术指标形成了没有突破黄金的底部回升走势时，也就只是形成了股价走出黄金坑底的缓慢回升时，一定要注意，此时的持续回升只是建仓点，因为只有突破黄金坑时，方

可证明快速上涨已经开始，所以在走出黄金坑的底部回升期间，切忌重仓买入，只能轻仓参与。

具体要求：

未突破黄金坑的底部回升出现时，往往是 K 线或 MACD、均线只是形成弱势震荡的突然下跌，并在黄金坑底出现缓慢回升的形态，在此期间从技术指标观察，只是出现了均线相距较近状态的平行略向下的空头排列，或 MACD 只有 DIFF 线表现为缓慢回升，未形成金叉后向上发散，或是 BOLL 尚未形成开口形喇叭口。如图 9-35 所示，康芝药业（300086）在 D 区域的长期弱势震荡中，A 区域出现跌破整理平台的黄金坑，B 区域出现黄金坑底部的缓慢回升，但一直未突破 D 区域，所以不可在此时重仓买入，只能轻仓。只有其后的 C 区域，形成 K 线突破上轨的开口形喇叭口、MACD 金叉后双线向上发散时，明显持续放量上涨时，方可确认为加速突破黄金坑的重仓买点。

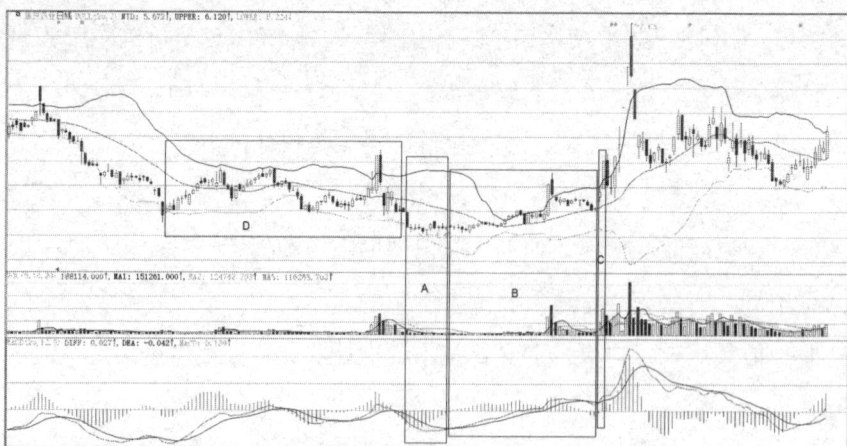

图 9-35 康芝药业－日线图

实战注意事项：

（1）未突破黄金坑的底部回升出现时，往往是黄金坑刚刚形成的初期，所以是股价出现黄金坑底的缓慢回升阶段，只适合倒金字塔仓位管理方法中的轻仓建仓，不能重仓买入，因其后有可能出现黄金坑形态的失败，也就是股价未走出黄金坑的情况，重仓买入的风险较大。

（2）未突破黄金坑的底部回升期间，如果股价突然在黄金坑底部回升中途，出现涨停阳线的快速回升的量价齐升时，应根据提前买入的要求，符合提前买入要求时，再重仓买入，否则就应保持轻仓。

9.5.5　技巧五：高位区方向不明，坚决卖出

高位区方向不明，是指当股价在短期持续快速上涨过程中，一旦运行到高位区后，突然股价不再快速上涨，但又未表现出顶部转跌，而只是出现不再上涨的震荡滞涨时，就说明股价的运行方向出现不明显，再继续持股已无法实现获利，所以一定要坚决卖出股票，锁定住利润。

具体要求：

高位区方向不明出现时，量价通常表现为高位区的放量滞涨或大量滞涨，也就是成交量保持在较高水平的股价震荡滞涨，K 线可以为阴线，也可以为阳线，但保持在一个相近的水平时，即可确认高位方向不明，果断逢高卖出股票。如图 9-36 所示的智云股份（300097），若是在 B 区域黄金坑形成后买入这只股票，在其后的持股中，一旦发现股价持续快速上涨到 A 区域的高位区后，股价虽然出现一阳一阴两根 K 线，但却保持在同一水平，明显为高位放量滞涨，成交量也保持在当前的高量水平，下方 DIFF 也由上行快速转为平行，所以明显是指标与股价运行到高位区的方向不明，所以应坚决卖出股票。

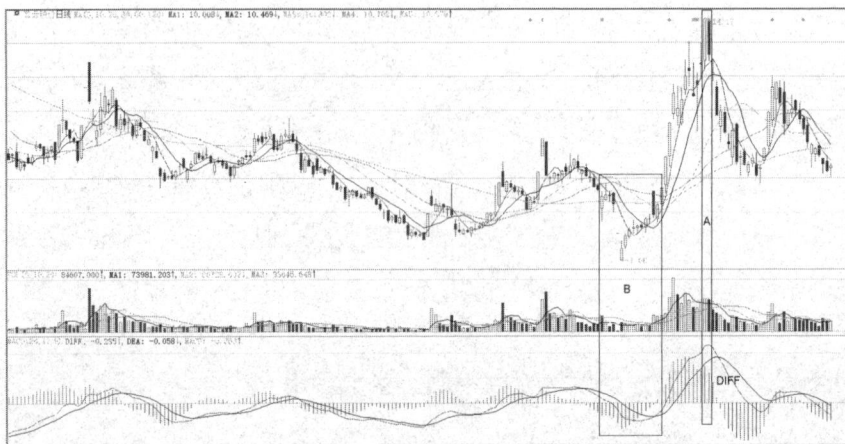

图 9-36　智云股份－日线图

实战注意事项：

（1）高位区方向不明，往往出现在股价短期快速上涨的高位区，意味着此期间股价的短期涨幅已较大，而高位区方向不明的出现，又意味着上涨出现分歧，所以经常是主力维持股价在高位区隐藏出货的筑顶征兆，应果断卖出。

（2）高位区方向不明出现时，允许期间股价有短时的快速上冲或快速下探行为，也就是 K 线可以出现创新高回落的上影线，或是快速探底回升的下影线，只要实体保持在一个相近的位置即可。

（3）高位区方向不明出现时，若是卖出了股票，即使其后股价又出现看似明显的上涨，甚至刷新前期高点时，也不可轻易再买回来，因为这种短时的创新高，涨幅也极为有限，且一旦转跌，通常是一轮明显的快速下跌。

读 者 意 见 反 馈 表

亲爱的读者：

感谢您对中国铁道出版社有限公司的支持，您的建议是我们不断改进工作的信息来源，您的需求是我们不断开拓创新的基础。为了更好地服务读者，出版更多的精品图书，希望您能在百忙之中抽出时间填写这份意见反馈表发给我们。随书纸制表格请在填好后剪下寄到：北京市西城区右安门西街8号中国铁道出版社有限公司大众出版中心 张亚慧 收（邮编：100054）。或者采用传真（010-63549458）方式发送。此外，读者也可以直接通过电子邮件把意见反馈给我们，E-mail地址是：lampard@vip.163.com。我们将选出意见中肯的热心读者，赠送本社的其他图书作为奖励。同时，我们将充分考虑您的意见和建议，并尽可能地给您满意的答复。谢谢！

所购书名：_____

个人资料：

姓名：_____ 性别：_____ 年龄：_____ 文化程度：_____

职业：_____ 电话：_____ E-mail：_____

通信地址：_____ 邮编：_____

您是如何得知本书的：

□书店宣传 □网络宣传 □展会促销 □出版社图书目录 □老师指定 □杂志、报纸等的介绍 □别人推荐
□其他（请指明）_____

您从何处得到本书的：

□书店 □邮购 □商场、超市等卖场 □图书销售的网站 □培训学校 □其他

影响您购买本书的因素（可多选）：

□内容实用 □价格合理 □装帧设计精美 □带多媒体教学光盘 □优惠促销 □书评广告 □出版社知名度
□作者名气 □工作、生活和学习的需要 □其他

您对本书封面设计的满意程度：

□很满意 □比较满意 □一般 □不满意 □改进建议

您对本书的总体满意程度：

从文字的角度 □很满意 □比较满意 □一般 □不满意
从技术的角度 □很满意 □比较满意 □一般 □不满意

您希望书中图的比例是多少：

□少量的图片辅以大量的文字 □图文比例相当 □大量的图片辅以少量的文字

您希望本书的定价是多少：

本书最令您满意的是：

1.
2.

您在使用本书时遇到哪些困难：

1.
2.

您希望本书在哪些方面进行改进：

1.
2.

您需要购买哪些方面的图书？对我社现有图书有什么好的建议？

您更喜欢阅读哪些类型和层次的理财类书籍（可多选）？

□入门类 □精通类 □综合类 □问答类 □图解类 □查询手册类

您在学习计算机的过程中有什么困难？

您的其他要求：